Paris-Saigon

Ouvrages d'Édouard CORTÈS

Expédition Paris Kaboul, sur les routes de la Soie (collectif), Hoëbeke, 2004.

Routes de la soie, la mémoire retrouvée de l'Afghanistan (collectif), Éditions Mille et une nuits/Fayard, 2004.

Carnets d'aventures (collectif), Albin Michel/La Guilde, 2003

Édouard CORTÈS – Jean-Baptiste FLICHY

Paris-Saigon

16 000 km en 2CV
dans l'esprit de Larigaudie

PRESSES
DE LA
RENAISSANCE

Ouvrage réalisé
sous la direction éditoriale d'Alain NOËL

Si vous souhaitez être tenu(e)
au courant de nos publications,
envoyez vos nom et adresse, en citant ce livre,
aux Éditions des Presses de la Renaissance,
12, avenue d'Italie, 75013 Paris.
Et, pour le Canada,
à Interforum Canada inc.,
1050, bd René-Lévesque Est,
Bureau 100,
H2L 2L6 Montréal, Québec.

Consultez notre site Internet :
www.presses-renaissance.fr

ISBN 2.7509.0080.8

À nos parents,

à Sylvain Tesson, soutien fidèle de mes aventures (E. C.),

à Maguelone Verdon, l'aventure de ma vie (J.-B. F.),

à Bucéphale et à tous les amateurs de 2CV,

à tous ceux qui restent jeunes dans leurs rêves, en menant le beau jeu de la vie, si belle et exigeante.

Avertissement

Pour une question de sécurité et de respect, certains noms de personnes rencontrées ont été volontairement modifiés.

Ce livre, dont nous nous sommes partagé l'écriture, propose un regard croisé sur notre voyage.

Préface

Mon enfance a été enthousiasmée par le récit du raid automobile accompli en 1937 par deux scouts français, Guy de Larigaudie et Roger Drapier. Au volant d'une vieille Ford décapotable, ils étaient allés de Paris à Saigon à travers les deltas du Gange et du Bramapoutre et les montagnes de Birmanie, franchissant des obstacles que personne avant eux n'avait réussi à surmonter. Un exploit réalisé pour le simple et beau plaisir de l'aventure, pour la seule joie de la difficulté à vaincre, presque sans argent et sans aucun soutien officiel.

« Quel garçon, quel adolescent n'a caressé un jour dans son imagination ce rêve de grands départs ? » avait interrogé Guy de Larigaudie au début de son livre *La route aux aventures*, avant de donner aussitôt la réponse : « Il était beau que deux jeunes pussent réaliser cet innombrable désir. C'est pour cela que nous sommes partis, et la réussite de notre raid a tenu à ce que, justement, nous sentions, concrétisés en nous, ces rêves de quelques milliers de garçons. »

Dans mon livre *Mille soleils*[1], je raconte comment j'ai eu la chance de pouvoir devenir l'un de ces garçons et jouer à mon tour le beau jeu de ma vie sur les

1. Robert Laffont, 1997.

chemins du vaste univers. Jamais, au cours de mes nombreux raids automobiles, ne m'a quitté l'image de mes deux héros traçant leur route sur leur héroïque voiture Jeannette, en chantant à travers les pièges des bouches du Gange ou de la cordillère birmane. Leur courage, leur imagination, leur sens de l'humour et leur élégance tout au long de ces dix mille kilomètres ont été les irremplaçables compagnons de mes propres rêves. En 1972, à bord d'une vieille Rolls Royce convertie en voiture de grand raid, j'ai couru la route aux aventures de Calcutta jusqu'à Paris et croisé dans mon imagination, tout au long de ces sept mille kilomètres, la Ford de Larigaudie et de Drapier.

Voici qu'aujourd'hui, un jeune journaliste, Édouard Cortès, membre de l'association Reporters d'Espoirs, et Jean-Baptiste Flichy, logisticien, nous présentent le récit de la fabuleuse aventure qu'ils viennent de vivre de Paris à Saigon au volant d'une modeste 2CV Citroën. Eux aussi ont vécu cette expérience en parfaite communion avec l'esprit de Larigaudie et de Drapier. Ce livre est bien loin d'un simple grappillage d'impressions. Ses auteurs, qui ont voyagé les yeux grands ouverts, nous livrent une foule d'informations et de réflexions passionnantes sur quelques-uns des sujets les plus sensibles de l'actualité de notre temps. Ce *Paris-Saigon, 16 000 km en 2CV dans l'esprit de Larigaudie* prouve aussi que les routes du monde restent ouvertes aux jeunes d'aujourd'hui qui veulent s'y engouffrer, à condition que leur départ ne soit pas une fuite, mais un besoin de connaître, de comprendre, d'expliquer et d'aimer.

Dominique LAPIERRE
Fondateur de l'association
« Action pour les enfants des lépreux de Calcutta »
www.citedelajoie.com

« Celui qui se connaît lui-même et les autres, reconnaîtra aussi ceci : l'Orient et l'Occident ne peuvent plus être séparés. »

GOETHE

« L'humanité ne vaut pas cher mais je l'aime et quoi qu'il arrive j'aime la vie. »

Joseph KESSEL

« Si la route te manque, fais-la. »

devise de Guy DE LARIGAUDIE

PARIS
VIENNE
BUDAPEST
AUTRICHE
FRANCE
ROUMANIE
ISTANBUL
TURQUIE
KONYA
TABRÏZ
IRAN

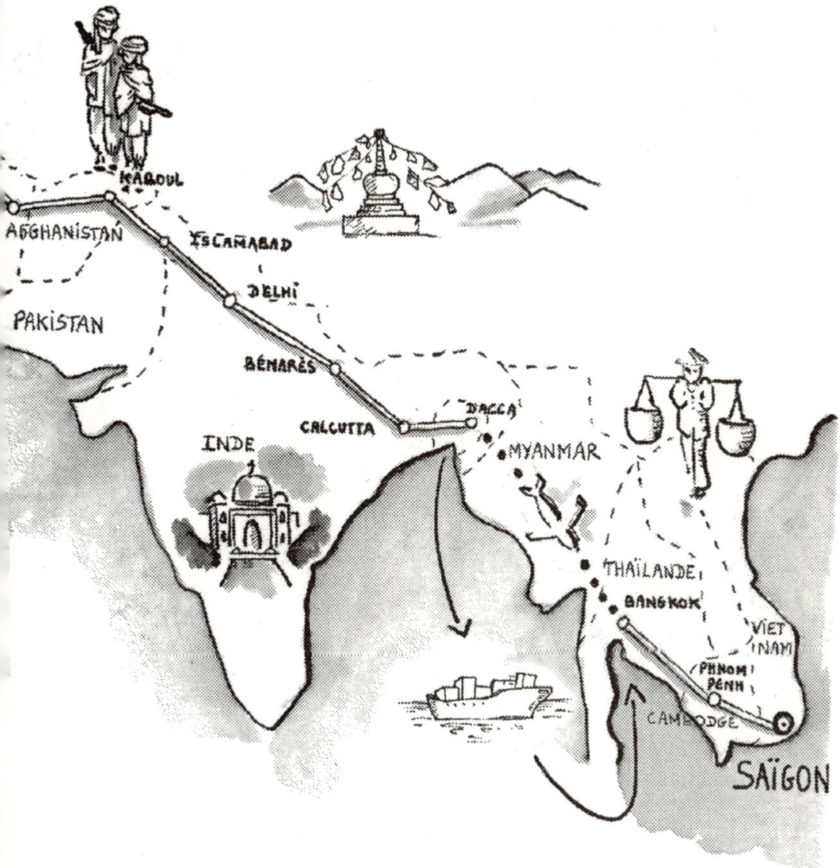
KABOUL
AFGHANISTAN
ISLAMABAD
DELHI
PAKISTAN
BÉNARÈS
CALCUTTA
DACCA
INDE
MYANMAR
THAÏLANDE
BANGKOK
VIET NAM
PHNOM PENH
CAMBODGE
SAÏGON

1re PARTIE

Europe, Turquie, Iran

Jean-Baptiste

Au garagiste roumain qui nous a aidés
à transformer la 2CV en cabriolet

1

De Paris au Bosphore,

COUP D'ÉTRIER

> « Fais de ta vie un rêve, et d'un rêve une réalité. »
>
> Antoine de Saint-Exupéry

Kaboul. Afghanistan.

Vendredi. 9 heures. Ici, c'est un jour férié. Les rues sont calmes. L'appel de la prière résonne. Le chant des muezzins est diffusé par quelques haut-parleurs grésillants. Sur les pentes des collines de Kaboul, de la fumée s'échappe des maisons en torchis. Des cerfs-volants dansent dans le ciel. Depuis la chute des talibans, les enfants ont repris leur jeu favori qui leur était interdit.

La poussière d'un mauvais ciment se dégage sous les coups de pioche déterminés d'Hakim. Un vieux Tadjik, la tête ceinte d'un turban gris, contemple la scène. Hilare, il laisse paraître ses gencives édentées.

« *Chie mecounie ?* Qu'est-ce que vous faites ? Pourquoi détruisez-vous ce mur ? » interroge-t-il.

Trois Afghans nous entourent. Dans cette tranquillité presque dominicale, nous sommes venus déterrer... un châssis de 2CV.

Voilà deux semaines que nous cherchons à remplacer le nôtre, fracassé par l'usure sur la piste du centre, au cœur du massif central afghan. Notre Bucéphale est à l'agonie, entièrement désossée.

Hakim, ancien garagiste chez Citroën, prétend que le châssis enterré dans le muret provient d'une 2CV belge qui serait arrivée par Kandahar il y a une trentaine d'années. Et depuis plus de dix ans, son châssis sert de fondation à la fosse d'un mécanicien. Dès l'aube, nous nous acharnons à détruire le mur pour en extraire la pièce. Elle est entière, presque intacte, mais rouillée par endroits. Il s'agit maintenant de voir si nous pourrons l'adapter à la caisse de notre voiture.

Nous sommes souvent étonnés de la façon dont les voyages nous dépassent. Ceux qui ont choisi de s'abandonner aux pistes du monde le savent. Ces routards des années 1970 se seraient-ils imaginé que, trente ans plus tard, nous allions faire revivre une partie de leur 2CV ?

Grâce à cette pièce de rechange trouvée à des centaines de kilomètres de tout garage Citroën, nous avons l'impression de suivre les traces de nos prédécesseurs. Nous trouvons dans les murs de Kaboul l'écho des fabuleuses expéditions de ceux qui partirent découvrir l'Orient.

Dans le contexte pionnier du XXe siècle, la conquête du monde par l'automobile devient un enjeu important. Ainsi, les participants de la Croisière jaune, sans oublier Guy de Larigaudie, Ella Maillart, Nicolas Bouvier et tant d'autres partent sur les routes d'Asie. La 2CV favorise le phénomène « routard ». La « deuche » donne alors la possibilité à toute une génération de jeunes aux ressources limitées d'accomplir ses rêves d'expéditions lointaines. Comme eux, nous avons un rêve : traverser l'Orient d'un bout à l'autre, de la France au Vietnam.

Paris-Saigon : 12 000 kilomètres à vol d'oiseau, 16 000 en 2CV. Quelques heures ou plusieurs mois, en avion ou en voiture. Quelle différence ? La distance est la même, c'est juste une question de temps. À l'époque des trains à grande vitesse, des avions à réaction, nous étions conscients de passer pour des originaux, des marginaux. Quelle idée de partir en voiture, en 2CV, à l'autre bout du monde, alors que la vie suit son cours normal en France ?

Édouard Cortès, mon coéquipier, est un ami de longue date. C'est la pension et quelques années de scoutisme en commun qui nous unissent. Entre 12 et 15 ans, à l'âge où l'on construit les rêves les plus fous, où l'on rêve de beau, de grand, nous avons ouvert un livre, *La route aux aventures* de Guy de Larigaudie. Nous ne savions pas que son voyage deviendrait le nôtre, dix ans plus tard. Depuis, chacun a roulé sa bosse, lui comme étudiant en journalisme et moi comme militaire. Si la distance nous a éloignés géographiquement, il ne faut qu'un coup de fil d'Édouard pour nous retrouver. Physiquement, il a beaucoup changé. L'adolescent que j'ai connu est devenu un homme, et sa barbe le vieillit d'autant plus. Mais c'est bien le même Édouard que je retrouve dans ses idées et convictions. Son regard ne trompe pas : il est de ceux qui mettent tout en œuvre pour atteindre le but qu'ils se sont fixé…

Deux mois avant notre départ, c'est à Saint-Malo, au festival Étonnants Voyageurs, que nous nous sommes retrouvés. Plusieurs années s'étaient écoulées sans se voir ni s'écrire. Et puis, soudain, sur le comptoir d'un bistrot, on a posé nos souvenirs et allumé un feu nouveau. L'idée de faire la route de Paris à Saigon est née là-bas, sur les rives d'une plage et les yeux fixés sur l'horizon.

Au pied de la ville fortifiée, les murs de granit amplifiaient l'appel des vents du large. Un vent d'est nous chuchotait le chant du départ :

> « Si ton cœur parfois s'est ému pour des grands rêves…
> Bien loin des sentiers battus, suis la route sans trêve.
> Ohé ! Toi qui cherches, toi qui doutes,
> Entends l'appel de la route… »

Édouard organisait une expédition culturelle et scientifique sur les routes de la soie, de Paris à Kaboul, et m'avait proposé d'y participer en tant que coordinateur logistique. Les dates correspondaient à mon emploi du temps puisque j'étais libre jusqu'au mois de janvier. J'étais ravi de pouvoir me joindre au groupe des géographes, archéologues, journalistes, illustrateurs… qui formaient l'« expédition Paris-Kaboul ». C'est alors que nous avons ensemble fait le choix de poursuivre un peu plus loin la route, dans l'esprit de Guy de Larigaudie qui, en 1938, établissait la première liaison automobile entre l'Europe et l'Asie, accompagné de son ami Roger Drapier, au volant d'une Ford T cabriolet. À l'époque, c'était un exploit. Cet homme au grand cœur nous a marqués par ses écrits. Profonds et pleins de sens, ils n'en demeuraient pas moins simples et accessibles.

Guy de Larigaudie est un globe-trotter infatigable. Sa vie sera courte, trente-trois années riches d'actions et de voyages. Après avoir sillonné l'Australie en 1934, fait le tour du monde en 1935, séjourné en Polynésie, travaillé aux États-Unis et au Canada, il ne se lasse pas de relater ses voyages : il publie plus de quinze livres en moins de dix ans. Homme de terrain et de contacts, il laisse au monde, par son œuvre, la marque d'une personnalité lumineuse.

Cet esprit d'aventure avec un grand A est celui de Guy de Larigaudie. Soif d'aventure au sens propre du terme, mais aussi joie de vivre, besoin de comprendre le monde, connaître les hommes et finalement aimer. Loin de s'embourgeoiser, il remue les mentalités par son approche atypique de la vie, loin du jansénisme ambiant des années 1930. Coureur d'aventures, chercheur d'absolu, un sourire et une foi profonde l'accompagnent toujours. Il saisit sans enthousiasme naïf la beauté du monde. Son témoignage est d'autant plus d'actualité que, dans une époque mouvementée, il nous livre les clefs de son secret face aux luttes de la vie. Cet idéal nous avait conquis. À notre tour, nous avons voulu vivre comme cet homme. Il n'était pas question de retracer un itinéraire difficile à reproduire. Ce Paris-Saigon serait notre propre voyage. Il ne s'agissait pas de mettre nos roues dans les traces exactes de nos prédécesseurs. Mais plutôt de tâcher de vivre le voyage en se rapprochant de l'état d'esprit qui caractérise Guy de Larigaudie.

Nous reprenions sa devise à notre compte : « Si la route te manque, fais-la. »

Très vite, il nous a fallu régler les détails pratiques du voyage. Édouard se chargerait des visas jusqu'en Afghanistan et je m'occuperais de la préparation matérielle.

La partie administrative revenant à Édouard était sans doute la moins aisée. Il lui a donc fallu se battre comme un lion et jouer de tout son sens du contact et de la diplomatie pour réussir sa mission. Par l'intermédiaire de l'Automobile club de France, il obtient le carnet de passage en douane, document obligatoire pour faire transiter un véhicule dans certains pays comme l'Iran ou l'Inde. Décrocher un visa iranien est une sorte de sport, bien connu des voyageurs ayant tenté l'expérience. Il lui a aussi fallu prendre (un premier) contact avec l'ambassade du Myanmar à Paris, ce pays étant réputé comme infranchissable par voie terrestre. Le régime en place est une dictature militaire depuis le coup d'État de 1988 et n'autorise l'entrée aux étrangers qu'en avion, et par Rangoon, la capitale. La préparation matérielle m'amusait bien plus, puisqu'elle me projetait d'ores et déjà au cœur du voyage. J'essayais d'imaginer les difficultés, les différents obstacles… et d'y remédier par un rouleau de sparadrap, un marteau, une moustiquaire, des plaques militaires de désensablement, du matériel de cuisine, des cantines, des câbles et cordages… J'active également le réseau des bons amis de l'armée quittés depuis peu pour mettre à profit l'expérience de certains, notamment en jungle. Ainsi, ils me livrent en vrac des tas d'astuces pour éviter de se faire piéger par les serpents, les insectes, le climat. Je note méticuleusement tout cela dans un carnet, étoffé par les conseils de l'Institut Pasteur et des autres voyageurs. Une traversée de 16 000 kilomètres ne s'improvise pas totalement. Un minimum de choses doivent être laissées au hasard et il est utile de se documenter tant que les sources sont accessibles. Ce qui n'empêchera pas à l'aventure de battre son plein, et aux aléas de se manifester en temps voulu. Nous n'aurons pas de sponsors financiers. Les quelques économies prélevées sur nos salaires respectifs allaient permettre, du moins nous le pensions, de couvrir les frais du voyage. Ne pouvant repousser la date du départ, nous redoublons les efforts de préparation.

Deux choses restaient à définir : l'itinéraire et la voiture.

Le choix de l'itinéraire était un moment excitant. Tracer d'un doigt incertain un chemin sur une carte vierge, et en imaginer les paysages, les issues en cas de problème est un plaisir que nous poursuivons tard le soir. Avant d'atteindre Kaboul, nous passerions par l'Europe de l'Est, la Turquie, l'Iran, puis la piste du centre en Afghanistan. Plus loin, nous verrions bien et nous avions le temps d'y songer.

Pour le choix de la voiture, une seule nous paraissait évidente pour différentes raisons : la 2CV. Ce véhicule a fait ses preuves sur tous types de terrains et c'est, pensons-nous, celui qui correspond le mieux à un tel périple. Encore peu coûteuse, son prix conviendrait à nos maigres finances. Ne connaissant pas grand-chose en mécanique, il paraissait d'autant plus évident de choisir le moteur le plus simple et facilement réparable par tous les garagistes du monde. Le fait que deux jeunes voyageurs soient au volant d'un tel engin devait nous permettre en outre de franchir certaines frontières délicates plus aisément, la « deuche » servant de passeport naturel. Enfin, il est plus facile d'aborder les hommes avec une 2CV plutôt qu'aux commandes d'un énorme 4 × 4 aux vitres teintées.

Et puis, avouons-le, il y a aussi une histoire d'amour entre la 2CV et les Français. On se rappelle toujours de la première fois où, avec un peu d'appréhension, nous avons appris à passer ses drôles de vitesses. On s'étonne toujours de sa tenue de route et de ces virages dans lesquels on croit chavirer. Pour ma part, ce fut ma première expérience de conduite… je n'avais pas encore mon permis. Avec un ami, nous descendions de nuit vers le Sud de la France. Nous sommes sortis indemnes d'un contrôle de gendarmerie, la 2CV nous ayant sans doute tirés de ce mauvais pas. Édouard, depuis quatre ans, ne circulait pratiquement qu'en 2CV. La première, verte, fut offerte par sa grand-mère. Presque toutes les familles françaises en ont possédé une. C'est certainement la seule voiture capable de sauter des générations. Rustique, pratique, sans prétention, cet étrange véhicule est aussi capable de réunir sous le même capot tous les milieux sociaux. Elle unit, au quart de tour, ceux qui la portent dans leur cœur. Et, en toute objectivité, elle demeure terriblement pratique et polyvalente.

Alors, pour quelques euros, nous rachetons une vieille 2CV 6 Spécial à un médecin enthousiasmé par notre périple, deux semaines avant le grand départ. Ce n'est qu'après une simple vidange et le changement de son filtre à huile qu'elle part pour l'Asie. Nous ne modifions rien, n'ajoutons rien. Nous n'avons d'ailleurs ni les connaissances pour le faire, ni le budget pour l'équiper en tout terrain. Nous prenons quelques pièces de rechange au cas où. Pourvu qu'elle tienne, pensons-nous intérieurement sans vraiment oser se le dire.

Bucéphale est le nom que nous avons donné à notre 2CV. Pour la conquête de l'Asie, Alexandre le Grand avait prénommé son cheval de la sorte. Nous ne prétendons pas relever le défi d'Alexandre… d'ailleurs, pour Paris-Saigon, deux chevaux valent mieux qu'un !

À ceux qui chercheraient à comprendre les raisons de notre départ, nous répondrons avec la même logique que l'éléphant de Kipling parti découvrir le monde. Guy de Larigaudie fournit aussi une explication que nous faisons nôtre : « Paris-Saigon. Notre ambition était d'assurer la liaison entièrement par terre. Pourquoi ? Pour le simple et beau plaisir de courir l'aventure. En un siècle de facilités où il suffit de tourner un bouton pour avoir la chaleur, la lumière ou l'eau, où il n'est besoin que d'entrer dans un magasin pour obtenir tous les produits nécessaires à l'existence, il était bon que deux garçons, pour la joie de la difficulté à vaincre, essayassent de se débrouiller, seuls, par les moyens du bord, sur les routes du vaste monde. »

Le 9 août 2003, nous sommes prêts et avons symboliquement choisi de quitter la France depuis la tour Eiffel.

Parmi les personnes venues nous dire au revoir, il y a quelques bons amis et de la famille. La traditionnelle séance de photos terminée, c'est le grand départ. Moment de joie intense, d'appréhension également. Pleins d'enthousiasme mais conscients de nos limites, nous savons que rien n'est gagné d'avance. Saigon est à 12 000 kilomètres à vol d'oiseau et Dieu seul sait si nous y parviendrons.

Au soir du samedi 9 août 2003, il reste quelques préparatifs à boucler avant de prendre la route. Il eût été plus sage de passer une dernière nuit à Paris, mais l'envie de partir était la plus forte. Il fallait appareiller, quitte à ne faire que quelques kilomètres, mais partir, loin de la ville, de sa pollution, des bruits des motocyclettes. Comme un rituel, nous trinquons à la route et avalons un verre de vodka cul sec, non pas que cette boisson soit si agréable à boire, mais certainement plus pour marquer le coup. Et ce n'est qu'à 3 heures du matin que nous décollons en direction de Lyon, après avoir relevé le compteur : 21 983 kilomètres. La 2CV démarre donc et nous atterrissons quelque 60 kilomètres plus loin, installés dans une forêt, soulagés d'être partis, en quête d'on ne sait quelle liberté. Les branches des arbres laissent filtrer la lumière diffuse d'une lune rousse qui semble saluer les aventuriers que nous devenons. Quelques étoiles scintillent et c'est la tête tournée vers elles que je m'endors, confortablement installé sur le dos, fatigué par le départ, mais heureux.

Le lendemain matin, après avoir fait les niveaux, nous voilà repartis sur l'autoroute, la capote ouverte pour mieux capter les premiers rayons du soleil. Nous conduisons à tour de rôle ; quand l'un n'est pas au volant, il en profite pour faire le point, régler le téléphone satellite, inscrire sur un carnet de bord les dépenses, le nombre de kilomètres parcourus, les premières impressions. À Dole, nous quittons l'autoroute et piquons une tête dans la Loue. Le plongeon est bénéfique et revigorant. Quelques personnes profitent de cette belle journée pour peaufiner leur bronzage. Elles semblent surprises de voir ces deux garçons garer leur 2CV tout contre l'eau, enlever leurs habits, se jeter à l'eau et repartir aussi sec. L'appréhension du départ commence à s'estomper. En effet, ce n'est plus l'inconnu que nous imaginons ; nous touchons bien la réalité des événements au jour le jour, et goûtons au bonheur véritable du voyageur, celui qui donne le goût d'avancer, d'ouvrir ses yeux et ses oreilles à la découverte du monde. Nous sommes prêts à traverser les Alpes et la vie est belle ! Peu avant la frontière suisse, il s'agit de se rhabiller pour être présentables et de préparer les papiers nécessaires. Nous appréhendons l'obstacle avec souplesse, chacun ayant pu auparavant constater la rigueur des douaniers suisses. Ces derniers nous interpellent à travers la fenêtre :

— Bonjour messieurs, destination ?

— Kaboul et Saigon, répondons-nous en cœur, sourire crispé.

— Ah, j'ai déjà entendu parler de cette histoire, c'est bon, circulez !

Un douanier ouvre la barrière, moins surpris que ses interlocuteurs. Nous imaginons qu'un autre véhicule de l'expédition est passé peu avant nous, signalant l'arrivée possible des prochains membres. Quelques centaines de mètres plus loin et dans un grand bruit de ferraille, le pot d'échappement se détache et vient laisser définitivement son empreinte sur le reluisant bitume suisse. Premier jour de route, première panne. Rien de grave heureusement. Bucéphale est restée sur le bas-côté, et pendant qu'Édouard fait ralentir les voitures en amont, je tranche les dernières fixations du pot au couteau. La route qui redescend de la frontière offre des vues fantastiques sur la chaîne des Alpes. Ses lacets conduisent au lac de Neuchâtel, qui reste toujours dans le champ de vision. Le jeu de couleurs sur le lac est fascinant. L'eau est tantôt d'un bleu profond, tantôt grisâtre, et se transforme même en un somptueux turquoise dans la baie suivante. À la nuit tombée, une forêt de mélèzes nous accueille pour un repos bien mérité. Difficile de trouver un endroit calme pour la nuit, loin des habitations. Il a fallu chercher plus d'une heure pour trouver cette forêt salvatrice. Nous aurions sûrement préféré dormir chez l'habitant, mais il était délicat de solliciter ce dernier alors que la nuit était tombée. Je m'endors pendant qu'Édouard relate ce premier jour de voyage à la lumière de la lampe à pétrole. Nous prenons en effet l'habitude de tenir un carnet de bord quotidien, écrivant alternativement un jour sur deux. Cette méthode a l'avantage de laisser quarante-huit heures de répit avant de reprendre l'écriture qui risque de devenir contraignante au quotidien. En revanche, elle laisse moins de liberté quant aux sentiments évoqués.

En Autriche, il fait beau et les paysages sont « à tomber ». Nous traversons le Tyrol. C'est la région la plus montagneuse d'Autriche, avec ses forêts, ses villages, ses alpages et de splendides vallées et lacs de montagne. L'endroit est magnifique, montagnes très vertes, et partout des fleurs. Les maisons traditionnelles en bois sont pleines de charme. Rustiques, elles sont prévues pour résister aux intempéries hivernales. En effet, leurs solides toitures leur permettent de résister au poids de la neige, et leurs murs de rondins assurent une isolation naturelle. Véritables bouquets de fleurs en été, elles se fondent dans le paysage sans le dénaturer.

Surchargés, il faut parfois descendre de voiture pour pousser Bucéphale lors de passages de cols plus abrupts, et espérer arriver le soir à Salzbourg.

De nuit, la ville de Mozart est ravissante. C'est un luxe de s'offrir un restaurant place de la Cathédrale. Petite entorse que nous nous permettons. Installés en terrasse à l'étage, nous jouissons d'une vue panoramique sur une ville animée et joliment éclairée. En contrebas, un violoniste interprète une sonate de Mozart… Moment de joie intense, de repos, de discussions profondes. Rien n'a vraiment changé des deux pensionnaires qui s'esquivaient dans les bois le mercredi après-midi, et c'est avec le même regard enthousiaste que nous ouvrons les pages du grand livre du monde. Nous passons simplement des bancs de l'école aux sièges de la 2CV, et l'apprentissage n'en est pas moins intéressant.

Nous avons volontairement choisi de ne pas emporter d'autoradio. C'est un choix difficile que nous regretterons peut-être par la suite, mais qui permet sûrement de mieux dialoguer entre nous, et de mieux communiquer avec les autres. Il nous paraît évident que l'utilisation excessive du baladeur tend à supprimer le dialogue, essentiel en toute société.

— *Was machen Sie denn da ? Gucken Sie mal ! Hier ist ein Staatgarten. Sie müssen sofort wegfahren ! Die Polizei kommt um sechs. Es ist unbedingt verboten, hier zu stehen. Raus bitte…* (Que faites-vous là ? Vous n'avez pas vu que vous êtes dans un jardin public ? Vous devez déguerpir rapidement. La police arrive à 6 heures. Il est formellement interdit de rester ici.)

— *Entschuldigung, wir sind bei Nacht angekommen, so haben wir keinen Garten gesehen ! Der See sieht so schön aus, und so...* (Excusez-nous, on est arrivés de nuit sans voir le jardin. Le lac avait l'air si beau...)

— *Wohin fahren Sie ?* (Où allez-vous ?)

— *Nach Saigon, Vietnam.* (À Saigon, au Vietnam.)

— *Saigon ! Ah, Ah, Ah ! Mit diesem Ente ! Ihr Wagen ist so lustig ! Als ich junger war...* (Saigon ! Ah, Ah, Ah ! Avec cette charrette ? Drôle de voiture. Quand j'étais jeune...)

Le réveil est un peu brutal en ce matin du mois d'août. Ce gardien d'espaces verts est un peu ours mais très gentil, comme beaucoup d'Autrichiens que nous croisons. Il est plaisant de reparler allemand, même si j'ai oublié la plupart du vocabulaire. La mémoire est une chose merveilleuse qui permet de faire des prouesses en sondant le passé. Il suffit de la solliciter pour la voir se réveiller et je suis surpris de me rappeler certains mots profondément enfouis. Pittoresque, le village de Mondsee offre un merveilleux panorama. Dans une petite ferme locale, une Autrichienne sert des petits pains et du café. Nous prenons l'habitude de goûter aux mets locaux lorsque c'est possible. Aujourd'hui, le petit déjeuner est copieux. Nous commandons un café au lait, du jus d'orange et une multitude de petits pains tous différents : au seigle, aux noix, salés, sucrés. Ce « brunch » fera notre affaire jusqu'au soir.

Au bord du lac de Mondsee (le « lac de la Lune »), nous profitons de l'occasion pour piquer une tête et sommes surpris de constater que l'eau y est exceptionnellement chaude et délicieuse. À 481 mètres au-dessus du niveau de la mer, ce lac a une superficie de 14 km^2. Il tire son nom de sa forme en croissant de lune. Le lac de la Lune est entouré d'une paroi rocheuse, le Drachenwand, qui signifie la « paroi du dragon », riche de légendes.

Quelques clichés viennent immortaliser nos plongeons à partir d'une des célèbres maisons construites sur pilotis qui bordent le lac. En matériel audiovisuel, nous avons obtenu par Canon un appareil photo numérique dont j'apprends à me servir. Édouard a emporté son appareil photo de type argentique et une caméra numérique. Reporter de formation, il m'apprend à cadrer… C'est tout un art qui ne s'improvise pas et qu'il faut répéter. Je m'exerce alors comme un bon élève et prends une quantité impressionnante de clichés aussitôt effacés grâce à la magie du numérique. Pour être un bon photographe, il ne suffit pas d'être doté d'un certain sens artistique, il faut aussi se montrer patient, savoir saisir les opportunités, avoir de l'audace…, pas si simple !

Nous arrivons à Vienne dans l'après-midi et visitons la célèbre cathédrale gothique St Stephen au toit multicolore. À 137 mètres de haut, sa flèche domine Vienne. Les Habsbourg ont régné sur le pays pendant plus de six siècles et habitaient la *Hofburg* (palais impérial) que nous découvrons, admirant les *Kaiserappartements* (appartements impériaux) et le *Schatzkammer* (trésor impérial). Quelques cartes postales achetées à la sortie permettront à nos familles respectives d'être rassurées et d'avoir quelques nouvelles fraîches.

Nous repartons le soir même, préférant dormir dans ce vaste hôtel calme et bon marché qui nous entoure : la nature. C'est dans le silence de la nuit que je trouve le repos, nécessaire à un certain équilibre de vie.

Bucéphale se comporte bien, ce qui est appréciable compte tenu de sa préparation sommaire.

Le passage de la frontière hongroise s'effectue sans difficultés particulières. Nous découvrons petit à petit l'Europe de l'Est. Ravagée par des années de communisme, elle peine à se relever, d'où une différence marquante avec l'Ouest. L'authenticité des habitants semble aller de pair avec leur pauvreté évidente. Cette triste réalité peut tout de même nous faire réfléchir sur notre position actuelle d'Occidentaux confortablement installés sur nos euros. Si la pauvreté matérielle permet souvent la richesse de cœur, avec tous ses bienfaits, alors comment se fait-il que notre vie soit tellement rythmée autour de l'argent ?

Nous poussons la porte d'une petite auberge typique où l'on sert un « souper », une soupe de légumes frais dans laquelle flottent quelques boulettes de semoule. Le repas est consistant. Dans un coin de la salle à manger, un pianiste joue des airs traditionnels. Ce dernier semble se désintéresser parfaitement des convives et fait glisser passionnément ses doigts sur les touches d'ivoire. La table qui nous sépare de l'artiste est occupée par quatre colosses enivrés de vodka, qui se manifestent par de bruyantes exclamations. Les Hongrois ne perdent jamais une occasion de faire la fête et aiment aussi bien la grande musique de Liszt que la musique populaire traditionnelle.

Je m'aperçois qu'en voiture comme à pied, l'ennemi premier est le poids. Nous nous traînons un tas d'affaires inutiles et un tri s'avère nécessaire. Tout le matériel est alors étalé à la lumière d'un lampadaire. Le contenu est varié étant donné la variété des climats à traverser (désertique, tropical, montagneux...) : une malle pour la mécanique, une pour la cuisine, une petite valise de papiers et livres, une roue de secours et deux pneus-neige cloutés, une mallette de premiers secours, une autre de pellicules et de matériel audiovisuel, une autre encore de guides touristiques et cartes, de nombreux outils, enfin le matériel de bivouac, sacs de couchage, lampe à huile, hamacs, tente...

Il s'agit de sélectionner quelques habits, des médicaments, un peu d'outillage, des papiers, la hache, et de s'en séparer. Nous préparons un sac pour l'offrir à ceux qui en auraient besoin. La hache est rapidement donnée à un bûcheron sur le bord de la route. Surpris, il acquiesce d'un sourire de remerciement. La Roumanie est plus pauvre encore et c'est dans un monastère orthodoxe que le surplus est donné. Un garçon qui doit être âgé de 12 ans nous y mène, installé entre les deux sièges avant. Il est très brun, comme presque tous les habitants que nous croisons, et semble être de bonne composition. Visiblement habitué à la vie au grand air, cet enfant robuste fait preuve d'une grande débrouillardise. Jamais, en France, une mère ne laisserait son enfant de 12 ans conduire deux étrangers à plusieurs kilomètres de sa maison sans connaître ces derniers. Très fier, le garçon salue tous les gens du village dans une excitation non dissimulée. Nous parlons par gestes puisqu'il ne parle évidemment pas plus l'anglais que nous le roumain. Mais la barrière de la langue n'est que fictive puisque nous rions aux éclats, sans raison évidente. La route qui serpente en lacets conduit au couvent. À flanc de montagne, elle laisse entrevoir ses méandres loin en avant, lorsque la végétation le permet. Dans cette région des Carpates, les forêts sont denses, surtout à cette altitude moyenne. Des religieuses habitent là, dans une grande pauvreté matérielle. L'une d'entre elles coupe vaillamment du bois à l'entrée. C'est bien ici qu'il faut donner les habits, elles sauront en faire bon usage. Les religieuses orthodoxes ouvrent leur porte et nous conduisent directement au lieu qui rythme leur vie : la chapelle. Ici, elles commencent leur journée par quelques psaumes de louange, ici, elles viennent se recueillir en silence, ici encore, elles rendent grâce à Dieu au crépuscule. Nous achetons quelques icônes et nous éclipsons, suivant un itinéraire indiqué par la sœur qui nous a accueillis.

Nous traversons la Transylvanie. Un nom qui vous transporte ailleurs, là où les collines verdoyantes fondent sur la chaîne des Carpates qui culmine à plus de 2 500 mètres. Découverte d'une ville médiévale intacte. La richesse culturelle et humaine est intéressante. Roumains, Hongrois et Allemands s'y mélangent depuis le Moyen Âge. On y trouve également beaucoup de fortifications : les *cetate*. De nombreux villages possèdent leur église fortifiée, construite entre le XIIIe et le XVIe siècle, où les habitants venaient se réfugier en cas d'invasion.

— Alors Édouard, on la coupe ?

— Tu crois que c'est sérieux ?

— On verra bien ; comme disait mon grand-père, « l'occasion n'a qu'un cheveu » !

— Et s'il pleut ?

— Il ne pleuvra pas, c'est décidé ! Et s'il pleut, on sèchera, on n'est pas en sucre !

— Ouaip, je n'aimerais pas que la traversée de l'Orient tourne à la retraite de Russie, tu vois ce que j'veux dire… Mais c'est une idée.

— Je crois comprendre que dans le fond, tu en rêves de ce cabriolet. Vrai ou faux ?

— Bon d'accord, c'est parti…

Dans un grand bruit de meuleuse, la 2CV est ouverte telle une vulgaire boîte de sardines. Les propriétaires du garage roumain qui nous accueillent sont hilares. Un petit gars explique innocemment aux autres qu'ainsi nous pourrons nous étirer les bras tout en roulant. Il faut être un gosse pour comprendre. Rien de tel qu'une petite « déconnante » pour nous mettre de bonne humeur. Une 2CV cabriolet est quand même plus agréable qu'une classique. Pourquoi ?

Parce qu'il est difficile de vivre dans un sous-marin à deux pendant six mois. Équipage du même navire, pourquoi ne pas émerger ? Puisque l'objectif est de Vivre, autant nous sentir proches des éléments, être plus libres de nos mouvements, respirer le bon air, capter les rayons du soleil, et pouvoir répondre aux étrangers qui nous posent des questions. Guy et Roger avaient choisi de rouler en cabriolet pour les mêmes raisons. Alors nous les imitons, conscients qu'ils avaicnt certainement raison.

À première vue, la transformation d'une deuche normale en cabriolet semble très difficile. Ce n'est cependant pas le cas ! Un marqueur, une scie, une cisaille et un marteau pour arrondir les angles, et le tour est joué. Alors je découpe méticuleusement la tôle, suivant une ligne préalablement tracée au marqueur par Édouard qui immortalise la scène à l'aide de la caméra. Le toit est laissé aux Roumains et, tout heureux de notre œuvre, nous filons vers la Bulgarie. Au volant, nos regards se croisent et nous éclatons de rire. Amitié simple qui trouve sa force dans la complicité. Inutile de parler, nos sourires en disent long.

« Savoir sourire : quelle force d'apaisement, force de douceur, de calme, force de rayonnement ! » disait Guy de Larigaudie. C'est aussi cela, son esprit.

Sur la route, nous croisons des charrettes surchargées de foin, tirées par des chevaux. Endormis, des hommes et des femmes se laissent ballotter sur des routes défoncées, assis sur le foin d'une charrette tirée par des bœufs. Des bottes de paille ou d'herbe fraîchement coupée sont maintenues par un bois central et attendent la fin de l'été pour être emportées. Un arrêt permet de se procurer des fruits au bord de la route pour quelques lei. Les Roumains qui nous vendent les fruits sont à proximité du verger dans lequel ils viennent de faire la cueillette. Ils ont le teint hâlé et bronzé, les cheveux bruns. Les femmes portent des foulards noués sur la tête et de longues robes. Nous doublons un laboureur et sa charrue, attelée à deux bœufs... On se croirait au siècle dernier dans nos campagnes.

Chaque chose trouve sa place naturellement dans la voiture. Par précaution, la pharmacie est glissée sous le siège du passager, tandis que la boîte à outils occupe la place la plus accessible, entre nos deux sièges. Nous avons chacun gardé un sac pour les affaires personnelles. La « vache à eau », sorte de seau de toile étanche rempli d'eau dans lequel il est pratique de mettre une bouteille et quelques fruits, est arrimée côté passager. Le vent artificiel créé par la vitesse refroidit l'eau de la vache et son contenu. Ainsi, nous disposons d'eau fraîche en permanence. Production écologique, vieille technique que Larigaudie et Drapier utilisaient déjà pendant leur expédition, un luxe de voyageur par cette température de 40 °C.

Le bruit d'une cascade attire notre attention. Une rivière serpente en contrebas, masquée par une végétation luxuriante d'arbres massifs. Il faut peu de temps pour trouver un endroit tranquille et y faire un brin de toilette. Tellement paisible qu'Édouard se retrouve nez à nez avec un loup tenant un gros morceau de viande fraîche dans sa gueule. Impressionné, l'animal s'enfuit en quelques souples enjambées. Il ressurgit quelques dizaines de mètres en aval, traversant la rivière, la viande toujours dans la gueule, puis disparaît sur l'autre rive en s'enfonçant dans l'épaisse végétation. La Roumanie est l'un des rares pays d'Europe où le gros gibier abonde toujours. En voie d'extinction dans la plupart des pays européens, les loups seraient entre deux et trois mille cinq cents.

Nous sommes rapidement déshabillés ; la toilette nous revigore. Pour la route encore longue, du riz et un café serré feront l'affaire. Nous avons rendez-vous avec le reste de l'expédition et sommes attendus à Istanbul le lendemain soir. L'objectif est de passer la nuit prochaine en Bulgarie. Au crépuscule, le soleil se couche sur un lac qui se teinte de reflets d'argent, se mariant remarquablement à un ciel pourpré, ponctué de cirrus effilochés. La nature est une compagne qui semble nous saluer ce soir. Terrible parfois, elle sait heureusement aussi montrer un visage doux et rassurant, celui-là même qui met en confiance, donne le goût d'avancer. Savourer de tels instants est nécessaire. Il faut accorder quelques minutes à la contemplation, jusqu'à trouver la force de dire « merci ».

La nuit qui s'annonce promet d'être belle. Quelques étoiles scintillent progressivement et, bientôt, il est aisé de reconnaître les constellations qui me sont chères. L'étoile du Berger, la Grande Ourse, l'étoile Polaire, la Pléiade et surtout Orion, avec laquelle j'ai marché pendant les nuits d'hiver. Orion est plus qu'une constellation, c'est une amie fidèle. Facile à repérer, sa silhouette est l'image d'un chasseur. C'est peut-être la constellation la plus connue du ciel, et ses nombreuses étoiles brillantes sont visibles partout dans le monde. Chez les Grecs, Orion était connu comme « l'habitant de la montagne ». C'était le fils d'Euryale et de Poséidon. Son père lui donna le pouvoir de marcher sur les eaux, mais on rapporte qu'il fut si grand qu'il pouvait marcher au fond de la mer alors que sa tête demeurait au-dessus des vagues. Orion était célèbre tant par ses actes de chasse que par ses passions amoureuses.

Plus concrètement, pour les Grecs, les étoiles d'Orion servaient à marquer le temps des moissons. Pour un observateur se levant tôt, Orion est visible tout l'été. Le poète Hésiode exigea par exemple de son neveu fermier qu'il observât la première apparition d'Orion en été : « N'oublie pas, lorsque Orion se lèvera pour la première fois, de faire battre les épis sacrés par tes servantes… » À la fin de l'été, lorsque vient la saison des vendanges, Orion se lève à minuit. Et lorsque Orion se lève au coucher du soleil en automne, les marins savent qu'il est temps de ramener leur bateau au port pour l'abriter des tempêtes.

Édouard conduit et je reste éveillé pour l'accompagner. Mes pensées se perdent dans la nuit. Rêveries qui divaguent, rebondissent, s'entremêlent rapidement puis font place à la réflexion. J'apprécie ce moment de solitude, essentiel pour faire le point. Cet isolement volontaire n'est pas celui d'un homme qui désespère mais plutôt une manière de prendre un peu de temps pour soi. Dans la vie que nous menons en Occident, rares sont les moments de répit, nous avons toujours beaucoup de choses à faire, pris de court par les événements, nous parons finalement au plus pressé. Ce soir, je me rends compte que c'est la même chose en voyage. Qu'allons-nous manger demain ? Serons-nous à l'heure au rendez-vous d'Istanbul ? La voiture va-t-elle tenir jusqu'à Saigon ? Tant de questions qui restent sans réponse et troublent l'esprit. Alors n'est-ce pas plus aisé non pas d'oublier mais de relativiser et de se libérer de ces inquiétudes ? Un dicton affirme que voyager, c'est aller au plus près. Plus proche des hommes, des cultures, des paysages bien sûr, mais également plus près de soi, de ses défauts et de ses qualités, de ses convictions les plus profondes. Les doutes aussi ressurgissent comme de mauvais rêves d'enfant. Et lorsque la nuit tombe, l'instant est plus propice à la méditation. Si ce n'est pas maintenant que je profite de ces instants perdus, alors quand ? Quand vais-je bénéficier d'un moment de calme ? Certainement pas en France où nous sommes pris dans le flot des informations, attractions, ayant tout ou presque à portée de main. Où finalement il est bien plus difficile de prendre quelques instants pour soi, à moins de l'avoir décidé. Il s'agit de faire calmement le bilan, de se fixer des objectifs pour tenter de s'améliorer, et finalement de jouer toutes les phases du beau jeu de sa vie en cherchant la paix du cœur.

Après quelques heures de route, nous permutons et je m'installe au volant de Bucéphale. Tout un rituel pour trouver la position la plus aisée, chercher à tâtons les commandes. Emmitouflé dans une cagoule noire et vêtu d'une polaire, je ressemble à quelque pilote d'avion d'antan. Il est agréable d'écouter le ronronnement du moteur répondre aux volontés du pilote, de sentir que ça tourne rond. La vigilance est à l'ordre du jour, l'éclairage étant défaillant. Les routes sont épouvantables, et les suspensions sont mises à rude épreuve. Bucéphale double des charrettes non éclairées, croise les cyclistes noctambules, des hordes de chiens errants, se perd dans la nuit… C'est aux abords des villages aux habitations modestes que ces derniers sont les plus présents. Les aboiements sauvages des bêtes féroces en quête de nourriture n'ont rien de rassurant et je garde un manche de pioche à portée de main, au cas où… La signalisation est succincte. Pas de feux, seulement quelques panneaux. Et encore, lorsque ces derniers sont exacts. En effet, après une longue ligne droite, un panneau indique un virage à droite. Prenant mes dispositions, je freine, rétrograde et anticipe le virage en repositionnant machinalement mes mains sur le volant. Quelle ne fut pas ma surprise lorsque je m'aperçus que le tournant initialement annoncé à droite s'avérait être un virage serré à gauche ! Ils sont fous ces Roumains !

L'entrée en Bulgarie nécessite de chercher une embarcation ou un pont pour franchir le Danube.

Mais le poste-frontière est fermé. Nous faisons donc un gros crochet pour atteindre un deuxième poste, tout autant fermé. L'incontournable Danube serait-il aussi infranchissable ? Au petit matin, nous arrivons tant bien que mal à un troisième qui semble ouvert, 500 kilomètres plus à l'est. Nous avons conduit toute la nuit en alternance, et sommes bien fatigués.

— Carte grise, passeports, nous demande un douanier avec détermination.

Nous lui tendons le tout.

— Taxe de 50 euros pour le passage.

Flairant l'entourloupe, nous reprenons nos documents. Cet homme en casquette à trente mètres du véritable poste n'est qu'un douanier factice cherchant sa fortune auprès des voyageurs naïfs. En effet, de la brume matinale surgit le véritable poste-frontière. Nous exhibons passeports, permis de conduire internationaux et carnet de passage en douane. Un tampon donne accès au pays suivant, la Bulgarie, après être passé obligatoirement dans un bac de désinfection pour les véhicules, et avoir payé la taxe réglementaire.

La traversée de la Bulgarie est rapide. Les voyageurs qui ont visité ce pays racontent qu'il est magnifique. Dans son hymne national, il est comparé au paradis terrestre. De charmants petits villages se fondent dans le paysage… Essentiellement forestière et agricole, la Bulgarie garde son authenticité. Accrochés aux parois de gorges profondes, des viaducs permettent de franchir en beauté les précipices les plus effrayants. Sur notre passage, les paysans nous saluent joyeusement d'un geste de la main.

Mais le pays a aussi beaucoup souffert, comme en témoigne ce poème d'un Bulgare inconnu, découvert en chemin :

« Bulgarie !
Ô ma mère, ô patrie chérie !
Pourquoi pleurer si tristement ?
Et toi, corbeau, maudit oiseau,
Sur quel tombeau croasses-tu ?
Je sais, je sais, mère, tu pleures
De te sentir en esclavage !
Ta sainte voix est impuissante,
C'est une voix dans le désert.
Pleure ! Là-bas, près de Sofia,
Se dresse un gibet, je l'ai vu !
Et ton fils, l'unique entre tous
Y pend de son terrible poids.
Le corbeau hideux y croasse
Et les loups hurlent dans la plaine.
Et les vieillards implorent le ciel,
Les enfants crient, les femmes pleurent.
L'hiver chante ses mauvais airs,
Les rafales couchent les ronces.
Le froid, le gel, le désespoir
Te comblent le cœur de douleur. »

Comment ne pas s'émouvoir en lisant ces vers d'un poète criant sa douleur à l'heure où il les écrit ? En 1990, la chute du communisme libère ce peuple meurtri et ravagé pendant des années par la terreur de ce régime. Aujourd'hui, les Bulgares peinent à se relever.

Charmé par ce pays, je me promets d'y retourner pour un séjour prolongé. Seule ombre au tableau : l'alphabet cyrillique est difficile à déchiffrer et pour dire « oui », les Bulgares font « non » de la tête !

« Les portes nous sont ouvertes toutes grandes sur l'Orient. La véritable aventure va commencer et nous chantons notre joie au soleil qui ne nous quittera plus désormais », écrit Guy de Larigaudie, quittant la Bulgarie. Nous partageons son enthousiasme et sommes heureux de bientôt apercevoir la frontière turque.

2

D'Istanbul à Machhad,

PAR LA CAPPADOCE ET LE GRAND DÉSERT SALÉ IRANIEN

> « Le véritable voyage ne consiste pas à chercher de nouveaux paysages mais à avoir de nouveaux yeux. »
>
> Marcel Proust

Au sommet du poste-frontière flotte le drapeau turc, un croissant et une étoile à cinq branches blancs sur fond rouge. La frontière avec la Turquie marque celle entre l'Occident et l'Orient. Un autre monde qu'il va falloir appréhender, avec ses us et coutumes, ses règles. À partir de la frontière, Carina nous accompagne. Cette jeune étudiante portugaise qui doit se rendre à Istanbul est la première d'une longue liste d'auto-stoppeurs. Forte de son expérience turque, elle nous signale les bons coins d'Istanbul. Carina termine une année de vie étudiante dans le cadre d'un échange de type Erasmus. Elle semble ravie de son année d'études littéraires auprès de ses contemporains turcs.

La double voie qui conduit à Istanbul traverse une vaste steppe aride et vallonnée qui laisse peu de place à la végétation. Les collines dorées dégagent une impression de pureté. Seuls quelques poteaux électriques viennent ternir ce tableau bucolique.

Le soleil cogne fort et il ne s'agit pas de rester tête nue. Ainsi, nous coiffons des foulards protecteurs. Entrant dans la ville, après vingt-six heures de conduite sans interruption, nos yeux ne cessent d'être émerveillés, à commencer par Aya Sofya, la basilique Sainte-Sophie. L'église de la sagesse divine ne fut pas consacrée à sainte Sophie comme on pourrait le croire, mais à la sainte sagesse. À gauche de la porte impériale, une colonne est percée d'un trou. La légende raconte que ceux qui mettent le doigt dans le trou en exprimant un vœu verront celui-ci exaucé si leur doigt en sort mouillé. Construite en 537 par l'empereur Justinien, l'église donne une impression de grâce et d'espace, procurée par ses vastes coupoles qui mettent en valeur marbres et faïences. Des arbustes fleuris entourent l'édifice religieux, aujourd'hui transformé en mosquée, qui semble trôner au milieu de pétales de roses. Il est convenu de passer la nuit sur place, dans un hôtel bon marché, non loin de la basilique. Auparavant, nous pensons à Bucéphale et au matériel qui ne sauraient rester dans la rue sans surveillance. Un parking gardé fera l'affaire, moyennant quelques lires promises, si rien n'a disparu. Cela fait partie des inconvénients de rouler en décapotable que nous découvrons progressivement. En effet, la vigilance doit être permanente.

À l'aube, un muezzin lance un premier appel, diffusé dans toute la ville au moyen de haut-parleurs. Sur cette terre d'Islam, les hommes vivent au rythme de la prière et commencent par *al-fajr*, la prière de l'aube, profonde intimité entre Dieu et les hommes, entre la vie spirituelle et la vie terrestre. Sur la rive européenne, c'est l'agitation. Le bazar fourmille de porteurs, vendeurs, cireurs de chaussures, marchands de tissus ou attrape-touristes. Il est subdivisé par métiers et le promeneur qui cherche un produit spécifique a la chance de pouvoir choisir son interlocuteur de marchandage entre plusieurs boutiques d'apparence similaire. Le marchandage fait partie des incontournables traditions que le voyageur doit assimiler pour ne pas être en marge avec la coutume locale. Prendre le temps de discuter avec le marchand, de prendre des nouvelles de sa famille, des affaires, de faire baisser les prix, est important. Ignorer cette habitude serait quasiment une insulte pour le vendeur, tout comme refuser le thé qu'il vous propose naturellement. Ce sont des schémas bien différents de nos traditions et un petit moment d'adaptation s'avère nécessaire. Au bout d'un temps, cela devient comme un jeu et il est plaisant de s'y prêter.

Il est exquis de déambuler dans les jardins fleuris qui jouxtent la célèbre mosquée bleue. Je savoure un repos sans voiture dans cette délicieuse cité des mille et une nuits, où le temps semble suspendu. L'après-midi se termine calmement autour d'un thé accompagné d'un narguilé à la pomme. Redescendant vers les rives du Bosphore, nous prenons un kebab à la terrasse d'un restaurant. Je profite d'un moment de calme pour aller savourer les derniers rayons du soleil sur le Bosphore animé. Activité incessante d'embarcations de tous types : chalutiers, péniches, vedettes ou barques qui rentrent au port, le soleil leur faisant un ultime adieu avant l'aurore. Demain, nous traverserons le Bosphore. Ce symbolique passage entre l'Europe et l'Asie nous enthousiasme particulièrement. L'exotisme peut battre son plein, l'aventure commence, sans retour possible, comme un alpiniste contraint d'atteindre le refuge pour se mettre à l'abri, comme un marin qui s'engage pour une longue traversée. Notre refuge, c'est Saigon, et nous savons que quelques tempêtes nous attendent, que quelques aléas viendront perturber le voyage. Ceux-là sont acceptés d'avance et font partie du contrat. Un peu d'humour et de persévérance nous mèneront à ce refuge. Mais je veux croire que le refuge n'est pas loin, que la route est finalement parsemée de refuges en tout genre, que ce sont de petites étapes qui permettent de progresser sûrement, comme quelqu'un construirait sa vie. Nous nous arrêtons à l'ombre des platanes de la place centrale d'un charmant petit village entouré de collines et surplombé d'un fort protecteur. Ivan et Veronika, un couple de Norvégiens venus en stop et qui souhaitent se rendre à Jérusalem, font également une pause ici. Loin de nos pays respectifs, la distance rapproche. Tous les quatre européens, c'est sous ce symbole que nous nous reconnaissons. Tout comme un Breton du Finistère et un autre du Morbihan se reconnaîtraient bretons à Paris. Nous échangeons quelques phrases en anglais et nous souhaitons réciproquement une bonne route, simplement et sincèrement. Une grande pastèque et un poisson achetés sur la place feront notre déjeuner. Nous les préparons sur le bord d'une rivière, profitant de l'occasion pour nous y baigner. Le poisson est grillé sur un feu de bois, à même les flammes. Nous avons le temps et préférons les saveurs de fumée à l'odeur du butane. Sur la rive opposée, un jeune garçon monté sur un âne et les pieds nus conduit un troupeau de moutons. Je repense à mes années folles de pensionnat où je rêvais de me faire berger et de vivre cette vie de nomade… D'un geste de la main, je salue ce garçon souriant. Il me renvoie la pareille. Que pense-t-il de nous ? N'est-il pas en train de se dire que nous avons la chance d'être riches et en bonne santé, d'étudier à l'école, de choisir un métier ? L'Homme est compliqué dans ses pensées et espère une condition toujours meilleure. Il est fort probable que des peuples rencontrés prochainement sur la route soient bien plus pauvres et envient à leur tour cet enfant turc. Nous passons la nuit dehors sans prendre la peine de monter la tente. Le ciel étoilé nous offre une bien meilleure couverture que celle de la tente d'Édouard qui sent le fennec, et la probabilité pour qu'il pleuve est bien faible. Au petit matin, nous faisons notre toilette au bord d'un puits traditionnel, système ancestral qui consiste à remonter l'eau au moyen d'une perche servant de balancier. Ce n'est pas la première fois que je croise ce style de puits puisque j'en avais auparavant rencontrés au Tchad. Il est des inventions qui doivent être universelles. L'eau très fraîche réveille. Après avoir fait par la même occasion le plein d'eau, nous remontons à bord de notre engin qui se chargera de remplir sa mission quotidienne. Nous utilisons des bouteilles d'eau minérale comme réserves d'eau. Elles sont plus légères que des gourdes et incassables. À chaque plein, une pastille de chlore vient purifier la nouvelle eau.

Toujours plus au sud vers la Cappadoce, les paysages sont magnifiques et contrastés, ressemblant quelque peu à notre Provence. La route est parfois bordée de pins, entourée de collines où quelques cyprès s'accrochent. Des champs de tournesols se fondent à perte de vue en une masse jaune et chaleureuse. Parfois, la tache rouge d'un immense drapeau turc, posé à même le sol, couvre le sommet d'une colline. Si les journées sont chaudes et ensoleillées, l'amplitude thermique est importante : à la tombée de la nuit, il est utile de se couvrir pour achever les quelques kilomètres qui nous séparent de l'étape. Le vent frais du soir se fait largement sentir à travers nos vêtements.

Un champ en friche fait notre affaire pour la nuit. Un chemin conduit naturellement à son sommet, repéré de loin par un arbre en boule. Avant de prendre possession de nos sacs de couchage respectifs, quelques gâteaux et une tasse de thé nous restaurent. À la lueur de la lampe à pétrole, Édouard écrit le carnet de route pendant que je rêve, la tête vers les étoiles. Je repense aux paroles d'une chanson qui me trottent dans la tête : « Vole mon fils vole, contemple l'univers, dans ta course ô soleil attrape ces étoiles qui font grandir le monde. » Avant le départ, une petite voix me disait : c'est maintenant qu'il faut partir, pas demain, pas dans dix ans, aujourd'hui. Oui, je prends conscience de ces paroles et plus j'avance, plus je me félicite de ce départ un peu précipité. Resté en France, je n'aurais pas regretté mon choix, puisque je n'aurais pas connu le voyage. Tout juste un peu d'amertume. Mais maintenant que je suis sur la route, je suis heureux et quelque part libéré de cette envie profonde de voyager depuis des années. Cette liberté d'action qui permet à l'homme de s'épanouir à son gré, de prendre les décisions qui rythment ses journées et d'en tirer les conséquences m'est nécessaire. La vie elle-même est un voyage, une découverte incessante. Alors pourquoi partir ? Je pars pour déchiffrer l'espace, les traces, un accent, un goût. Je voyage parce que les gens, les paysages sont là. Et je m'enivre de ces petits riens qui ponctuent le voyage : une main tendue, un coucher de soleil, l'odeur du sable au petit matin, le regard d'un enfant…

> « Au ciel, chaque nuit, je lance mon cri d'amour, ivre de la beauté de Dieu, avec force, mon cri d'amour.

Sur chaque pré brille un rai de lumière divine ;
au génie créateur de Dieu, je lance mon cri d'amour.
Au rocher, qui se coiffe de lumière en Ton nom,
je lance, et il reçoit, mon cri d'amour.
Par la feuille de l'arbre, par la goutte d'eau dans la mer,
par le gemme sous la Terre, c'est vers Toi que je lance mon cri d'amour.
En chaque chose, j'étais toute chose, en tout je voyais Dieu ;
telle une torche embrasée pour l'union, je lançais mon cri d'amour. »

L'auteur de ces vers, Mawlânâ Rûmî, est un célèbre poète islamique et soufi de l'amour et de l'ivresse mystique. Sa célébrité dépasse de loin les frontières de la Turquie. Il vécut au XIIIe siècle à Konya, notre prochaine étape. Aujourd'hui, on le considère comme le poète du monde perse le plus célèbre. Parmi ses œuvres, des textes destinés aux amoureux, aux amis, à la famille, des conseils pour le travail et bien d'autres choses touchant le domaine spirituel.

Hier soir, les jeux d'ombres sillonnaient les blanches collines de calcaire érodées et striées au soleil couchant. Magnifique puissance de la nature qui diffuse une lumière douce et réconfortante. Alors je me demande comment certaines personnes peuvent se satisfaire d'une vie de sédentaire. Comment peut-on rester chez soi et « cultiver son jardin » alors que le monde est aujourd'hui si accessible ? Et pourtant, nombreux sont les hommes qui se satisfont d'une vie bien remplie et s'épanouissent chez eux. Finalement, la sagesse n'est-elle pas à notre porte, tout comme ceux que nous pouvons aider ? Est-il nécessaire de courir le monde pour se rendre compte de notre condition ? Ce besoin est pourtant bien réel chez moi, je m'enivre de ces paysages, de ces hommes… toute chose nouvelle, toute situation imprévue m'excite comme un enfant qui découvrirait un lieu inconnu.

Les premiers habitants de Cappadoce étaient des chrétiens qui, persécutés par les Romains, trouvèrent refuge dans ces contrées hospitalières. Ils creusèrent dans le tuf des habitations, des greniers et des églises. Les chapelles et les églises furent décorées de fresques qui, grâce à l'obscurité, ont conservé leurs couleurs. Nous admirons les magnifiques peintures rupestres de l'église de Goereme. Je commence la journée par l'ascension d'un petit piton rocheux caractéristique de la région. Cet exercice matinal me fait du bien et permet de détendre des jambes trop souvent pliées dans la 2CV. Les activités sportives me manquent parfois. Une conséquence directe pourrait être une attitude désagréable pour le pauvre interlocuteur qui s'adresse gentiment à moi !

Davut, marchand de tapis sur la route de la Soie, nous ouvre son magasin et présente ses trésors, expliquant les différences entre les tapis turcs, iraniens, afghans… Dans un coin de la pièce, une femme s'affaire. Ses doigts agiles répètent les gestes essentiels de la conception du tapis qui prend forme. Les cheveux grisonnants, elle doit avoir la cinquantaine. Un fin voile bleu couvre sa tête et ses épaules, dévoilant de petits yeux en amande. Les yeux des femmes sont la seule partie visible que les hommes puissent regarder. Davut nous explique qu'il a vu les dernières caravanes de chameaux passer devant chez lui et nous conte quelques anecdotes de ces longues méharées de marchands à la merci des brigands, nomades infatigables se déplaçant au rythme de leurs montures. Par prudence, nous prenons congé de notre hôte vers midi, ayant encore de la route à faire : le Kurdistan est proche et il est déconseillé de rouler de nuit. Les paysages traversés sont superbes : montagnes pelées, petits cours d'eau... Nous apercevons aussi des chiens, bergers yougoslaves ou charplalina, énormes molosses qui sont chargés de garder les moutons et prennent leur rôle très au sérieux. N'ayant peur de s'attaquer ni aux loups ni aux ours, ces chiens sont de redoutables bergers et en possèdent toutes les qualités. Mais le dressage de ces pur-sang sensibles nécessite la plus grande attention.

Fatigués par une longue route, nous décidons de nous arrêter plus tôt ce soir et choisissons une zone de bivouac très calme au bord d'une rivière, surplombée par de petites falaises rougies par le soleil couchant. L'endroit est charmant et très paisible. Paris est à 4 762 kilomètres et nous semble déjà loin. Nous ne rêvons plus que d'Orient, de palais et de mécanique aussi. Les deux motards de l'expédition Paris-Kaboul, Isabelle et Dimitri, nous accompagnent. Nous en profitons pour allumer un feu de camp et faire sécher les affaires d'Isabelle : celle-ci souhaitant passer la rivière à gué a mal estimé la profondeur et c'est avec armes et bagages qu'elle est engloutie avec sa moto. Le bruit des éclaboussures est vite remplacé par les éclats de rire d'Isabelle. Courageuse et téméraire, cette fille nous impressionne par son dynamisme et sa bonne humeur. Elle croque la vie et il est plaisant de faire un bout de route ensemble. Dimitri, tout aussi charmant, ne manque pas de faire une pointe d'humour dès que l'occasion se présente. Isabelle est photographe et possède du matériel de qualité. Lorsqu'elle se relève de l'eau, Dimitri affiche un large sourire et lance : « C'est bon, j'ai sauvé le matos photo... », tenant à la main un appareil jetable de secours !

C'est le lendemain en fin d'après-midi que nous voyons se dresser la forteresse d'Ishak Pasa Palace. Cette grandiose citadelle offre une vue imprenable, surplombant la vallée de Dogubayazit, face au mont Ararat. Nous décidons de passer la nuit au pied de la citadelle, face à la montagne sacrée. À l'extrême est de la Turquie, le mont Ararat culmine à 5 165 mètres d'altitude. La montagne imposante dont les neiges éternelles commencent à 4 000 mètres est encapuchonnée d'une calotte glaciaire d'une dizaine de kilomètres carrés. Un récit de l'Ancien Testament est associé au mont Ararat : c'est sur cette montagne que l'arche de Noé se serait échouée à la suite du Déluge. Le patriarche biblique construisit une arche dans laquelle il emmena sa famille et un couple de chaque espèce animale pour repeupler la terre après le Déluge. La légende raconte que l'arche se serait arrêtée sur le mont Ararat où de multiples expéditions ont tenté de la localiser.

Le passage de la frontière iranienne reste un moment fort où patience et diplomatie furent nécessaires. Arrivant au poste en milieu d'après-midi, nous en repartirons à la même heure le lendemain, escortés de deux policiers, officiellement guides touristiques. Côté turc, les formalités administratives s'avèrent aisées. En revanche, les Iraniens nous imposent de laisser un conducteur dans la voiture. Ainsi, nous sommes séparés et Édouard passe une partie de la nuit côté turc. Un certain nombre de papiers sont nécessaires pour le passage d'une frontière en général. Un passeport en règle avec visas, permis de conduire national et international, la carte grise du véhicule et le carnet de passage en douane. Ce dernier permet au douanier d'effectuer le contrôle du numéro de châssis pour éviter toute importation et revente d'un véhicule étranger sur le territoire. Malheureusement, une faute de frappe remplace un 1 par un 7. Le temps se fige… Un casse-tête chinois qu'un douanier à tête de Turc met la nuit à résoudre.

Notre première impression iranienne est vite détrompée par une rencontre pour le moins inattendue. Lors d'une halte, un antique car freine puis s'arrête à notre hauteur. Une dizaine de personnes en descendent et nous nous saluons. Ils sont vêtus simplement, les hommes portent pantalon et chemise longue et les femmes de longues robes de couleurs, voilées bien sûr. Rapidement, le courant passe et quelques femmes ramènent des jerricans en guise de tam-tams. Un chant s'élève, rythmé par des mains agiles. Un homme se met au centre et commence à danser. Le rythme enivrant des danses fait soudainement oublier la fatigue de la route et il est plaisant de se joindre au groupe pour partir dans une saga effrénée, à la limite de la transe. Un délire de surexcitation complètement irréel dans ce pays proche de la dictature où tout est contrôlé, même la musique. La plaine se termine au loin par les montagnes roussies au soleil couchant, qui semblent être aussi de la fête, et répondent en écho à nos cris de joie. Le rapprochement des peuples, au-delà des différences culturelles, historiques et raciales, est bien réel. Bien loin des grandes théories, des sourires francs élèvent l'âme. Que risquent ces gens qui dansent avec des Occidentaux, avec des femmes au bord de la route ? Certainement l'emprisonnement ou des coups de bâton ! Mais l'Homme prend le dessus, la liberté de ces quelques instants volés n'a pas de prix. Ces gens goûtent à la liberté, comme de violentes liqueurs pour s'enivrer quelques minutes avant de reprendre la route. « La danse n'est-elle pas la marche dans son apothéose ; marche noble, dépouillée d'un but utilitaire, et libre comme un jeu d'enfant ? » (Anne Hébert).

À la tombée de la nuit, nous arrivons à Tabriz, ville célèbre pour ses tapis. Nous avons rendez-vous dans un hôtel du centre-ville avec nos « guides touristiques ».

Comme il est difficile de se repérer dans une ville inconnue et ne souhaitant pas rouler quelques heures supplémentaires, nous demandons notre chemin à un garçon. Sans hésitation, celui-ci enfourche sa bicyclette, nous fait signe de le suivre et nous conduit directement à notre destination, quelque 10 kilomètres plus loin ! Qui à Paris prendrait le temps de faire un détour d'une dizaine de kilomètres pour montrer son chemin à un Iranien perdu ? Ce témoignage simple d'un jeune homme qui souhaite simplement nous rendre service me marque. N'est-ce pas aussi cela, l'esprit de Guy de Larigaudie ? Le service rendu gratuitement et de bon cœur paraît surprenant dans notre société. Nous venons de recevoir une bonne leçon de cet esprit de service.

Pour des raisons de délais, nous choisissons de ne pas prendre la route du sud initialement prévue, à savoir Ispahan puis Yazd pour enfin rejoindre Machhad, mais optons pour une solution plus sage qui consiste à passer au nord, longer la Caspienne, faire une petite intrusion dans le désert et atteindre ce même objectif. Loin des routes au trafic intense, il est décidé d'un commun accord d'emprunter de petites pistes montagneuses, plus calmes et finalement mieux adaptées à notre mécanique. À la boussole donc, nous traçons notre route hasardeuse au gré des pistes. Le passage d'un col permet d'apercevoir un splendide arc-en-ciel sur le versant opposé. Si nous échappons à l'orage qui menace, nous ne pouvons éviter une meute de chiens affamés nous poursuivant. Rapidement muni d'une bombe lacrymogène, je disperse le gaz d'une généreuse pression par la portière. L'effet est immédiat : les chiens stoppent net leur course folle ! Leurs aboiements tendent vers les aigus et se terminent en longues plaintes semblables à celles des loups au clair de lune.

Cette petite aventure nous a ouvert l'appétit et il s'agit de trouver quoi se mettre sous la dent. Dans un village, nous demandons où il est possible de se restaurer. Un vieillard nous indique l'accès à une maison à l'écart. Poussant la porte, un jeune garçon nous accueille et nous lui indiquons par gestes que nous avons faim. Il fait signe de s'asseoir et apporte deux bols et un peu de pain. Une fois assis, je découvre l'atmosphère étrange de la pièce. Des piles de journaux sont entassées dans un angle, un escabeau permet de grimper à l'étage. Le tout est jauni par un faible éclairage, simple ampoule électrique vissée au plafond. Puis le garçon apporte le plat principal, sorte de bouillie de mouton où cervelle, os et abats font bon ménage. Puis il verse généreusement l'espèce de potage dans nos récipients respectifs.

— Bon appétit Édouard.

— Bon ap' JB.

— Pas mauvais ce petit ragoût, non ?

— Hum, ça manque un peu de sel, sinon, rien à dire.

— Tu reprendras bien une petite louche, non ?

— Merci, ça ira, c'est que ce plat est très consistant tu comprends…

— Je vois, j'ai la même impression.

Nous achevons avec peine nos bols et réglons le garçon. À la sortie, Édouard se retient pour ne pas vomir sa soupe en pensant à la cervelle flottant comme un iceberg dans un bol fumant. Décidément, la cuisine iranienne ne nous a pas encore dévoilé tous ses secrets !

Dans le prolongement des Alpes, du Caucase et de l'Himalaya, la chaîne de l'Elbourz est la plus haute chaîne du Moyen-Orient, et forme une barrière naturelle et climatique entre l'Iran et l'Asie centrale. Elle surplombe la cuvette de la mer Caspienne qui se trouve 23 mètres au-dessous du niveau de la mer. Les points culminants de l'Elbourz sont des volcans semi-éteints : le Sabalan en Azerbaïdjan, et le Demavend (5 671 mètres), qui domine Téhéran. La route continue et, quelques heures plus tard, il faut l'avouer, nous sommes perdus et cherchons désespérément quelqu'un pour nous indiquer le chemin de Massoullé, isolé dans la chaîne de l'Elbourz. Personne en vue, mais nous trouvons finalement un homme enfourchant une vieille moto. C'est alors que le sketch commence. Avec de grands gestes, nous lui demandons le chemin de Massoullé.

— *Massoullé ?*

— ???

— *Maasoullé ?*

— ???

— *Maaaasoullééé ?*

— ????

— *Maaaassououououlllé ?*

— *Ah ! Maaaassououououlllé ! Bale !* (L'homme nous indique une direction et nous fait un vague plan sur une feuille de papier.)

— *Motashakkeram, khoda hafez* (« Merci, au revoir »), répondons-nous.

La connexion a été laborieuse, mais fructueuse puisque le courant est finalement passé ! Après un bivouac étoilé dans une région montagneuse, nous arrivons le lendemain matin à Massoullé, après de longues heures de pistes. Perché à 1 050 mètres d'altitude, ce village spectaculaire semble suspendu aux rochers. Ses maisons de couleur crème aux ardoises grises ont été construites en terrasses irrégulières, semées d'arbres. La pente est si raide que l'on n'a pu y créer l'habituel entrelacs de ruelles. Ce sont les toits plats des maisons qui permettent de passer d'un niveau à l'autre. Nous déambulons dans ce dédale de petites ruelles, sautant d'un toit à l'autre. Ici, point de propriété privée, nous passons naturellement chez les habitants. Un vieil homme tenant la *tchaï-e-khana* du coin propose du thé, fabriqué à l'ancienne dans une sorte d'antique samovar. Cette bouilloire en cuivre munie d'un robinet est destinée à fournir l'eau chaude pour le thé. Les *nan*, galettes de pain qui accompagnent le breuvage, sont agrémentés d'une sorte de crème fraîche peu sucrée et très épaisse. Une famille iranienne en vacances des plus sympathiques prend place et nous bavardons quelques instants de nos pays respectifs. La fabrication du *nan* mérite le détour. Dans une sorte de grand fourneau en terre creusé dans le sol à l'image d'un puits, deux hommes s'affairent. Le premier malaxe la pâte puis en forme des galettes semblables à des pizzas tandis que son compagnon, armé d'une grande pelle métallique, vient scotcher la galette sur les parois du four. La cuisson n'est pas longue et le rendement efficace. Les *nan* ainsi chauds sont achetés directement de la main à la main. Le pain frais dégage une odeur particulière et peut se conserver vingt-quatre heures dans un linge, avant de durcir. Grands amateurs de pain, les Iraniens en mangent en moyenne 105 kilos par an et par personne, ce qui les place au deuxième rang des consommateurs de pain après la France !

Au pays du caviar, nous longeons la mer Caspienne, la Côte d'Azur des Iraniens, qui se montre sous un ciel d'orage. Difficile de passer ici sans tenter un plongeon dans cette mer d'huile. Si d'huile elle a l'apparence, d'huile elle est. Flottant littéralement à travers les nappes de pétrole, au milieu des détritus de toute sorte, il ne s'agit pas de boire la tasse ! Frustrés, nous ne traînons pas dans cette eau répugnante pourtant chaude, et décidons de filer au sud, vers le désert du Dasht-e-Kavïr, qui fait la moitié de l'Iran.

À la porte du désert, le temps semble suspendu. Paysage étonnant de dunes de roches ocre et de platitudes semées de bouquets d'herbe à peine enracinés. Accompagnés de Régis Belleville, un spécialiste du Sahara, notre voyage prend une autre dimension, ses observations étant passionnantes, notamment en matière de botanique et de géologie. Il nous explique également l'histoire de ce désert : « En Iran, le désert renferme encore le passé, la grande tradition du passage des caravanes. Elles partaient de Téhéran, en traversant les déserts de sel persans jusqu'en Afghanistan, où la route de la Soie continuait par l'Asie centrale pour arriver vers la Chine lointaine. » Soudain, un troupeau de chameaux assez impressionnant apparaît. Environ deux cents têtes. Les animaux sont noirs et de petite taille, relativement différents de leurs cousins africains. Mais ce qui nous surprend le plus, ce sont les bergers qui les accompagnent… à moto ! Les temps changent ! D'où viennent-ils ? Où vont-ils ? Nous croisons simplement leur route, une route dont ils sont les seuls à connaître l'issue, s'orientant au soleil qui déjà achève sa course. Quelques brindilles de bois sont ramassées pour faire du feu. Ce soir, un bivouac magnifique se prépare, dans le silence du désert, loin de tout, où chacun pourra laisser son esprit s'en aller dans ses pensées, en méditation profonde, en harmonie avec la nature. Reprenant la route, le village de Torud apparaît au loin et ressemble à une sorte de bourg gaulois d'antan, ceinturé par des épineux entrelacés en protection. Torud est un objectif purement stratégique puisqu'il s'agit de s'y ravitailler rapidement pour passer la nuit à l'écart, dans la solitude propre aux grands espaces. Parfois, nous recherchons un certain isolement en voyage. C'est le cas ce soir puisque le décor pittoresque s'y prête. De même que le repos est utile au travailleur, la nuit après le jour, la marée haute succède au jusant, nous cherchons le calme et la solitude afin de mieux apprécier les frères rencontrés au hasard de la progression, de mieux cerner ce qui nous fait vibrer, de prendre conscience de la chance que nous avons. Nous sommes donc bien décidés à faire un passage éclair à Torud. Mais le sort en a décidé autrement. Très vite, nous nous retrouvons encerclés par des hommes en armes débarquant de 4 × 4 Toyota. C'est la police locale qui nous demande de la suivre. Nous n'avons pas d'autre choix que de nous exécuter et suivons le chef. Non loin de là, une sorte de caserne entourée de barbelés et dont la sécurité semble renforcée par des miradors nous ouvre ses portes. Pour quelle raison ? Est-ce l'hospitalité musulmane, ou plutôt le zèle de ce petit chef local qui cherche à sortir de ce trou perdu ? Une dizaine de soldats s'affairent dans l'enceinte. Cuisine, garde, prière, mécanique, tout est bon pour s'occuper dans ce lieu qui ne respire pas le changement. À notre venue, tous arrêtent leurs activités pour observer les Occidentaux. Mais le chef, tout heureux d'avoir le privilège de montrer son pouvoir, nous convie dans son bureau et referme la porte au nez des soldats. D'un geste théâtral, il dégaine son revolver et le pose sur la table. Puis l'interrogatoire commence, en anglais. Questions habituelles, d'où venez-vous, que faites-vous là, où allez-vous, passeports, visas, papiers du véhicule, avez-vous des occupations politiques ?... Ayant pris la précaution de nous concerter quant aux réponses à fournir, nous répondons sans tergiverser. Celui qui nous interroge est de taille moyenne, la quarantaine ; un léger embonpoint souligne peut-être le fait qu'il est ici depuis plusieurs années. L'homme semble hésiter dans sa manière de procéder et prend la peine de rendre compte à ses supérieurs hiérarchiques. C'est justement ce qui est à redouter le plus. Une fois la procédure engagée, il est difficile d'en sortir et c'est dans le labyrinthe sans fin des formalités que les informations se perdent. Les malheureux responsables de la sécurité, trop heureux d'avoir enfin une affaire originale, se croient investis d'une mission de la plus haute importance et, par sens civique voire par zèle, feraient n'importe quoi pour se faire bien voir. L'interrogatoire touche à sa fin et l'officier souhaite nous faire dormir dans la salle de prière commune, sûrement pour garder un œil sur ses « hôtes ». Mais rapidement, il nous demande de sortir du bastion et de dormir dehors. En effet, des impurs non-musulmans n'ont rien à faire dans une salle de prière, encore moins y dormir. Alors nous réalisons que nous sommes bel et bien prisonniers et à la merci du barbu qui nous interne et de son tempérament lunatique. Par précaution, tout le matériel photo-vidéo est dissimulé dans Bucéphale. Le lendemain, la situation semble toujours bloquée et ce n'est que dans l'après-midi et après maintes palabres que la liberté nous est rendue. Nous filons sans demander notre reste et reprenons la route du nord. Une piste mène à un caravansérail. Quelque peu délabrés, les hauts murs imposants rappellent une époque plus prospère où les longues méharées venaient faire étape sur la route de la Soie. L'on imagine alors les centaines de chameaux délestés et parqués dans un coin, les nomades qui les accompagnent assis autour d'un foyer ; caravansérails salvateurs, tant attendus après des journées de marche. Et plus tard, un chant montait dans la nuit, rythmé par les crépitements du feu, dont les dernières notes laissaient place au silence apaisant du désert. Plus loin, nous avons la chance de recroiser le troupeau de la veille, parqué dans un caravansérail. Les deux hommes qui le conduisent sont affairés à des tâches de soin des chameaux et nous accueillent pour un traditionnel *tchaï*. Nous sommes assis en tailleur dans une pièce fraîche et très blanche, comme toutes les habitations de ce caravansérail. Mon attention est retenue par les outres posées à même le sol et cousues de manière grossière dans la peau d'un animal. Leur efficacité est vérifiée ; elles sont étanches et gardent l'eau fraîche. Le thé rehaussé de lait de chèvre désaltère et c'est autour d'un fromage très sec et salé que nous palabrons… enfin, gesticulons ! Ces habitants des grands espaces sont loin de se battre pour un mètre carré d'appartement comme nous pourrions le faire en ville. Ils ont d'autres soucis mais seraient certainement malheureux de mener une vie sédentaire. Le désert donne des compensations à leurs exigences quotidiennes : de grandes respirations, la communion avec les étoiles, des paysages splendides… Mais « parler du désert, ne serait-ce pas, d'abord, se taire, comme lui ? », nous dit Théodore Monod, grand spécialiste français du désert.

Machhad. 7 800 kilomètres.

Sanctuaire du tombeau de l'imam Reza, lieu vénéré de pèlerinage des chiites, Machhad demeure la plus importante ville sainte de l'Iran, où quatorze millions de fidèles se recueillent chaque année. L'entrée de l'enceinte sacrée est interdite aux non-musulmans. Les femmes doivent porter le tchador, longue robe noire les enveloppant. Une Iranienne faisant partie de l'expédition Paris-Kaboul propose de m'y conduire. Feignant d'être mariés, nous passons le premier barrage et pénétrons dans l'enceinte interdite. Vêtu à l'iranienne, j'essaie de me faire le plus petit possible, imitant les pèlerins. Les sandales délaissées à l'entrée de la mosquée, il est de coutume de pratiquer les ablutions rituelles. Une succession de cours intérieures débouchent sur l'entrée principale. Recouvert d'or et de miroirs, le monument éclairé scintille dans la nuit noire. Des centaines de fidèles se pressent à l'entrée, touchant et embrassant les lourds battants de bois des portes. Refroidi par notre récente incarcération, je ne souhaite pas renouveler l'expérience de la prison. Aussi fais-je mine de paraître le plus recueilli possible. À mon tour, je touche d'un geste qui se veut solennel l'imposante porte et pénètre dans le lieu saint, seul. Quant à mon « épouse », elle s'en est allée du côté des femmes qui doivent entrer par l'une des portes latérales. Au fond de la salle, le cercueil du prophète est entouré de grilles de trois mètres de haut. Une agitation peu rassurante se dégage de cette foule en délire. Accrochés aux grilles, les hommes se bousculent et se montent dessus pour voir le tombeau et y jeter des pétales de roses. La ferveur de ces fidèles ne me laisse pas indifférent. Les hommes ne sont-ils pas les seuls êtres vivants à être en recherche d'une dimension spirituelle ? À travers les siècles, musulmans, catholiques, bouddhistes, hindouistes, mono- ou polythéistes, de toute race et en tout lieu, les peuples répondent bien à un appel profond de surnaturel, où Dieu devient leur guide, leur raison d'être, leur modèle ; et ce délibérément.

2e PARTIE

Afghanistan, Pachtounistan

Édouard

À Hakim qui, après les années de guerre, savait où trouver un châssis de 2CV…

À Amoukhan, fier Pachtoun, le passe-partout des zones tribales

3

De Herat au minaret de Djam,

L'AFGHANISTAN PAR LA PISTE DU CENTRE

« Je sais, d'expérience, que courir
le monde ne sert qu'à tuer le temps.
On revient aussi insatisfait qu'on est parti.
Il faut faire quelque chose de plus. »

Ella Maillart, *La Voie cruelle*

27 août. 8 021 kilomètres. Islam-Qaleh, poste de frontière Iran-Afghanistan.

— *Khuba Hastin ?*
— *Jan-e-jur hast ?*
— *Tchetor hastin ?*
— Allez, Abdullah en voiture.

Avec quelques formules de politesse en dari, nous saluons un Afghan. Ici, l'auto-stop n'existe pas. Vous montez dans la première voiture que vous trouvez et qui suit la même direction que vous, c'est naturel. Notre hôte est un vieil homme à la barbe blanche, signe de sagesse. Avec son turban gris ajusté sur la tête, dans sa shilwar-camiz marron clair, il a l'allure d'un prince. Avec lui, nous saisissons le caractère et la force du pays. La peau burinée, les yeux plissés, son visage est déjà marqué par l'âge. Il a peut-être l'habitude de circuler à cheval, mais c'est une place à l'avant de la 2CV que nous lui proposons. Bucéphale ne peut rechigner devant cet invité d'une telle prestance. Je passe à l'arrière sur les malles.

Étrange frontière contée par les voyageurs comme Guy de Larigaudie, Ella Maillart ou Nicolas Bouvier, avcc toujours les mêmes sentiments. Une antichambre qui annonce l'aventure. Étonnantes, les similitudes de notre passage avec celui de Larigaudie et Drapier. Eux aussi prenaient, soixante-cinq ans plus tôt, dans leur voiture, un Afghan : « Grand, maigre, les cheveux presque bleus, Abduladi notre nouveau compagnon est vêtu, dandy asiatique, d'un complet gris, d'un tarbouch d'astrakan et d'un manteau en poil de chameau qui fut jadis une robe de chambre. »

Nous sommes au poste d'Islam-Qaleh. C'est la deuxième fois que j'entre en Afghanistan par cette frontière. En 2002, lors d'un précédent voyage avec Émeric[1] en 2CV, nous nous étions lancés sur les pistes afghanes pour atteindre Kaboul. C'était juste après les bombardements américains, nous voulions rouvrir la route entre Paris et Kaboul. Notre voyage fut un succès. Ce périple préparatoire donna ensuite naissance à l'Expédition Paris-Kaboul soutenue par la Guilde, *Le Point* et l'Unesco[2]. C'est avec le groupe de

1. Émeric de Kervenoaël. Récit relaté dans *Carnets d'aventures* (collectif), Albin Michel/La Guilde, 2003.

2. *Expédition Paris-Kaboul, sur les routes de la soie* (collectif), Hoëbeke, 2004.

cette expédition scientifique et culturelle que nous avons débuté cette première partie de voyage.

Dans le brouhaha de la frontière, au milieu des porteurs et des marchandises, une inscription sur un bus affiche les valeurs du pays : “*In God we trust*”.

L'Afghanistan, après vingt-trois ans de guerre, est en pleine reconstruction. La situation précaire et la logique tribale rendent le pays instable. On n'entre pas en Afghanistan comme des touristes. Il faut être avertis : c'est le pays le plus miné au monde, en concurrence avec le Cambodge, et le premier producteur d'opium. Malgré ses misères, le pays conserve dans sa population une richesse de cœur, dans son sol une richesse d'Histoire.

Bucéphale se trouve au milieu d'une foule sympathique. Jean-Baptiste est partagé entre la crainte et la joie. Pendant que j'accomplis quelques formalités douanières avec le chef de poste, il garde la voiture. Il s'étonne de cette population enthousiaste qui dévisage nos têtes d'Occidentaux et inspecte notre monture.

Aucune fouille. Un vague tampon sur le passeport. Pendant nos deux mois de séjour en Afghanistan, pas une fois nous n'aurons à le présenter. Ici, les formalités disparaissent. Nous entrons dans un « pays monde » où la disposition et l'état d'esprit du voyageur valent mieux que tout papier d'identité. Je sais aussi que nous pouvons ranger notre carte bleue. D'ailleurs, j'ai perdu la mienne à Istanbul et Jean-Baptiste ne pourra pas l'utiliser avant Delhi, en Inde. Finis les numéros de compte, les codes de Sécurité sociale, les codes-barres, les codes aux portes.

Depuis l'an passé, la frontière a bien évolué. Des baraquements de béton ont été aménagés, remplaçant les guérites de terre battue où, avec quelques soldats, nous avions partagé un thé. Un homme en treillis à la barbe épaisse et noire contrôlait la barrière qui servait de frontière. En réalité, ce n'était qu'une ficelle en travers d'une piste. Un gosse sur les genoux du militaire a laissé glisser la cordelette, pour nous ouvrir les portes des seigneurs de la guerre. Rien ne change dans ce pays, et c'est en ces mots que Larigaudie traduit ses impressions : « Nous prenons le thé avec quelques Afghans tandis que, dans un bureau voisin, on timbre nos passeports. Aucune formalité, aucune taxe, aucune visite de la voiture. Nous avons l'impression d'être reçus par un châtelain qui nous permet de traverser ses terres. »

En juin 1939, deux ans après la traversée de l'Afghanistan par Larigaudie et Drapier, Ella Maillart, jeune écrivain suisse, accompagnée d'une amie, s'élance de Genève à Kaboul et sillonne le pays. Comme pour le Paris-Saigon, elles prennent une Ford, moteur V 8, peut-être sur les conseils de leurs prédécesseurs. Ella Maillart a d'ailleurs sans doute, à l'époque, rencontré Guy de Larigaudie, car ils furent tous deux à l'origine, avec d'autres, du Club des Explorateurs français. Dans son excellent récit *La Voie cruelle*[1], elle décrit cette joie que l'on ressent à avancer dans ce pays : « Il n'y avait plus d'obstacles entre nous et une splendide contrée fort peu connue, le pays afghan. À nous les grandes montagnes, ses tribus magnifiques, ses rivières glacées, ses ruines “aussi vieilles que le monde”, la paix et son isolement. »

Quelques décennies plus tard, *Les Cavaliers* de Joseph Kessel dévoileront toute la magie du pays et les voyageurs accourront en masse dans les années 1970.

---

1. Ella Maillart, *La voie cruelle*, Payot, coll. « Voyageurs », 1989.

La joie est profonde ; celle de pouvoir conduire enfin sur piste dans une voiture décapotable. En fond de décor, les montagnes ocre et, autour, le désert qui nous conduit vers Herat. Dans notre cabriolet, nous sommes amusés par les premières difficultés de route. Il faut sans cesse redresser le volant, jouer avec les bosses, les prendre à son avantage pour rebondir. La conduite sur piste sablonneuse ressemble au pilotage d'un navire. Il faut savoir prendre les bonnes vagues, les bons angles, à la bonne vitesse. Nous nous relayons au volant.

« Khoki » : c'est le nom persan qui désigne la poussière des chemins. Un mot que beaucoup de langues ont emprunté pour qualifier la couleur de la tenue des soldats : le kaki.

Pour nous protéger de cette poussière et du vent, nous passons nos chèches à la manière afghane ou targuie. Seul l'espace des yeux reste ouvert, et nous nous empressons de le combler par une paire de lunettes de soleil. Trois têtes enturbannées, de vert, de gris et de bleu se détachent entre le ciel presque blanc et le brun de la piste. La poussière entre partout et s'incruste dans le moindre coin. Terrible, elle vient ronger notre matériel audiovisuel, que nous protégeons tant bien que mal dans différents sacs. En route, la conversation se fait par gestes simples, quelques sourires font passer les émotions de cette rencontre.

Quelques kilomètres avant d'atteindre Herat, Abdullah nous fait signe d'arrêter. Il boit une rasade d'eau à l'orientale, sans toucher le goulot des lèvres. Puis, montrant du doigt quelques formes dans l'immensité désertique du Khorasan afghan, il nous fait comprendre qu'il s'en va chez les siens.

— *Khuda-Hafiz* Abdullah. Merci de nous avoir introduits dans ton pays.

Il nous gratifie d'un au revoir, en mettant sa main sur le cœur comme le font tous les Perses ou les Arabes. Geste de main qui semble dire : « Je vous garde près de mon cœur. »

Nous poursuivons la piste. Sur notre gauche, une autoroute est en construction. Véritable cordon ombilical entre l'Iran et la province de Herat, cette voie de communication apportera une aide considérable à l'Afghanistan de l'Ouest. En effet, c'est des pays frontaliers de l'Afghanistan qu'arrive la majorité des produits manufacturés. Le pays est encore sous perfusion, au nord avec les républiques d'Asie centrale, à l'est avec le Pakistan, à l'ouest avec l'Iran. À cela s'ajoute l'aide apportée par les organismes internationaux et les ONG. Avec une économie à quatre-vingts pour cent rurale, l'Afghanistan doit supporter le retour de presque deux millions de réfugiés.

Sur cette autoroute, le ruban d'asphalte est impeccable. Ce sera la seule route en état que nous verrons de tout l'Afghanistan. Encore en travaux, nous l'empruntons sur de petites portions. Le goudron n'est plus qu'un vague souvenir quand nous atteignons les murs de la ville de Herat après cinq heures de piste.

À travers le pare-brise couvert de poussière, nous distinguons les quatre minarets qui font la particularité de la cité. Ce ne sont plus heureusement ces fameuses tours de victoire édifiées par Tamerlan. Quand « Timour le Boiteux » s'empare de la ville en 1381, il massacre tous ses habitants. Avec une couche de briques et une couche de têtes coupées, il fait bâtir des tours. Les vaincus avaient pour sépulture les tours de victoire de leur adversaire. Des tas de têtes s'entassaient aux portes de la cité, prévenant le voyageur avide de rapines de passer son chemin.

Il est 6 heures du soir. L'étape nous a épuisés. Nous trouvons refuge dans l'hôtel Mowafaq, un palace délabré construit du temps des Soviétiques. Le programme de nos quatre jours de halte est sommaire : repos, visite et préparation mécanique avant d'attaquer la suite de l'expédition. La 2CV a trouvé sa place dans la cour de l'hôtel. À partir de 10 heures du soir, un couvre-feu est instauré dans la ville. Depuis la terrasse de l'hôtel, nous regardons les militaires s'agiter dans la rue, crier l'arme à la main, demander le mot de passe convenu à chaque passage de voiture.

Herat concentre encore toute la magie d'un Afghanistan dont les vieux routards nostalgiques décrivent la beauté avec des tremblements dans la voix. La Perse ancienne retracée dans les enluminures correspond un peu à l'image de cette ville. Herat était l'un des fleurons de la civilisation perse. Une cité d'art et de culture où savants, écrivains, architectes, mages et poètes accouraient du monde entier pour profiter du rayonnement de la capitale timouride.

En 320 av. J.-C., Alexandre le Grand, dans sa conquête de la Perse (en route vers l'Inde), détruit la ville et la reconstruit sous le nom d'Alexandrie d'Arie. Les hordes de conquérants d'Asie centrale qui suivirent prirent cette habitude de destruction. Démolie sous Gengis Khan, rasée par Tamerlan, bombardée par les Soviétiques, aux mains des talibans, Herat semble toujours se relever de son histoire tumultueuse.

Son heure de gloire se situe à l'époque de la splendeur timouride. Le fils de Tamerlan, établissant Herat pour capitale de son empire, fit fleurir une génération de souverains. Les poètes y abondèrent, ainsi que les calligraphes, les miniaturistes ou les astrologues. Les mains de céramistes renommés couvrirent de mosaïques colorées les mosquées. La cité devint par sa vie intellectuelle et artistique la Florence de l'Orient, foyer de la renaissance persane.

Oasis fertile sur les routes de la soie, la ville avait un rôle moteur dans les échanges de marchandises. Mais, bien au-delà du négoce, s'opéraient par cet immense réseau des échanges d'idées et de culture entre l'Asie et la Méditerranée. Ainsi l'Occident et l'Orient se rapprochèrent.

Malgré les marques de la guerre, certains monuments restent bien conservés comme la mosquée du Vendredi, les minarets de la madrasa, la citadelle.

Sur la place de la mosquée du Vendredi, ou Masdejed-e-Djoma, passent comme des fantômes des silhouettes de femmes bleues, blanches. Leur *tchadri*, voile plissé et grillagé, marque le poids de l'islam. Derrière leur grille, elles observent les étalages des bazars, relèvent discrètement leur *burqua* pour mieux apercevoir leurs futurs achats.

Nous ne croisons que des hommes aux vêtements traditionnels. Ils s'habillent comme le Prophète[1], avec une barbe d'homme sage et un long turban qui fait le tour de la tête, car elle est considérée comme le siège de l'Esprit où Dieu vient en l'homme. La *shilwar-camiz*, constituée d'un large pantalon bouffant et d'une longue chemise qui descend jusqu'aux genoux, fait penser à un vêtement d'Ali Baba et nous plonge dans *Les Mille et Une Nuits*. Les Afghans mettent un point d'honneur à être toujours bien vêtus.

1. Voir Bernard Dupaigne et Gilles Rossignol, *Le Guide de l'Afghanistan*, La Manufacture, 1989.

Au milieu des voitures japonaises se faufilent de belles calèches ou *gadi* conduites par des hommes. Avec de grosses roues en bois et des sièges garnis, tirées par un ou deux chevaux, elles servent de taxis. Chargées de pompons et de clochettes rouges, ces calèches donnent des teintes de gaieté à la vieille ville.

Nous flânons dans le souk, traînant d'artisans en artisans. C'est tout un monde classé par corps de métiers. Cordonniers, bourreliers, selliers, forgerons, tisserands, étameurs de cuivre et autres spécialistes se succèdent dans les rues. Le savoir-faire se transmet depuis des générations. Il y a même des spécialistes de chaussures en pneu usagé ou en caoutchouc recyclé : quatre ou cinq étals en proposent. Convaincu de l'adhérence au sol de ces chaussures, je fais l'acquisition d'une paire avec crampons. J'apprécie ces « créa-récupérateurs » qui font le bonheur de certains avec les déchets des autres.

29 septembre. Jour de prière.

Nous sommes les invités officiels du gouverneur de la province, Ismail Khan. Cet homme est considéré comme un héros de la résistance afghane à l'époque où les Soviétiques lançaient leurs Antonov sur le pays. Plus tard, sa tête fut mise à prix par les talibans. Emprisonné par eux à Kandahar, il réussit à s'échapper au bout de deux ans et demi de geôle et à rejoindre les siens[1]. Ses faits d'armes sont légendaires, ses blessures aussi. Jamais les mines ou les balles qui l'ont atteint ne portèrent le coup mortel. Ses lieutenants

1. Voir Olivier Weber, *Le grand festin de l'Orient*, Robert Laffont, 2004.

racontent qu'il garde dans sa peau et ses tripes des tas de ferrailles glanées au gré des combats. Il règne en maître sur tout l'Ouest de l'Afghanistan. Dans sa folie, il s'est même autoproclamé l'« émir de l'Ouest ». Le potentat contrôle tout le trafic entre l'Iran et sa région, faisant d'elle la plus fortunée de tout le pays. Ses recettes considérables sont dues aux taxes de douane qu'il prélève sur les marchandises. Un euro par objet transporté, soit plus d'un million d'euros par jour selon certaines estimations[1]. Et dans ce pays, celui qui a de l'argent a bien souvent des facilités pour obtenir le pouvoir. La richesse donne la possibilité d'acheter des armes et d'entretenir une armée. C'est le cas d'Ismail Khan. Le pouvoir central à Kaboul conteste régulièrement cette autorité absolue, ce qui crée conflits politiques et combats entre factions[2].

Nous sommes reçus chez lui, dans un palais rocambolesque qui laisse une vue stratégique sur la cité. Par l'ampleur de l'expédition Paris-Kaboul, composée entre autres de scientifiques et de journalistes, nous serons pendant tout notre séjour à Herat des hôtes d'honneur. Le Khan voit dans toute cette équipe une délégation du monde occidental.

Cela ne fait pas rire du tout Jean-Baptiste qui voit dans cette homme un manipulateur. La situation m'amuse par son décalage et par l'intérêt qu'il y a de rencontrer un homme clé dans la politique afghane. On comprend mieux les situations quand on entrevoit leur contexte, surtout en Afghanistan où la logique tribale demande une bonne connaissance des provinces.

1. *National Geographic*, novembre 2003.

2. Peu avant les élections afghanes d'automne 2004, Ismail Khan a été destitué de son poste de gouverneur par le gouvernement du président Karzaï.

Il y a aussi ce sentiment passionnant d'être le témoin de l'histoire de la reconstruction afghane, cette impression de vivre un conte d'Orient à la cour d'un prince. Pour un temps, nous devenons les émissaires de la France dans un émirat qui n'existe sur aucune carte mais qui subsiste sous la main de fer d'Ismail Khan.

Nous jouons, par notre bonne conduite, notre protection pour les jours à venir. Le pays est peu sûr et nous glanons çà et là des informations souvent contradictoires sur la sécurité des régions que nous projetons de traverser.

Dans le petit village de Sofyan, Ismail Khan nous convie à assister à la prière du vendredi. En réalité, il cherche à nous montrer sa cote de popularité. Une foule en délire accueille le gouverneur. Le potentat, au milieu des pétales de roses, des acclamations et des banderoles en sa faveur, distribue des bénédictions. Il s'est vêtu de blanc, ce qui lui donne encore plus de prestance. C'est la grande revue des troupes. Toutes les délégations sont présentes, de l'équipe de foot aux élèves de l'école. Un agitateur de foule pousse et fouette pour faire crier des slogans à mesure de la progression de l'émir jusqu'à la mosquée. Dans un coin derrière des barrières, les femmes voilées sont parquées. Des enfants aux turbans verts islamiques chantent des poèmes à la gloire du Khan. Certains brandissent son portrait où on le voit en tenue de guerre, Kalachnikov à l'épaule et radio dans la main. Dévotion populaire, dictature ou charisme ? Sans doute un peu de tout. Mais surtout un très fort culte de la personnalité pour asseoir une autorité contestée par une partie de la population.

De retour dans Herat, comme autrefois les caravanes faisant étape, nous organisons notre ravitaillement et préparons notre 2CV pour la « piste du Centre ».

Cette piste est pour nous un mythe. Sur les cartes, elle est tracée telle une autoroute traversant l'Afghanistan d'ouest en est. Plus de 700 kilomètres de montagnes où les cols montent entre 3 000 et 4 000 mètres. La piste du Centre se fait et se défait au gré des saisons. L'hiver l'efface et les rivières décident de son parcours.

Nous vidons toute la 2CV : jerrican, fauteuils, pièces de rechange, malles… La cour prend des allures de camp de base expéditionnaire. Il nous faudra plusieurs heures avant de venir à bout des pas de vis rouillés et encrassés des tirants de suspension. Ces tirants permettent astucieusement de modifier la hauteur de la caisse, en changeant leur longueur. Nos mains souffrent sur les grosses pinces, dont le métal fait éclater les premières ampoules formées par les actes répétitifs. Tourner, pincer, tourner, pincer… Nous gagnons, à la force des poignets et après maintes contorsions sous la caisse, plus de trente centimètres de hauteur.

Dans la cour de l'hôtel, nous sommes la risée de tous les Afghans. En voyant notre petite voiture, ils plaisantent de notre projet de traversée.

— Avec cette voiture, nous dit-on, ce n'est pas possible. Prenez plutôt un 4 × 4.

Nous avons beau fanfaronner et vanter les qualités de la 2CV, sa hauteur, sa légèreté, rien n'y fait, la plupart nous déconseillent de tenter l'aventure. « Voyager, c'est bien utile, ça fait travailler l'imagination », écrit Céline en épigraphe du *Voyage au bout de la nuit*. Avec quelle monstrueuse piste allons-nous nous battre ? La 2CV passera-t-elle ? Cassera-t-elle ? L'imagination travaille…

Deux militaires à l'uniforme camouflé, dépareillé, ont pris place dans les fauteuils que nous avons sortis de la 2CV. Ce n'est pas la fleur au fusil mais le sourire aux lèvres et fusil à l'épaule qu'ils ont adopté les banquettes de Bucéphale. Ils nous observent comme deux spectateurs aux premières loges d'un théâtre. À mesure que le soleil décline, ils s'assoupissent un peu. Demain ils seront notre escorte, il s'agira d'ouvrir l'œil.

31 août. Vers le minaret de Djam.

Les étapes afghanes appartiennent à ceux qui se lèvent tôt, surtout si nous ne voulons pas finir dans une embuscade à la nuit. Fort d'une armée de plusieurs centaines d'hommes, Ismail Khan nous a accordé une escorte jusqu'au point le plus oriental de son territoire. L'homme qui dirige les militaires est un proche de la garde du gouverneur. Engoncé dans une tenue camouflée, il a l'allure d'un loup de guerre. Il porte un keffieh sur la tête, des cartouchières en grosse toile sur son torse et une Kalachnikov à l'épaule, une baïonnette déjà emmanchée au canon.

Dans la plaine du Khorasan qui se prolonge vers l'est, des bribes de goudron font place aux plaques de béton disjointes posées quelques années plus tôt par les Soviétiques. Nous roulons trop vite sur des graviers qui attaquent nos pneus surgonflés. La 2CV sur terrain plat concurrence formidablement les 4 × 4. À la faveur d'une pose, nous remarquons que nous avons crevé. Depuis combien de temps roulons-nous ainsi ? Le caoutchouc du pneu est lacéré en plusieurs endroits. Nous venons de mettre une roue hors service.

— JB, la clef de 19.

— On passe les pneus cloutés ?

Nous changeons les deux roues avant et plaçons des pneus plus résistants, conçus pour rouler sur la neige. Nous espérons qu'ils s'adapteront au climat chaud et aux chemins. Le pneu fichu finira en savates. Mais, pour l'instant, mes pieds ne s'adaptent pas à celles achetées au bazar de Herat. Je me dis qu'elles doivent être un peu trop serrées. Il faut sans doute qu'elles se fassent, comme nos pneus à la piste.

Dans les villages de terre séchée, les points d'eau attirent femmes et enfants hors des maisons. Les fillettes puisent l'eau avec de grandes outres de peau ou de caoutchouc récupéré.

La plaine du Khorasan s'achève pour laisser place aux contreforts de l'Hazaradjat. Des collines ocre s'étalent. La steppe brûlée qui les recouvre et les gros rocs usés leur donnent un aspect granulé. Les *kamaz*, camions russes, sont les seuls à pouvoir s'engager dans le massif central afghan pour acheminer des vivres. Les pistes se déforment sous leur poids et ils creusent avec leurs six roues motrices d'énormes sillons. De temps à autre, nous en croisons chargés de denrées en tout genre et surmontés d'une grappe humaine emmitouflée dans des *patous* afghans pour éviter la poussière.

Il faut désormais entrer au cœur du voyage en s'abandonnant à la route. Trouver sa voie entre chefs de guerre, escortes fuyantes, trafiquants d'opium, bandits en tout genre. Se laisser faire par la route. Non pas cet abandon mou et morne du *carpe diem*. Mais accepter résolument les joies et les épreuves des pistes défoncées, la pluie, le soleil, le vent, le repos, la fatigue. Se laisser façonner implique une action, une réaction de vie. Aventure vient du latin *adventura*, « ce qui doit advenir », et ressemble à l'*Inch'Allah* des musulmans. Expression qui peut servir de devise aux mois d'inconnu qui nous séparent de Saigon et nous réservent embûches, pannes et même l'agonie de la 2CV.

Qu'est-ce qui fait qu'aujourd'hui tant de gens cherchent à s'évader du monde moderne, que l'on dit civilisé ? L'Homme s'égare à force de galoper dans les déserts du Code pénal, à force d'attraper au lasso les feux tricolores. À suivre des pistes dans la jungle financière, à tenter d'allumer des voitures pour changer de régime, on finit par perdre certaines aspirations de l'être humain. Nos villes et nos sociétés nous emprisonnent dans des murailles. L'ennui et l'habitude nous brisent. On se met alors à confondre la plénitude de l'action avec l'accumulation d'actions. Qu'est-ce qui pousse à faire le tour du monde en ULM, à traverser les pôles en traîneau ou les océans à la rame, à descendre au plus bas et monter au plus haut ?

Le rêve, l'action, l'imprévu, le goût de l'effort et du risque sont quelques ingrédients de réponse. Comme l'aventure ne vient plus à la rencontre des citadins, on part la chercher au bout du monde. Le besoin de rêves produit la fonction.

Jean-Baptiste et moi sommes partis dans cet état d'esprit. Mais pourtant, quelle tristesse si nous en restions à un simple « voyage aventureux », à la recherche d'un exploit ou à la poursuite des moulins de don Quichotte. Assouvissant un désir naturel d'action, certes, mais qui ne ferait que creuser en nous l'insatisfaction. Notre voyage ne trouverait alors comme récompense qu'un simple gonflement de l'orgueil.

Il nous faut aller au-delà et tirer l'enseignement de la route. « L'aventure : un événement qui sort de l'ordinaire, sans être forcement extraordinaire », dit Sartre. La vie seule est la plus grande aventure qui soit parce que de son sens d'orientation dépend le bonheur.

Évidemment, on n'a pas besoin de se trouver en plein milieu de l'Afghanistan pour se poser la question qui taraudait tant Blaise Cendrars : « Qu'est-ce qu'on fout ici ? » Quel est le sens de nos vies ?

L'important, c'est surtout de se poser la question. Le voyage la provoque souvent. Par sa symbolique, ses exigences, ses contraintes, ses rencontres, c'est un excellent moyen de comprendre le sens de nos vies. Loin de nos habitudes et des agitations urbaines, par le dénuement et la simplicité qu'impose la vie sur le terrain, cela donne l'impulsion à la réflexion.

Fuite ? Insatisfaction ? Découverte ? Sens de la vie ? Rencontre ?

Le voyage vaudra ce que vaut l'âme qu'il emporte.

À l'heure la plus chaude, nous nous réfugions dans une traditionnelle maison de thé, la *tchaï-e-khana* afghane. Au village de Checht-e-Sharif nous trouvons les tapis bien doux face à la rudesse de la piste. Les *tchaï-e-khana* jalonnent tous les chemins, elles sont un mélange d'ambiance entre les antiques caravansérails des routes de la soie et les auberges des routiers. On y trouve des posters de films indiens, de chalets suisses, de buildings et même les « tours jumelles ». On y rencontre des camionneurs, des bergers, des commerçants, des nomades ou des soldats… Le menu n'a pas la diversité de sa population : unique plat de riz baignant dans l'huile, accompagné, les meilleurs jours, de brochettes de mouton. Une fois le repas avalé, nos corps las se posent comme si le *tchaï* (le thé) infusait en nous la paresse.

Avec la chaleur écrasante du soleil ajoutée à celle du moteur, le thermomètre placé sur notre tableau de bord a déclaré forfait. Il reste bloqué à 50 °C. La chaleur ne cesse qu'en fin d'après-midi, à mesure que nous progressons sur les hauteurs de l'Hazaradjat. C'est au pied de ce massif montagneux que nous trouvons refuge avant la nuit. L'escorte s'arrête dès que la lumière décline. Voyager de nuit en Afghanistan est fortement déconseillé. Même les Afghans ne s'y risquent pas, en raison d'attaques régulières. Raquetteurs, trafiquants ou néo-talibans, c'en est assez pour nous dissuader. On ne peut voyager ici comme dans d'autres pays. Il faut être avertis et se laisser guider par des gens de confiance.

Lorsque nous commencions avec la Guilde à préparer l'expédition Paris-Kaboul, j'ai eu la chance de rencontrer un homme qui, par ses contacts et sa connaissance du pays, allait nous ouvrir bien des portes. Dans un dîner « Asie centrale[1] », je fis donc connaissance d'Olivier Weber. Grand reporter et écrivain voyageur, Olivier a une capacité d'action étonnante alliée à l'âme d'un poète. Il sait, par son métier de journaliste, écouter, comprendre, décrypter afin de transcrire en mots justes les impressions et les faits du monde. Depuis plus de vingt ans, reporter engagé, il a roulé sa bosse sur tous les continents et couvert la plupart des conflits. Son talent lui vaut d'avoir reçu à la fois le prix Albert-Londres et le prix Joseph-Kessel. C'est à ce dernier d'ailleurs qu'Olivier ressemble le plus. Le destin le ramène toujours vers la haute terre afghane. C'est sans doute avec le même appétit qu'il avance sur la piste du « lion », autour de la Terre.

Ensemble, nous avons donc préparé l'expédition. Je découvre qu'Olivier est un redoutable homme de terrain, passant aussi facilement d'un moteur de voiture Nissan à son stylo de reporter. En quelques

1. Soirée chez Sylvain Tesson relatée par Olivier Weber dans *Je suis de nulle part. Sur les traces d'Ella Maillart*, Payot, 2003.

mois à ses côtés, j'allais apprendre bien plus que dans n'importe quelle école de journalisme. Plus que les portes de l'Afghanistan, Olivier ouvre par ses qualités humaines à la volonté de vivre pleinement.

Après avoir avalé le riz, nous étalons nos matelas de mousse sur le sol inégal de la cour, préférant partager le sort de notre monture plutôt que les ronflements de la maison de thé. Nuit étoilée donc nuit froide... À 5 heures, Jean-Baptiste est déjà sur pied. Il m'a préparé un café. Cheveux ébouriffés, tête embrumée, j'émerge et avale la boisson chaude avec quelques pâtisseries qu'il nous reste de Herat.

Partis de bonne heure, nous devons atteindre aujourd'hui le minaret de Djam. Celui-ci n'est qu'à 200 kilomètres de Herat, mais il faut bien deux jours pour l'atteindre tant la piste est mauvaise.

Nous faisons une première halte sur les hauteurs pour contempler une vallée. Se décline toute une gamme de couleurs, tableau aux touches surnaturelles. C'est là que s'exprime la magie envoûtante du pays. L'Afghanistan évoque par ses lumières les inscriptions d'un cadran solaire du Moyen Âge : « La lumière est l'ombre de Dieu. » La beauté des vallées se révèle à travers les lumières du matin, de la journée et du soir. Comme si ces vallées aux hommes et aux femmes à la vie simple, proches de leur Dieu, attiraient facilement les lueurs célestes.

Quelques hommes en armes nous abordent. Nous sommes craintifs aux premiers contacts, ne pouvant repérer leur appartenance sur leurs treillis. Hommes d'Ismail Khan, armée régulière afghane ou du seigneur local ; impossible de savoir au premier coup d'œil. Dans tout le pays, nous rencontrerons des gens armés.

Ils nous font essayer une AK 47, la fameuse Kalachnikov méticuleusement copiée par les Russes sur le modèle d'un fusil d'assaut nazi[1]. Cette arme individuelle, la plus répandue au monde, sert toutes les idéologies. L'AK 47 de l'Union soviétique est devenue le nouveau cimeterre de l'Asie dans les mains des djihadistes, des milices ou des trafiquants. L'argent, ici, rime avec les armes. Les riches sont souvent des chefs de guerre reconvertis en « barons de la drogue ».

L'an passé, mon premier voyage afghan fut l'occasion d'une mauvaise expérience au nord de Kaboul. La nuit approchant, conduisant seul, j'ai cru bon d'accélérer à la vue de deux hommes armés sur le bord de la route. Les dépassant à fond de train, des coups secs partirent en rafale. C'était pour moi. Les balles sifflèrent. Ici, on a la gâchette facile. Sans doute était-ce pour m'intimider ? Étaient-ils furieux que je ne me sois pas arrêté ? Comment savoir l'intention des personnes armées que l'on rencontre ?

Le pique-nique de l'après-midi aurait pu se finir dans l'embuscade du soir.

Un programme de désarmement a été mis en place par le gouvernement central. Une partie des forces françaises stationnées à Kaboul y travaille activement. Mais ici, on a du mal à déposer les armes. Qui défendra la terre, les familles et les biens si demain la guerre revient ? L'armée nationale afghane, mise en place depuis trois ans, n'est pas encore suffisamment efficace pour assurer la sécurité dans tout le pays. Beaucoup préfèrent compter sur leurs propres forces.

L'Heri Rud traverse une bonne partie de l'Afghanistan d'ouest en est. Nous suivons le lit de cette rivière

1. *Le Point*, 27 mai 2004.

aux tons lavande. Sur ses berges s'étalent par endroits des oasis, vert foncé encadré par le rouge des collines et le bleu du ciel. La rivière serpente et, dans plusieurs de ses méandres, abrite des camps de nomades.

Des toiles de tentes noires, les *khaymas* familiales en poil de chèvre ou de chameau, se détachent sur les monts naissants de l'Hindou Kouch. Devant les tentes sont parqués les chameaux, à demi-entravés, somnolant sous la chaleur. Nous déambulons dans un de ces campements, échangeant quelques mots avec les enfants et les hommes. Dans cette région, on les appelle les *Aimaks*. Plus au sud-est, nous rencontrons les nomades d'ethnies pachtounes, les *Kutchis*, « ceux qui se déplacent ». Nous ne cesserons au cours de notre traversée de rencontrer des nomades. Ils sont les témoins de cette terre d'Asie centrale où la vie des peuplades dépendait de leur capacité à se mettre en marche.

Quelle impression quand, dans un virage, nous rencontrons notre première caravane, reflet de ces antiques routes de la soie ! La 2CV s'arrête, laissant les pas lents de la caravane reprendre le dessus de la mécanique. Ces rencontres sont d'un autre monde. Un chameau et un homme au turban blanc ouvrent la marche. Les uns derrière les autres, par groupes de trois, les chameaux sont attachés par une longe. Les têtes des bêtes sont harnachées de cuir, de tapis décorés et de pompons rouges. De gros sacs de toile remplis de grain sont bâtés sur leurs dos. Les enfants trottent, aidant les femmes qui, chemin faisant, glanent des branches mortes pour le feu de l'étape.

La route étroite surplombe d'une trentaine de mètres le lit de la rivière. Les nomades ont une aisance pour toujours dominer la situation et prendre les chemins de flanc ou en hauteur. Jamais nous ne les croiserons en fond de vallée.

Nous prenons de plus en plus d'altitude. La poussière de lœss empêche notre progression à un premier col de 3 000 mètres. Jean-Baptiste, plus doué que moi pour la conduite dans le *fech-fech*, prend le volant. Lamentablement, Bucéphale redescend en marche arrière pour prendre de l'élan. À l'endroit critique, la voiture peinant à trente à l'heure, je saute et pousse jusqu'au moment où je sens la 2CV s'extraire du lœss. Jean-Baptiste redouble d'habileté, usant de la même finesse que pour la conduite sur neige. La 2CV grimpe au col dans des rugissements d'embrayage. Elle dégage des nuées de poussière comparables à celles d'une charge de cavalerie.

Chaque col passé dans les Alpes, les Carpates, le Kurdistan, l'Elbourz et maintenant l'Hazaradjat, est une victoire. Tous nous livrent une vue sur l'itinéraire des prochaines heures.

Des collines desséchées annoncent les plateaux désertiques. Nous n'avons pas rencontré âme qui vive depuis plusieurs heures. Un sentiment de solitude nous étreint. La terre semble nous appartenir tant nous nous croyons seuls au monde. Pourtant, elle nous échappe car nous nous mesurons à une nature trop rude, avec une voiture de taille ridicule. Nous nous sentons petits. Comme d'insignifiantes chenilles qui se contorsionnent pour progresser sur l'écorce terrestre. Dans ce pays où l'on craint Dieu, les Afghans se sont formés au contact de cette nature qu'ils contemplent avec admiration. D'ailleurs, ici, on rencontre des paysans qui ont emprunté leur nom à la terre, comme Khâk Mohammed : « Mohammed la poussière[1] ».

1. *In* Bernard Dupaigne et Gilles Rossignol, *Le guide de l'Afghanistan*, *op. cit.*

Souvent en harmonie avec leur environnement, les Afghans n'oublient pas qu'ils ne sont rien face à la grandeur de leur créateur. « Si le grain ne meurt… Il n'est pas de parole plus consolante que celle-là, parce qu'elle nous mêle et nous intègre au cycle même du monde et légitime ainsi la démesure de nos rêves. Toute beauté et toute vie naît de la souffrance. […] La plus immonde fumure produit les fleurs les plus délicates. Toute plante naît d'une décomposition première. Il n'y a aucune raison que nous échappions à cette règle universelle et il est magnifique de penser que nous ne sommes sur la terre qu'au stade de souffrance et de pourriture[1]. »

Qu'il est doux de ressentir de temps à autre cette sensation à la fois d'immensité et de petitesse. Nous avions fait le choix dès notre départ de nous dépouiller d'un certain confort. Jean-Baptiste m'y avait même aidé en laissant à Paris certains de mes livres ou de mes trop nombreux vêtements. Sachant que je ne fumais pas et par hygiène personnelle, il avait pris la résolution de ne pas fumer. Il s'y tiendra pendant tout le voyage. Plus tard encore, nous abandonnerons notre tente et bien d'autres choses encore.

Par des petites choses toutes simples, nous apprenons à nous resituer. Au départ, le confort d'une douche chaude ou d'un bon lit manque un peu. Cela creuse en nous le désir ou la faim. Manque d'eau, manque d'ombre, manque d'un repas… la route rend pauvre. Mais rapidement, la joie de vivre simplement avec autant de facilité fait oublier le superflu. La pauvreté nous apprend à reconnaître nos faiblesses. Ce n'est pas un culte de la pauvreté et un refus des richesses par snobisme mais un apprentissage de l'essentiel de la

1. Guy de Larigaudie, *Étoile au grand large*, *op. cit.*

vie. On réapprend alors la hiérarchie des valeurs. On se sent légers et libres.

Le choix de notre véhicule n'est pas insignifiant. Notre état d'esprit colle un peu à l'image qu'a tant véhiculée la 2CV. C'est aussi pour cela que cette dernière eut tant de succès et fut la première voiture accessible à toutes les tranches de la population. Dans les années 1920, Pierre Boulanger, le père du « Tout petit véhicule », fait établir pour la 2CV un cahier des charges élémentaires : « Faire une voiture pouvant transporter 4 personnes et 50 kilos de pommes de terre, à la vitesse de 60 km/h, pour une consommation de 3 litres au cent, un faible coût d'entretien et un prix de vente du tiers de celui de la traction[1]. » La première publicité, d'ailleurs, titre : « L'essentiel, oui ! Le luxe, non ! » et continue : « Nous avons conservé tout ce qui est utile à la sécurité, à un confort raisonnable et à l'économie. Nous avons éliminé tout ce qui est luxe coûteux et tout ce qui n'est pas indispensable. »

Dans les années 1970, la 2CV devint la possibilité d'accomplir de fabuleuses expéditions « pour des jeunes gens aux rêves immenses mais aux ressources limitées ». La 2CV était si simple qu'on la surnomma même « Quatre roues sous un parapluie ».

Un faux plateau nous détourne du lit de la rivière. Nous pensons avoir manqué la piste principale et nous croyons égarés. Arrivés à un deuxième col, nous renouvelons la manœuvre : je saute, je pousse, nous crions tous deux pour encourager Bucéphale. Dix fois nous essayons, dix fois nous échouons.

---

1. Jacques Wolgensinger, *La 2CV : nous nous sommes tant aimés*, Gallimard, 1995.

Nous déchargeons entièrement la voiture : les malles, les jerricans d'essence, les sacs, les roues de secours, et recommençons à pousser. Les manœuvres précédentes m'ont déjà épuisé. La chaleur est écrasante, mon corps ne répond plus. Je vois flou, ma tête bourdonne. D'un coup, je tombe en avant sous le poids d'une malle. Je mange la poussière. Je tente encore un effort, mais rien. J'ai la tête enserrée dans un étau. Je vomis, emporté par plusieurs sursauts qui me font cracher de la bile. Je me cale contre la paroi en bordure de piste, cherchant une ombre fantôme. Jean-Baptiste accourt, me porte jusqu'à la voiture puis me glisse sous le châssis de la 2CV, seul point d'ombre au soleil de midi. Jean-Baptiste est aux petits soins, il pense que je suis atteint d'un MAM, le mal aigu des montagnes. Nous avons trop vite avalé les dénivelés, passant de 1 000 à 3 000 mètres en quelques heures. Je regarde de loin mon compagnon de route qui prend la responsabilité de l'épreuve du col. Deux jeunes garçons afghans, passant sur l'autre versant, nous ont vus en difficulté. Ils abandonnent leurs ânes et leur charge de bois et viennent aider Jean-Baptiste à pousser la 2CV. Pas un mot, pas une question. Ils sont partis comme ils étaient venus. Comme si un service sur les routes de la soie s'évaluait à la discrétion du geste. Voilà le vrai visage des Afghans que la main sur le cœur symbolise amplement. À l'ombre de Bucéphale, un chèche humide sur le corps, je reprends mes esprits. Étrange, cette ombre de la monture d'Alexandre le Grand… Lorsqu'on présente ce superbe cheval au roi Philippe (son père), il le fait tester par les meilleurs écuyers de Macédoine[1]. Aucun ne parvient a lui

1. Patrick Rambaud, « Alexandre. Aux pays des dieux », *Figaro Magazine*, 2004.

monter, sur le dos. « Bête sauvage, vicieuse et inutile » annonce Philippe, ce à quoi le jeune Alexandre répond : « Pour le monter, il ne faut que de l'adresse. J'ai moins d'expérience, mais je saurai dominer ce cheval. » Tout le monde se moque de son effronterie. Lui court vers Bucéphale, l'attrape par la bride et lui tourne la tête face au soleil. Alexandre s'est aperçu que l'animal avait peur de son ombre. D'un bond, il saute sur le cheval, le laisse se débattre et galoper. Fatigué de ses ruades, Bucéphale finit par obéir au jeune cavalier. Son père, admiratif, lui annonce : « Il te faudra trouver un royaume à ta mesure. La Macédoine est trop petite pour toi… »

Dans notre hâte d'atteindre le minaret de Djam, nous décidons de nous passer du repas. La région du Ghowr où nous entrons nous apparaît bien inhospitalière. Cette petite province de l'Afghanistan, délaissée par Kaboul, reçoit une aide humanitaire limitée en raison de son accès très compliqué. Il paraîtrait qu'il n'y ait pas un seul médecin pour les 300 000 habitants de cette province[1]. À l'image du reste de l'Afghanistan, nomades et agriculteurs vivent sur cette terre appauvrie. La sécheresse depuis plusieurs années et les désastres de la guerre sur les réseaux d'irrigation ne permettent pas une véritable subsistance de la population.

Après deux bonnes heures de descente, nous retrouvons un peu de fraîcheur dans les gorges étroites de Heri Rud. Le lit de la rivière forme désormais la seule route. Nous roulons dans l'eau. Nous devons descendre des marches naturelles et apprécions la hauteur de la caisse que nous avons pris soin de régler à Herat. Nous

1. *National Geographic*, novembre 2003.

nous relayons pour placer des pierres qui adoucissent ou cassent les angles des marches. Le châssis racle de temps à autre, mais ne cogne jamais brutalement.

Arrivée dans le village de Djam. Des enfants poussent des cris incompréhensibles à notre passage : de la curiosité mêlée à la peur. Les chiens s'y mettent et nous poursuivent, montrant leurs crocs. À la sortie du village, une vieille femme accroupie nous attend. Elle est peu voilée, comme souvent dans les campagnes. À grand renfort de cris aigus, elle projette des gerbes d'eau, éclaboussant la carrosserie et toutes nos affaires. C'est une marque de sympathie. C'est ainsi que l'on bénit les voyageurs sur les routes afghanes.

La bénédiction est de courte durée. Dans le bruit de la rivière, à chaque tour de roue, nous parvient un « pchiiiicht » régulier. Nous changeons la roue, les pieds et les mains dans l'eau. C'est la journée de toutes les épreuves, après les cols, les escaliers, et maintenant une plongée de la clef de 19. La « rivière-piste » se fait plus douce et nous roulons désormais sur un sol sablonneux mais toujours très encaissé. La fatigue est à son comble et nous n'avons toujours pas atteint le minaret.

C'est au détour d'une gorge que nous l'apercevons enfin. Il se détache dans la vallée sur fond de ciel bleu. Une fois atteinte, la majestueuse tour nous fait oublier la rude journée. Nous faisons étape pour trois jours en ce lieu propice à l'exploration et à l'histoire.

Le minaret[1], épingle d'or sur un drapé de soie, laisse apparaître à son pied un paradis. Des plages de gros

1. Photo de couverture.

sable et quelques rochers permettant des plongeons dans une eau turquoise et délicieuse. Suivant l'heure de la journée, nous faisons notre toilette ou la sieste. Aux heures moins chaudes, nous prenons le temps de découvrir le minaret.

Haut de 65 mètres, c'est le deuxième minaret le plus haut de toute l'Asie après celui de Delhi. D'une rare élégance, il s'appuie sur une base octogonale de presque 10 mètres de diamètre. La construction est une combinaison, prévue d'avance, de 390 000 briques rouges[1]. Son escalier à double spirale est unique. Ce chef-d'œuvre d'art islamique peu connu a survécu aux menaces de la nature et à celle des hommes. Décoré d'inscriptions, incrusté de faïences bleues, on y lit en alphabet arabe des invocations à la toute-puissance d'Allah, ainsi que le nom du sultan de l'époque.

Qu'est-ce qu'un monument de cette taille et de cette splendeur fait, seul, dans un endroit si difficile d'accès ? Un souverain de l'empire ghoride le fit bâtir au XIIe siècle. Cet empire d'Asie centrale disparut en moins de deux siècles, aussi vite qu'il était apparu, emportant dans sa chute ses énigmes et un trésor amassé au fil des conquêtes.

Ce monument marque-t-il l'emplacement de la mythique ville de Firuzkoh recherchée par les archéologues ? Firuzkoh, « montagne de turquoise », ville d'un royaume mystérieux comme une sorte d'Atlantide. Selon l'archéologue Monique Kervran, participant à l'expédition Paris-Kaboul, ce vestige serait bien une tour de victoire de la capitale royale de l'empire ghoride. Dans ce petit espace s'étalait sur les flancs des montagnes une ville d'été. Il faut être fou pour imaginer

1. Monique Kervran, « Le minaret de Djam », *in Expédition Paris-Kaboul*, Hoëbeke, 2004.

une telle cité dans ce lieu confiné. Mais parce que le site est envoûtant, il est facile de croire qu'une personne à l'âme poète ait voulu relever le défi par le caractère exceptionnel que cela impliquait. Comme le Machu Picchu ou Pétra, la ville, à l'abri des regards, inaccessible, était un jardin secret pour ceux qui y ont vécu.

Sur les trois crêtes montagneuses, quelques ruines de fortifications, construites, dit-on, à partir d'un mélange de terre et du sang des ennemis dont on fit recouvrir les murailles. Quand on prend de la hauteur, le minaret semble une allumette tombée de la poche d'un géant, à la croisée de deux vallées et de deux rivières. Comme la tour de Pise, il penche dangereusement : l'Heri Rud sape ses fondations. Mais depuis quelques années, l'Unesco a entrepris un travail[1] de consolidation des bases ainsi qu'une protection du site à l'encontre des pilleurs et des trafiquants d'art. Le minaret est désormais classé par l'Unesco au patrimoine mondial de l'humanité.

Un soir, les villageois du hameau en amont nous ont préparé une veillée traditionnelle. À la lueur de phares de voitures, nous dansons sur des airs de chansons ouzbeks rythmées par des cithares. Le cercle des hommes du village se forme, laissant la place au centre pour les danseurs. À tour de rôle, chacun se lance et exécute ce qu'il a de meilleur. Nous nous essayons à cette danse orientale ; les éclats de rire fusent.

Par son caractère spontané et hors du temps, cette veillée exprime la joie de la rencontre avec les Afghans. Du mélodieux *ghazal* persan à cette tour de victoire, tout art, inspiré et réalisé selon les règles de l'harmonie, prend un sens sacré. L'art est souvent le

1. Sous la direction de Christian Manhart.

reflet de l'âme d'un peuple. Djam est l'expression de la verticalité. En érection vers le ciel, il est un cri des hommes vers ce qui les transcende. Il amène instinctivement la personne qui se trouve à son pied à lever la tête au ciel.

Le site garde ses secrets. Ce soir, la pointe du minaret joue avec le croissant de lune. Dormant à la belle étoile, nous prolongeons la veillée par la musique des cœurs. « Nous ne comprenons rien à rien. Il y a autant de mystère dans la croissance d'un grain de blé que dans le mouvement des étoiles. Mais nous savons bien que nous sommes seuls capables d'aimer, et c'est pour cela que le moindre des hommes est plus grand que tous les mondes réunis[1]. »

« Si tu veux connaître ton ami, dit un proverbe afghan, voyage avec lui. » Notre relation avec Jean-Baptiste devient un peu tendue. Après l'effort et la cohésion dans les montagnes pour le passage de la 2CV, nous avons besoin d'une certaine indépendance. Mais vivre dans 4 m^2 à deux pendant six mois, ce n'est pas facile. Notre chance, c'est d'avoir la même détermination d'arriver à Saigon. Amis de longue date, il nous faut apprendre maintenant à vivre en colocation.

Jean-Baptiste n'est pas bavard. Je parle trop, il ne dit rien. On dirait qu'il suit les conseils du sage persan Nîsâmî : « Qui parle sème, qui écoute récolte. »

---

1. Guy de Larigaudie, *Étoile au grand large*, *op. cit.*

4

Des lacs de Band-e-Amir à Bâmiyân,

DANS LE MASSIF DE L'HAZARADJAT

« Nous devons ajouter notre pierre à l'édifice de l'effort humain. »

Guy de Larigaudie

6 septembre. Vers Chagcharan.

Nous passons le gué profond de l'Heri Rud sous le minaret de Djam. De gros galets font sauter la « deuche », dont le pot d'échappement noyé crache à gros bouillons. Le trajet prend des allures de Croisière jaune traversant l'Himalaya. Nous parcourons moins de deux kilomètres en cinq heures. Bucéphale s'écrase et reste piégée sur de grosses pierres. Le dénivelé ajouté aux blocs de roche en travers de la piste nous font progresser moins vite qu'à pied.

— Accélère un peu, JB !

— Accélérer, je fais que ça ! Ça ne bouge pas d'un pouce…

La 2CV ne répond plus aux coups d'accélérateur frénétiques. Nous cherchons la caillasse qui a donné le coup de grâce. C'est finalement dans le moteur que nous trouvons la cause de la panne.

Le cardan droit est sorti de son logement femelle.

Sous l'aile avant, un des cardans ne reçoit plus la force motrice et ne permet plus l'entraînement des roues. Un soufflet plein de graisse a éclaté, telle une fracture ouverte. En une heure de mécanique, nous remettons le cardan dans son logement. Nous bandons le tout à l'aide d'une vieille chambre à air, limitant ainsi les dégâts de la poussière.

Une voiture à quatre roues motrices, participant à l'expédition Paris-Kaboul, nous tracte pour franchir les obstacles difficiles. La 2CV gardera jusqu'à Saigon les séquelles de ce tractage trop brutal qui a joué sur le parallélisme de la direction.

Comme par enchantement, l'escorte a disparu. Nous avons changé de territoire et sommes désormais sous la responsabilité d'un autre seigneur. La route vers les lacs de Band-e-Amir est un chapelet de cols entre 2 000 et 3 500 mètres d'altitude.

Affleurent de cette montagne désertique des plaques de terre rouge qui semblent plus fertiles. Dans les gras alpages, les nomades font paître le bétail. Nous y croisons à nouveau des Aymâqs dont l'habitat est une sorte de yourte au toit pointu et aux parois tressées de joncs. Leur visage rond et buriné par le soleil, les pommettes joufflues, les yeux bridés en amande les font ressembler aux Tibétains des hautes vallées himalayennes. Les couleurs des habits sont toujours vives et les femmes portent sur le buste et aux poignets mille bijoux d'argent.

Régulièrement, nous apercevons des cavaliers solitaires. Ils ont fière allure. Peut-être des descendants d'Ouros[1] se préparant pour le Bozkashi de l'automne. En traversant l'Afghanistan, la passion équestre se réveille pour Larigaudie : « Nous croisons dans des nuages de poussière quelques centaines de cavaliers de l'armée régulière. Images retrouvées des hordes de Gengis Khan ou des envahisseurs barbares, ils galopent en désordre, bride abattue sur des petits chevaux vifs. Pour une fois, je suis infidèle à Jeannette et je rage d'avoir un volant entre les mains au lieu d'un cheval entre les jambes[2]. »

Bon cavalier, Larigaudie tirera de ses chevauchées en France et dans le monde une devise qui constitue tout son état d'esprit : « Il faut coller à la vie comme on colle à un cheval. Il faut en suivre les moindres mouvements, sans jamais se raidir contre elle. »

Sa dernière aventure, qui le conduit à la mort, sera équestre. En 1940, contre les divisions équipées des nazis, il est affecté à sa demande à un groupe de reconnaissance monté.

C'est aussi en prenant modèle sur l'allure des chevaux que la vitesse de la 2CV a été créée. Pierre Boulanger, passionné par le monde rural, prend exemple sur les rustiques carrioles à cheval qui parcourent le Puy-de-Dôme[3]. C'est pour les paysans avant tout qu'il veut concevoir cette voiture. On l'a prévenu, « la vitesse coûte cher ». À tous ceux qui lui parlent de vitesse, il affirme : « Pas plus vite qu'un cheval. » La première : « vitesse surmultipliée » ; la « seconde » : le pas ; la troisième : le trot ; la quatrième : le galop.

---

1. *In* Joseph Kessel, *Les cavaliers*, *op. cit.*

2. Guy de Larigaudie, *La route aux aventures*, Plon, 1939 ; Elor, 1999.

3. *In* Jacques Wolgensinger, *La 2CV : nous nous sommes tant aimés*, *op. cit.*

La piste mauvaise ne cesse de faire sauter les deux cardans hors de leur logement : nos réglages de hauteur ne sont pas adaptés au terrain caillouteux. Il faut trouver un équilibre : trop haut, les cardans ne tiennent pas en place, trop bas, nous risquons de fracasser notre moteur sur les rocs. Nous nous transformons en funambules mécaniques. Assis sur les tranchants des portières, les jambes pendant à l'extérieur, celui qui ne conduit pas empêche de son poids, tantôt à bâbord, tantôt à tribord, que les cardans ne s'échappent.

Le 30 juillet 1995, une 2CV a déjà joué à l'équilibriste grâce à un système habile de contrepoids. Le conducteur, Jacques Steinmesse, a réussi, sur un câble tendu à 200 mètres de hauteur, à lui faire traverser le cirque de Tournemire, dans l'Aveyron, sous les yeux ébahis de deux mille spectateurs. Pour nous, l'opération d'équilibre est moins périlleuse mais nous amuse et nous fait faire un peu d'exercice. Dans les virages, on se croirait suspendu au hauban d'un bateau qui gîte. Des gerbes de terre jaillissent.

La nuit approche et la région est peu sûre. Au passage d'un pont, nous retapons le tablier avec de larges pierres et de mauvaises planches. Après douze heures de conduite, nous atteignons la ville de Chagcharan. Médecins du Monde nous accueille dans la cour de sa *guest-house*.

« Qui veut aller loin ménage sa monture… » Nous prenons une journée entière pour la visite médicale de Bucéphale. Nous palpons le châssis, diagnostiquons le moteur, décrassons le filtre à essence et les bougies, redressons la carrosserie. Nous changeons les vis platinées et les charbons du démarreur abîmés dans les passages de rivière. Nous baissons les tirants de suspension, redonnant aux cardans la souplesse nécessaire.

8 septembre. Vers Band-e-Amir.

La semaine dernière, plusieurs attaques ont eu lieu sur un raccourci que nous projetions de suivre. Nous prenons donc une route plus longue mais plus sûre.

Une armée de petits cantonniers restaure la route accédant au col de Sarjangal, littéralement « la tête de la steppe ». À notre passage, ils lancent des cris d'encouragement, lâchent pelles et pioches pour nous aider à pousser, comme le font souvent les équipiers de l'expédition Paris-Kaboul. Dans tout l'Afghanistan, des ouvriers restaurent les chaussées. Les neiges de l'hiver effaceront le travail de l'été. Qu'importe, la force des Afghans réside dans cette volonté de bâtir même après les années destructrices de la guerre. Le pays porte une constante espérance.

L'Afghanistan ne renaîtra qu'avec des routes, ces liens entre les villes qui sont le seul moyen d'améliorer le commerce et la sécurité. Depuis l'accord de Bonn en décembre 2001, tous les acteurs de la reconstruction se sont accordés pour faire des routes une priorité. Certaines ONG s'y emploient, le gouvernement aussi, aidé par les Américains. La grande route du Sud, qui passe par Herat, Kandahar, Kaboul, est aujourd'hui bien avancée. L'an passé, lors de mon premier voyage, il nous a fallu trois jours pour en parcourir les 800 kilomètres. Cette année, les conditions de sécurité s'étant dégradées, nous n'empruntons pas cet itinéraire. Les talibans ont refait surface au sud du pays. Les prises d'otages d'étrangers et les exécutions se sont multipliées. Les combats sont réguliers entre les factions talibanes et l'armée nationale afghane soutenue par les Américains.

Pourtant, la route du Sud est la voie royale afghane. Contournant le massif de l'Hazaradjat, elle longe le désert du Baloutchistan pour remonter vers Kaboul. Alexandre le Grand, avec son armée, prit cet itinéraire et fonda au passage Alexandrie d'Arachosie, certainement l'actuelle Kandahar. Ce nom d'Alexandre se serait transformé en Sikandar, prénom courant dans le pays.

La Croisière jaune, Larigaudie, Nicolas Bouvier et la majorité des voyageurs des années 1970 passeront aussi par le sud.

En 1937, la situation afghane semble aussi instable qu'aujourd'hui. À deux reprises, Larigaudie et Drapier sont pris en embuscade par des hommes à cheval et armés. Il fait si froid que leur radiateur gèle. Ils recouvrent alors le capot de leurs duvets et couvertures, attendant que la glace fonde. Ils traversent les gués sur des ponts provisoires dont la structure n'est autre qu'un assemblage de barques. « La scène est d'une si sauvage beauté qu'il serait criminel de mettre la capote. Le paysage presque tibétain, la tempête de sable, le froid sec, la solitude, l'inconnu vers lequel nous marchons, comme tout cela est exaltant ! Grelottants, le visage coupé, les bras engourdis, nous nous sentons vivre prodigieusement et chantons à tue-tête, dans le vent, notre joie de l'aventure[1]. » « Pour moi mon vieux, écrit Larigaudie à son meilleur ami[2], la vie roule à plein bord, magnifique, passionnante, chaque jour différente. »

À leur époque, le gouvernement en place est une monarchie constitutionnelle dirigée par le jeune roi

1. Guy de Larigaudie, *La route aux aventures*, *op. cit.*
2. André de Knyff.

Mohamed Zaher Chah, toujours en vie et de retour depuis 2002 à Kaboul. À Kandahar, ils rencontrent le beau-frère du roi qui les accueille dans son palais. Il s'agit de Mohamed Daoud Khan à qui, plus tard, les communistes donneront le pouvoir pour un temps avant qu'il ne finisse assassiné et traîné dans les rues de Kaboul.

Sur le filtre à air, nous avons placé une chaussette enduite de graisse qui fait une protection supplémentaire pour le moteur : la poussière vient se coller à la graisse plutôt que de rentrer dans le moteur. Nos cheveux blanchis par tant de poussière nous donnent à l'étape du soir des airs de fantômes. Dans la *tchaï-e-khana* où nous dormons, nous tentons une toilette. Un seau d'eau sur la tête ne fait qu'empirer les choses et nous transforme en sacs de plâtre.

Dans les champs cultivés, des fleurs blanches et violettes fleurissent : du pavot. Sur des parcelles de terre, les paysans sont à l'œuvre pour la récolte d'automne qui, plus tard, donnera l'opium puis l'héroïne. À l'aide d'un objet tranchant, ils incisent le bulbe du pavot d'où coule une sève noirâtre. Ils grattent ensuite le bulbe avec une raclette artisanale pour ramasser le liquide.

L'Afghanistan est redevenu le premier producteur d'opium depuis la chute des talibans. On parle de 4000 tonnes d'opium pour cette année (dix kilos de pâte donnent à peu près un kilo d'héroïne une fois distillés dans des ateliers clandestins).

Au bord du chemin, des cultivateurs se livrent un peu. Pour eux, le calcul est vite fait. Le kilo de pâte d'opium se vend à 400 euros, ce qu'ils touchent pour dix kilos de blé. La sécheresse et la guerre n'ayant pas favorisé la fertilité des cultures, les Afghans vont au plus rentable.

— Oh ! nous, on en cultive juste comme ça, comme un médicament, nous dit en souriant un jeune qui cueille la sève. Il est vrai qu'une vieille coutume afghane utilise l'opium pour calmer les douleurs, notamment celles des nourrissons quand les premières dents poussent.

— Nous, on n'a pas le droit d'y toucher, confient des fillettes.

— Oui, c'est pour les étrangers.

— Ça tue !

À 3 ou 4 ans, leur innocence leur donne une conscience claire. La sève qui les fait vivre donne la mort pas très loin. À Téhéran, à Karachi, dans les républiques d'Asie centrale, les drogués se comptent par milliers. Que dire de l'Occident ? La sève d'une si jolie fleur coule dans les bras troués des junkies de Paris, de Londres, de Moscou. « Lorsque les dieux meurent, et que les systèmes de valeurs s'écroulent, l'homme ne trouve qu'une chose : son corps. La drogue, le sexe, la violence sont des substituts naturels à la disparition des dieux », disait André Malraux. Le vide demeure et s'agrandit.

Les routes de la soie n'échangent plus l'or, les faïences ou les étoffes de Damas. Dans ces chemins qui conduisent de la fleur de pavot aux consommateurs, la faux de la mort a l'apparence d'un dealer. Hier, nous avons vu aussi des champs de cannabis, à perte de vue. Dans les cafés branchés de Saint-Germain, on s'amuse encore à crier « fumez afghan ! ». Ici, un paysan tente de sauver sa famille sous les pressions d'un ancien chef de guerre devenu « baron de la drogue ». L'acheteur et le vendeur entretiennent une des plus grandes multinationales et favorisent la mondialisation du trafic, trafic qui encourage aussi de nombreux réseaux intégristes islamistes achetant leur armement et finançant leurs activités par les recettes de la drogue. Le problème est complexe en Afghanistan, beaucoup sont mêlés à ce commerce illégal. Des agricultures de substitution sont encouragées par les ONG et le gouvernement propose des subventions à ceux qui arrachent les plants de pavot ou décident d'en arrêter la culture.

J'ai l'art de rendre Jean-Baptiste nerveux. Toutes les heures, je le questionne :

— Tu crois que la 2CV va tenir le coup ? Regarde, quand je mets mes pieds contre la carrosserie au niveau des pédales, on dirait que le châssis plie.

Jean-Baptiste me fait un vague signe de la tête, ni oui ni non. À chaque arrêt, nous nous glissons sous la voiture pour repérer le moindre signe de faiblesse.

Nous crevons. À l'arrière gisent déjà trois cadavres de pneus. Plus un seul de rechange. Jusqu'au prochain village, nous roulons sur trois roues valides, et gonflons de temps à autre la quatrième, crevée. À Yakaolang, nous la faisons réparer. N'ayant plus de chambre à air adaptée, une chambre à air de moto fera l'affaire. Nous n'aurons plus l'occasion de renifler l'air de France… Une histoire raconte qu'un jour, un Turc, immigré en Allemagne, voit dans la rue une voiture, arrivée par la route, immatriculée en Turquie. Il s'approche, s'accroupit à la hauteur du pneu et le dégonfle un peu. Par la valve, il renifle nostalgiquement l'air de son pays.

Sur l'axe de notre direction, est-ouest, nous continuons la route. Qu'il est bon de vivre un peu au rythme de la nature ! Jean-Baptiste a fini par me convaincre que nous gagnerons d'excellents moments en nous levant avec le soleil. Mais mes habitudes de noctambule citadin ont du mal à se défaire.

Larigaudie, lui, aimait par-dessus tout cette communion nécessaire à la nature : « Les grandes vagues successives de la nature [...] sont source d'équilibre, de bien-être, de plénitude physique. Leur action est douce, à peine perceptible. [...] D'un bout à l'autre de l'année, toute une gamme de parfums, de couleurs, de bruits et de silence environne l'Homme, le pénètre, le fait participer à tous les grands courants de la vie végétale et animale. Les villes, sans nuances ni transitions, ne connaissent plus que l'hiver et l'été. [...] Le progrès matériel est parti dans une voie fausse en obligeant les hommes à s'enfermer dans les villes. La facilité des moyens de communication aurait dû repousser les habitations en dehors des cités, réservant à ces dernières bureaux et magasins. [...] Aux vacances seulement, à la mer ou à la montagne, la foule goûte désespérément un air qui devrait être son lot quotidien. À cause de cela, la plus humble maison perdue dans la campagne recèle plus de richesse qu'un appartement somptueux au cœur d'une capitale. L'homme se trouve, dans la première, sur la nef en haute mer. Il admire la beauté des nuits, les levers et les couchers de soleil. Il possède le silence et s'intègre aux fluctuations de l'immensité qui l'entoure. Dans le second, il n'est plus qu'une épave ballottée en rond dans un bassin public. »

Les villages se font plus nombreux. Des garçonnets, avec leurs sacs de grosse toile sur le dos, vont de flaque en flaque vers l'école. Au bord d'un champ de pavot, des femmes tissent un tapis sur un métier traditionnel. Trois ou quatre générations sont réunies. Une fillette enroule les bobines de laine que file la grand-mère. Une femme au voile rose foncé orné de broderies travaille nœud par nœud le tapis. Quand elles nous aperçoivent, par pudeur elles ajustent un peu leur voile.

En Afghanistan, comme dans les autres pays musulmans que nous traversons, la femme est un bijou précieux qu'il faut cacher. C'est le secret et l'honneur des hommes. « Les hommes ont autorité sur les femmes du fait qu'Allah a préféré certains d'entres vous à d'autres [...]. Celles dont vous craignez l'indocilité, admonestez-les ! Reléguez-les dans les lieux où elles couchent ! Frappez-les ! Si elles obéissent, ne cherchez plus contre elles de voie [de contrainte][1]. »

Leur univers ne se mélange jamais à celui des hommes. Elles ne doivent pas se montrer en présence d'étrangers. Elles servent le repas et prennent le leur ensuite. À la campagne, elles travaillent dur, s'occupent des enfants, font le pain, nourrissent les animaux, brodent et nouent des tapis. Les femmes sont invisibles mais font tout. En ville, particulièrement, on connaît les terribles pressions qu'elles subirent sous le régime des talibans. La *burqa* obligatoire n'était que l'apparence des brimades. La situation s'améliore aujourd'hui, mais la peur des intégristes et des moudjahidin a rendu les comportements craintifs. Les années de mentalité violente ne s'effacent pas rapidement.

Sur les chemins, une femme effrontée nous lance parfois une œillade. Nous rentrons dans la patrie des Hazaras. Cette ethnie s'ajoute à la mosaïque afghane, d'origines et de modes de vie divers. Leurs visages ronds et leurs yeux bridés les font souvent prendre pour des Mongols venus de l'Altaï. Les Hazaras sont chiites dans un Afghanistan quasiment sunnite, ce qui leur a valu de nombreuses persécutions pendant la répression talibane.

---

1. Coran, IV, 38, 127.

Band-e-Amir.

Des falaises rouges forment l'écrin naturel de ces perles afghanes. À 3 200 mètres d'altitude, un collier de six lacs qui se succèdent en terrasses. L'eau, tantôt bleu turquoise, tantôt verte, évoque un assemblage d'émeraudes et de lapis-lazuli. La transparence et l'éclat de ses joyaux fluctuent suivant l'intensité des rayons du soleil.

De Joseph Kessel à Ella Maillart, tous les voyageurs sont restés imprégnés de la magie de ces lacs sacrés. « On assure depuis toujours que les eaux de Band-e-Amir ont sur le mal un pouvoir de vertu[1]. » La légende veut que l'imam Ali, gendre du Prophète, ait tranché la montagne d'un coup d'épée pour en former le premier barrage. Ainsi de suite pour les autres lacs, allant de cent mètres à sept kilomètres, reliés par une succession de barrages : un ensemble de lacs suspendus des plus spectaculaires.

C'est au pied du Band-e-Zulficar, le « lac de l'épée », que nous trouvons le repos pour quelques jours. Il y règne une activité intense. Les nomades et les villageoises viennent faire leur lessive et remplir des jerricans en plastique.

Nous retrouvons le professeur Claude Collin-Delavaud. Ce géographe, professeur émérite à la Sorbonne, vice-président de la Société des Explorateurs Français, a rejoint pour une partie l'expédition Paris-Kaboul. En 1956, avec des amis et une Jeep, il était venu en Afghanistan pour une de ses premières missions géographiques. Cinquante ans après, il parcourt à nouveau ce pays comme si les années ne l'avaient pas atteint.

— Dites donc, vous comptez aller jusqu'à Saigon ? Comme le légendaire Larigaudie ?

1. Joseph Kessel, *Les cavaliers*, *op. cit.*

Le géographe connaît bien Guy de Larigaudie. Il nous explique que, dans ses lectures, deux auteurs lui ont révélé sa vocation d'explorateur : Jules Verne et Larigaudie. Proximité amusante que le journal *Le Jour* releva aussi : « Ce livre est aussi extraordinaire que les romans de Jules Verne ; le leur comparer serait toutefois, semble-t-il, le diminuer : une belle réalité dépassera toujours une belle fiction. Il vaut mieux évoquer, à propos de *La route aux aventures*, les récits des grands explorateurs polaires, ou La Croisière jaune et La Croisière noire[1]. »

Claude Collin-Delavaud rendra hommage à son prédécesseur dans le cahier du Club des Explorateurs : « Guy de Larigaudie aimait la terre, il aimait l'exploration. Même s'il explora très simplement l'âme humaine plutôt que les mœurs, il porta témoignage des diverses facettes du globe et de leurs humanités. [...] Il fut un exemple pour toute une partie de la jeunesse et il ajouta une page d'excellent écrivain et d'aventurier mystique à l'exploration[2]. »

À la suite de Larigaudie, le professeur de géographie a rempli sa vie d'actions, de missions géographiques et de découvertes[3]. Il en a gardé l'esprit et le même enthousiasme toujours renouvelé sur les choses du monde.

Les barrages se sont formés pendant des millions d'années par un phénomène de dépôt de calcaire. Les eaux fortement chargées en bicarbonate de calcium laissent une couche infime de calcaire et augmentent encore aujourd'hui, de manière invisible à l'œil nu, la hauteur des digues naturelles. Les lacs communiquent

1. *Le Jour*, 21 août 1939, « La vie littéraire ».
2. *Société des Explorateurs Français*, n° 27.
3. Claude Collin-Delavaud, *Jusqu'au bout de la terre*, Arthaud, 2005.

entre eux et forment par endroits des cascades, puis des bassins parsemés de plantes aquatiques. Le soleil au zénith, nous profitons de la chaleur pour un bain d'automne. Mais le froid à cette altitude ne permet pas de véritable immersion : l'eau est à moins de 10 °C. Pourtant, les pèlerins affluent pour se baigner à l'endroit où se serait recueilli l'imam Ali, vénéré des Hazaras. Une petite mosquée permet, après un rituel d'ablution, de venir implorer des grâces.

Un homme passe autour de la taille des pèlerins une corde de chanvre qu'il noue solidement. Les bains sont parfois un peu violents et on pousse ceux qui hésitent, et pour cause : aucun ne sait nager… l'immersion se transforme en éclaboussements.

Sur les berges, les exclamations et les rires des familles fusent :

— Plonge d'un coup !

— Laisse la tête hors de l'eau !

— C'est bon, la jeune fille va guérir. On aura une descendance.

Quand l'Afghan qui tient la corde estime que la purification est accomplie, il ramène à lui la jeune femme frigorifiée dans ses habits mouillés. Selon la croyance, les eaux permettent de rendre la fécondité aux femmes stériles. Mais le lac a des vertus purificatrices plus larges…

— Un jour, nous raconte le gardien du site, nous avons plongé un homme fou tout enchaîné. Après quelques minutes dans l'eau, il était devenu tout calme !

Discrètement, une femme voilée d'un châle bleu clair fait prendre un bain à son nouveau-né. C'est la première fois que nous approchons de si près des femmes sans qu'elles ne fuient. Est-ce là une autre faveur des lacs ? Les charmes et la finesse des visages persans se dévoilent au voyageur capable de trouver la bonne distance.

Les Hazaras ont bien compris la valeur exceptionnelle du site, qui pourra attirer de nombreux touristes. Déjà, beaucoup d'étrangers viennent de Kaboul. Sans ordre se sont construites de petites *guest-houses* qui endommagent le paysage. Il y a urgence pour que le site de Band-e-Amir soit protégé.

Lors de mon premier passage en 2002, seules quelques tentes de nomades accueillaient les voyageurs. J'y avais goûté des poissons pêchés dans le lac… à la grenade. Technique de guerre, où l'impatience du pêcheur est résolue par une explosion dans les eaux ; les poissons morts remontent à la surface et il suffit de les ramasser. La méthode a été abandonnée. Dans une *tchaï-e-khana*, nous dégustons pour notre dernier soir des poissons accompagnés de riz. L'hôtelier souriant questionne :

— Que veut dire « Parisss » en français ?

— Paris, c'est la capitale de la France.

— Ha bon, je comprends. J'ai une petite broche que l'on m'a donnée il y a longtemps. C'est écrit dessus.

14 septembre. Vers Bâmiyân.

La route que nous prenons a été récemment déminée. La carcasse d'un minibus gît à côté de la piste. Il paraît que le véhicule transportait une famille afghane de seize personnes venues de Kaboul pour visiter les lacs. Ils sont tous morts. Elle prévient tout automobiliste de ne pas couper à travers steppe. Deux de mes amis[1] ont été accueillis à la frontière afghane

1. Jérôme Veyret et Clément Gargoullaud, tous deux journalistes, lors d'un Pessac-Kaboul en juillet 2003 à bord d'une Peugeot 305.

d'un retentissant : « *Welcome in the land mine country.* » Des pierres peintes de rouge ou de blanc signalent les parties minées. Les pauses sont souvent écourtées.

— Ne va pas trop loin.

— Tu veux que j'aille où ? Il y a des cailloux rouges des deux côtés de la piste !

Sur les positions stratégiques, au bord des rivières, le long des sentes, nous croisons des équipes de démineurs. Employés par le gouvernement ou par des ONG, certains sont équipés de détecteur mais nous en voyons d'autres qui, à l'aide de tournevis, scrutent la terre, centimètre par centimètre. Eux connaissent la valeur d'un petit geste : celui qui désamorce et sauve peut-être une vie. Une goutte d'eau dans l'océan des mines. On estime à plus de dix ans le travail de dépollution du sol afghan. « Celui qui sème n'est pas toujours celui qui récolte », dit le proverbe afghan. Les mines portent bien leur nom de « sentinelles éternelles », tuant ou amputant longtemps après que les armes se sont tues des centaines d'Afghans.

Nous descendons du massif central afghan. Après le coucher du soleil, Bucéphale se faufile dans une vallée encaissée aux roches jaunâtres. De temps à autre, un mauvais pont enjambe la rivière, éprouvant un peu plus la mécanique.

Soudain, la vallée s'ouvre sur l'immense cirque de Bâmiyân. À 2 600 mètres d'altitude, la ville fut la capitale de plusieurs empires, dévastée par les hordes de conquérants, lieu de massacres commis par les talibans, mais surtout lieu de rencontre entre deux mondes : l'Orient et l'Occident.

Éclairés par une lune blafarde, nous longeons les 2 kilomètres de falaises où se trouvent les niches des bouddhas. Vision terrifiante de ces grands sarcophages vides où ne restent que des ombres et des tas de gravats. Seule la hauteur vertigineuse des trous évoque encore la majesté des deux statues de roche. Nous ressentons le poids de l'histoire.

Au croisement de plusieurs vallées, Bâmiyân, comme tout l'Afghanistan d'ailleurs, est un carrefour de civilisations. Pendant des milliers d'années, conquérants, marchands, pèlerins ont traversé ce pays, contribuant à lui donner la richesse de son art. Les caravanes échangeaient les produits de deux mondes, la soie chinoise, l'ivoire indien, les verreries romaines… mais aussi la foi bouddhiste, puis islamique. Alexandre le Grand, dans sa conquête, prit soin d'unir l'Europe à l'Orient. Ce fut pour lui sa plus grande réussite. Il épousa Roxane, une princesse perse dans les rangs des vaincus. Il laissa dans chacune de ces régions conquises des satrapes capables de prolonger l'influence grecque. Ainsi naquit l'art du Gândhârâ, mélange des canons de beauté hellénistique et d'art bouddhique. Les représentations du Bouddha prirent alors l'influence de l'art grec.

Le 26 février 2001, l'Émirat islamique d'Afghanistan émettait de la ville de Kandahar un décret visant à interdire « l'adoration des idoles » et demandant que « toutes les statues et tombeaux non islamiques soient détruits ». Quelques semaines plus tard, en mars 2001, les bouddhas de Bâmiyân étaient à l'agonie. Des explosifs placés par les talibans venaient à bout des deux géants. Nous avons tous en tête ces images d'explosion des bouddhas… Images diffusées sur les écrans du monde entier, images violentes que l'on aurait pu croire de guerre. « Les canons de la beauté détruits par les canons de la bêtise[1] », écrivait Sylvain Tesson.

---

1. Sylvain Tesson, *L'axe du loup*, Robert Laffont, 2004.

Bien que les Hazaras ne leur aient voué aucun culte, ils les respectaient volontiers comme des gardiens de l'histoire. Beaucoup de journalistes ou d'humanitaires n'ont cessé de le répéter : ce que les talibans faisaient aux statues, ils le faisaient aussi aux Afghans. En détruisant ces statues de pierre, ils s'attaquaient au cœur de l'Homme ; en détruisant un symbole de Dieu, ils s'attaquaient à son âme.

Par cet acte d'iconoclasme réfléchi, le régime des mollahs anéantissait un patrimoine mondial. Il défiait l'Occident à l'endroit même où la jonction avec l'Orient avait été si bien réalisée.

À Bâmiyân, des moines bouddhistes avaient établi leurs monastères, creusant plus de sept cents grottes d'ermitage dans les falaises. C'est eux qui sculptèrent les statues géantes vers les VIe-VIIe siècles. Par ces statues, ils gravaient dans la falaise une partie de l'histoire de l'humanité.

« Matériellement, une œuvre d'art, tableau ou statue, n'est que la résultante d'une multitude de coups de pinceau ou de ciseau. Sa valeur immatérielle, la seule qui vaille, est la pensée de l'artiste qui informa chaque coup et fit de leur synthèse la réalisation de son rêve. Nous créons de l'éternité en chacun de nos actes. C'est là notre pouvoir merveilleux d'Homme. À chaque seconde, nous bâtissons notre royaume. » Larigaudie exprime ici le fait que nous ne soyons pas prédestinés. « Un acte une fois posé ne se reprend pas. Ses orbes et ses ressacs se prolongent en de lointains inaccessibles. Nous créons du définitif et c'est le prolongement dans l'éternité de nos moindres actions qui fait notre grandeur d'Homme. Nous devons ajouter notre pierre à l'édifice de l'effort humain. »

Par un sentier et des passages creusés dans la falaise, nous grimpons jusqu'à la Tête de Feu, le plus grand des bouddhas, haut de 55 mètres. Depuis l'alcôve du sarcophage, nous devinons le Koh-e-Baba, le mont culminant de l'Hazaradjat.

En bas, un enfant afghan s'approche de la 2CV. Quand nous redescendons, il a été apprivoisé par Bucéphale et monte sur le pare-chocs. Un cavalier entraîne une monture qui passe au galop. Ce serait un des étalons du gouverneur de la région. Il me rappelle les propos de Benoist-Méchin introduisant son livre sur Alexandre le Grand :

« Un cavalier surgit alors dans l'arène du monde, que semble entraîner un rêve trop grand pour lui. La force irrésistible qui le pousse en avant le possède et finit par le terrasser. “Il est la proie d'un rêve...”, comme on dit familièrement. [...] Quel est donc ce “rêve le plus long de l'histoire” qui ne cesse de disparaître et de resurgir au fil des siècles ? N'est-ce pas l'espoir de se voir réaliser enfin la fusion de l'Orient et de l'Occident, ces deux moitiés d'un monde éclaté ? [...] Cette attirance passionnée qu'exercent l'un sur l'autre l'Orient et l'Occident, cet appel irrésistible lancé et relancé à travers l'espace et le temps, ne seraient-ils pas, en fin de compte, l'expression d'un seul amour, mourant et renaissant dans un même décor de feu ? Selon la réponse que l'avenir apportera à cette question, nous saurons si cet amour n'a été qu'une chimère, ou la résurgence d'une nécessité vitale constamment refoulée[1]. »

Dans les plantations de pommes de terre aux feuilles jaunies par le soleil, un petit berger joue sur une flûte un air afghan. L'écho de sa chanson me rappelle cette banderole encore présente sur le fronton

---

1. Jacques Benoist-Méchin, *Alexandre le Grand ou le rêve dépassé*, Perrin, 1981.

du Musée national afghan : « Une nation ne peut se maintenir en vie que si sa culture reste vivante. » Combien de fois dans l'histoire cette phrase est-elle vérifiable ? La folie des talibans illustre ce que beaucoup de révolutions ont accompli : la terreur, la perte de ses racines, de sa culture, le retournement des esprits. Ici, en Afghanistan, 40 % de la population a moins de 25 ans. En vingt-cinq ans, ils n'ont connu que la guerre. À eux reviennent le droit et le devoir de retrouver les racines de cette terre de tolérance.

Reza, le célèbre photographe du *National Geographic*, nous rejoint à Bâmiyân. Avec toute une équipe, il a fondé l'ONG Aïna qui aujourd'hui œuvre en Afghanistan pour la culture et le développement de médias indépendants. C'est au pied des sarcophages vides des bouddhas que le cinéma itinérant de son association vient présenter des films ludiques et éducatifs sur l'importance du patrimoine, le danger des mines ou encore l'hygiène de vie. L'image vidéo fascine les Afghans. Aïna est une réponse d'espérance pour retrouver les racines culturelles afghanes.

En France et en Afghanistan, j'ai eu l'occasion de rencontrer Reza à plusieurs reprises. Au cours d'une soirée, dans une arrière-cour du garage Pierre, nous nous sommes retrouvés autour d'une grande table. Il y avait là des artistes, des journalistes, des « deuchistes » : Kriss préparait une chronique radio et saisissait l'ambiance avec une maîtrise du micro rarement égalée. Pierre, le garagiste, veillait à ce qu'aucun verre ne soit vide, habitude sans doute prise en Russie. Reza, exilé d'Iran, racontait ses souvenirs au volant de sa première voiture française : une 2CV. Un jour, des policiers le sifflèrent place de l'Opéra. Réflexe de peur, gardé face à la répression iranienne, il accélère. Dans une course effrénée, la 2CV perd une de ses portières… seule chose que purent attraper les policiers.

Cette soirée était le seuil de l'aventure, la porte ouverte aux idées folles. Un projet peu commun nous rassemblait : des artistes venaient d'exposer leurs œuvres avec comme support des portes de 2CV. Plusieurs portes ont fait l'objet de créations artistiques originales. Après la tournée de l'exposition en France et à l'étranger, les portes seront vendues aux enchères au profit d'Aïna.

Étrange coïncidence, lors de mon premier voyage à Kaboul, j'échangeai à Aïna ma première 2CV verte contre un billet d'avion retour en France. La 2CV et l'Afghanistan se rejoignaient souvent.

Jean-Baptiste et moi avons pris un peu d'indépendance l'un par rapport à l'autre. Je suis presque peiné de voir que la route parfois nous sépare. Nous avons du mal à communiquer depuis quelques jours. Jean-Baptiste se plaint rarement et déteste qu'on le plaigne. La vie lui a appris à maîtriser ses sentiments et ses humeurs. Il assume tout de manière intérieure, c'est sa force. À Bâmiyân, nous vivons chacun dans nos occupations. Nous commettons l'erreur de ne pas toucher à la 2CV, pas même pour vérifier les niveaux, les cardans ou le châssis.

5

Kaboul,

LE MIRACLE DU CHÂSSIS EMMURÉ

« Le temps coule plus gros en Asie que partout ailleurs. »

Nicolas Bouvier

C'est avec joie que je quitte la *tchaï-e-khana* de Bâmiyân. L'hygiène était inexistante. Nous emportons en souvenir quelques puces. Les petites bêtes opportunistes ont sauté dans la « deuche » et me dévorent les reins.

J'ai l'impression que le châssis plie. Il soutient la carrosserie, le moteur, les roues, les suspensions. Ces deux barres métalliques sont, du moteur jusqu'au coffre, la colonne vertébrale de la 2CV. À mesure que nous avançons, le volant s'affaisse de plus en plus sur mes genoux. Les pédales deviennent plus courtes.

Nous approchons d'une ancienne ligne de front. Il y a trois ans, elle délimitait encore les combats entre l'Alliance du Nord, les hommes de Massoud et les talibans au pouvoir.

Tous les supports sont bons pour la publicité sur les bords de piste. Sur la carcasse d'un char soviétique, un Afghan a peint avec application : « *Afghan Tourism Organisation. Bamyan Hotel.* » Dans la vallée du Panshir, j'ai déjà remarqué que les enfants se servent du canon des chars comme plongeoir au-dessus de la rivière, avant de se sécher sur le blindage chauffé par le soleil.

Nous passons sous la forteresse de Shar-e-Zohak, au croisement de deux vallées encaissées. Surnommée « la Ville rouge » en raison de la couleur des roches dans lesquelles elle a été creusée, la forteresse aux tours crénelées s'est défendue de toutes les invasions, de Gengis Khan aux talibans. Le garde qui habite à son sommet explique le fonctionnement de sa batterie antiaérienne. Dans un coin de son abri sont alignés cinq ou six lance-roquettes RPG7 : petite réserve pour faire face aux prochaines invasions…

Je regarde en dessous de la caisse. Le châssis a plié un peu plus. Notre seule chance, c'est d'atteindre Kaboul : Bucéphale peut se casser en deux d'un moment à l'autre. En plein Afghanistan, nous savons que ce serait la fin du voyage. Au volant, je n'en mène pas large. Je réduis la vitesse à 20 km/h, redoutant les trous et les chocs. Le tableau de bord, la boîte à gants se replient vers le plancher de la voiture.

Intérieurement, j'encourage Bucéphale comme un cavalier ferait pour sa monture. Plus que 80 kilomètres avant Kaboul… Une bosse, un sursaut, plus rien… Le châssis a cassé net. La direction se bloque. La voiture se traîne dans son élan sur quelques mètres. La caisse racle le sol avec bruit et poussière.

— Ben, forcément, elle va marcher beaucoup moins bien maintenant !

Nous revoyons l'illustre gag dans la scène du *Corniaud* : Bourvil, le volant entre les mains, au milieu d'une 2CV en mille morceaux, heurté par la Rolls de Louis de Funès. Mais ici, entre le col de Shibar et le village de Shâr-e-kar, en pleine région du Foudoukistan, nous ne rions pas.

— Terminus. Tout le monde descend.

— Après 8 500 kilomètres depuis Paris, il fallait que ça arrive maintenant. C'est trop bête !

Le châssis est fracassé à deux endroits, plié à deux autres, symétriquement sur chacun des longerons. La caisse reposant désormais sur le sol, il est impossible de pousser la 2CV ou de l'atteler. Des nomades, des cavaliers, des camionneurs s'attroupent, nous donnant des conseils.

Refusant de laisser Bucéphale au même sort que les épaves des chars soviétiques, nous décidons de l'emporter à Kaboul. Sans doute aurait-elle été la joie des enfants qui en auraient fait leur nouveau jeu. Au village de Ghorband, nous trouvons un camionneur qui veut bien charger la 2CV pour quelques dollars. À l'aide de deux planches, nous inventons des rampes de soutien. Les personnes attroupées nous aident à hisser la voiture dans un petit camion. Bucéphale fait la grimace, pique du nez mais, brancardée par plus de vingt personnes, à bout de bras, finit par monter. La route se termine pour nous dans la cabine tandis qu'à l'arrière, la carcasse de la 2CV claque contre les flancs du camion.

Arrivés dans la plaine de Chamali, à 30 kilomètres de Kaboul, nous empruntons une portion de route goudronnée. Pendant les années de guerre, Reza s'occupait de faire acheminer par camion des vivres pour le soutien de la population afghane. Lorsque le conducteur du camion arriva à l'asphalte, il stoppa. Il n'en avait jamais vu.

— La piste est coupée. Comment fait-on ? interrogea-t-il. Reza dut insister pour qu'il puisse rouler sur le goudron sans crainte car le chauffeur avait peur de glisser sur cette surface plane. Pour s'assurer de la solidité du revêtement, il prit une grosse pierre et la lança sur le goudron. Rassuré, il reprit la route.

19 septembre. Kaboul.

Vingt-trois années de guerre ont défiguré la ville et marqué les mentalités. Pourtant, depuis la chute des talibans, la vie reprend dans les rues de Kaboul.

Bucéphale a rendu l'âme. Elle fait pitié à voir. Démantibulée, elle gît dans la cour d'Altaï Consulting. C'est ici que nous trouvons refuge, au cœur de Shar-e-naow, « le quartier nouveau ». Rodolphe et Emmanuel, deux Français, ont créé cette entreprise de conseil et de communication. En deux mois, ils sont déjà plus de dix salariés et les affaires avancent vite. À Kaboul, tout reste à inventer. Leur tempérament de pionniers les engage depuis plusieurs années dans la reconstruction du pays.

Durant un mois, nous allons vivre au rythme du développement d'Altaï, impressionnés par la croissance rapide et le travail acharné de chacun. Un cadre afghan côtoie une maquettiste française, un décorateur afghano-américain ou une secrétaire ismaélienne. Nous sommes au cœur d'un micro-Afghanistan où presque toutes les ethnies sont représentées. On y parle anglais, dari, pachtou, français. On y travaille des études sur le sel iodé, ou sur le remplacement de la culture du pavot par la plantation de roses. On y conçoit la prochaine campagne de publicité pour les télécoms nationaux.

L'hospitalité d'Altaï n'a rien à envier à l'hospitalité afghane. Pendant plus de trois semaines, nous allons être nourris et logés.

— Restez à Kaboul, nous conseille Rodolphe. Votre « deuche » est morte. Ici, vous allez trouver du boulot en quelques jours.

Notre moral suit les tribulations de notre voiture. Toutes nos louanges à la 2CV sonnent creux. Nos fanfaronnades d'atteindre Saigon aussi. L'état du véhicule donne raison à tous les sceptiques rencontrés avant notre départ ou en chemin.

— Saigon ! C'est trop loin pour une 2CV.

— Impossible de rentrer en Inde ou en Birmanie.

— À travers l'Afghanistan, mais vous êtes fous !

Je me demande aussi si je suis parti avec le bon compagnon de voyage. Nous ne doutons pas de notre amitié, mais nous n'avons pas tout à fait les mêmes objectifs. Jean-Baptiste préfère cavaler sur les pistes, admirer un panorama de montagne, quand je préfère flâner à la terrasse d'une maison de thé et y faire des rencontres.

Mais nous sommes trois dans cette histoire. Bucéphale nous rappelle notre promesse : atteindre Saigon. Nous déplions les cartes du trajet, faisons le point. Première solution : abandonner Bucéphale et continuer le voyage tous les deux. Deuxième solution : abandonner Bucéphale et continuer séparément. Troisième solution : inventer une nouvelle 2CV.

Larigaudie, ouvreur de piste, pensait que le voyage était une formidable analogie de la vie. Fort de son enseignement il faut nous convaincre : « Ou je trouverai un chemin ou je m'en ferai un. »

— Je dirais même plus : « Ou nous trouverons un châssis ou nous en ferons un ! »

Sur les pistes afghanes, certains équipiers de l'expédition Paris-Kaboul nous ont surnommés les deux Dupondt. Dans notre 2CV décapotable, nous rappelons ces deux personnages de bande dessinée, tournant dans le désert, allant de mirage en mirage.

Un lien existe entre Hergé et Larigaudie[1]. En 1940, lorsque le jeune dessinateur belge sort la première version de *Tintin au pays de l'Or noir*, il installe en couverture du *Petit Vingtième* les deux Dupondt dans une Ford T cabriolet modèle A. Hergé, impressionné par l'exploit de Larigaudie et Drapier, s'en inspire et reproduit la voiture du raid Paris-Saigon. À l'époque, c'est pour la jeunesse le symbole d'une odyssée fabuleuse. Dans une deuxième version actualisée, les deux Dupondt se retrouvent au volant d'une Jeep Willis.

Il existe aussi un lien entre Hergé et la 2CV. Le dessinateur, soucieux de coller à son époque, va immortaliser dans *L'affaire Tournesol* la mythique voiture et mettre à nouveau à son volant… les deux Dupondt.

À des kilomètres de tout garage Citroën, comment faire pour trouver un châssis de rechange ? Il ne nous reste plus qu'une méthode, nous débrouiller, comme le fait depuis toujours Hakim, un garagiste kabouli. Il baragouine quelques mots de français : « Sûrement y a solution, *farda* (demain). »

Hakim était concessionnaire Citroën dans les années 1970. Il a réparé des centaines de 2CV en partance pour Katmandou ou en terminus à Kaboul. Des chevelus, des routards, des aventuriers, il en a vu

1. Louis-Bernard Koch, historien, collaborateur de l'Académie royale de Belgique. Auteur de la bande dessinée *Avec Guy de Larigaudie, sur les chemins de l'aventure*, Éditions du Triomphe, 1999.

passer. Il se souvient très bien de ces quatre cent quatre-vingt-dix 2CV débarquant à Kaboul un jour du mois d'août 1970. Des centaines de conducteurs venaient d'accomplir le raid Paris-Kaboul organisé par Citroën et s'apprêtaient à faire le retour. Comme chef d'expédition : Jacques Wolgensinger. C'est cet homme qui a créé la Direction de l'information et des relations publiques de Citroën. Il a monté ainsi les plus prodigieuses expéditions en 2CV. Il a publié de nombreux ouvrages sur la « deuche[1] » ainsi que sur les Croisières jaune et noire.

Hakim est désormais chef mécanicien à l'ambassade de France. C'est à lui que nous demandons quelques conseils.

— Il y a bien une ou deux 2CV qui pourraient vous servir à réparer la vôtre, nous explique-t-il.

« *Farda*, *farda.* » Hakim ne cesse de nous répéter *farda*. En traduction littérale : « demain », mais en réalité *farda* exprime une durée de temps indéterminée. Dans trois jours, dans dix jours, dans six mois… Devant notre empressement, Hakim semble vouloir nous dire : « Vous, en Occident, vous avez la montre, mais nous ici, nous avons le temps. »

Il règne dans ce pays une autre dimension du temps, celle de la confiance en l'avenir, celle de l'abandon à Dieu. Voilà pourquoi les Afghans, plus que chez nous, savent espérer malgré les terribles années. « L'un des grands avantages d'un voyage en Afghanistan, c'est que, si l'on sait attendre, il se produit quelque chose », écrit Éric Newby dans *Un petit tour dans l'Hindou Kouch*. Nous nous préparons à attendre.

1. Jacques Wolgensinger, *La 2CV : nous nous sommes tant aimés*, *op. cit.*

Trois jours plus tard.

Nous avons déjà trouvé une pièce dans le cimetière d'avions qui jouxte l'aéroport. Au milieu des carcasses bombardées des avions d'Ariana, nous récupérons la barre de direction d'un engin de transport.

En attendant la solution d'Hakim, nous visitons la ville. Kaboul ne ressemble vraiment pas à l'idée que l'on se fait d'une capitale. Nous sommes à 1 500 mètres d'altitude, entourés par deux masses montagneuses culminant entre 2 500 et 3 000 mètres. La ville s'étend sur les monts alentour. De petites maisons en terre avec des armatures de rondin de bois s'accrochent au flanc des collines. Elles n'ont souvent pas plus d'un étage et presque toutes ont un jardin ou un espace de vie agréable.

La ville porte les stigmates des années de guerre. Des pans de murs écroulés font apparaître des champs de maisons en ruine. Avec le retour des réfugiés, en grande partie du Pakistan, il y a d'importants problèmes de logement. Les loyers sont devenus exorbitants.

Le palais du roi n'est qu'un gruyère troué par les tirs de mortier. En face se trouve le musée de Kaboul, où une partie des statues ont été martelées par les talibans. Les visages des peintures ont été découpés ou barbouillés.

Peu à peu, la ville renaît de ses cendres. La vie économique reprend. Dans le centre-ville, des supermarchés ont ouvert. Des devantures modernes côtoient les bazars traditionnels. Un immeuble dernière génération, aux parois de verre, est en construction. Plusieurs cybercafés, hôtels et restaurants ont fait leur apparition.

Le long de la rivière Kaboul, pratiquement à sec, le bazar s'étale par corps de métier. Sa particularité, c'est le marché aux oiseaux. Une rue entière est consacrée aux volatiles. Des cages en osier de toutes tailles sont accrochées aux devantures des animaleries : perdrix, faucons, tourterelles, perroquets... Ici, un éleveur mâchouille quelques graines. Son oiseau au plumage vert et au col rouge vient becqueter la bouillie salivée dans sa bouche. Plus loin, un imitateur sort des sons dignes des meilleurs appeaux. Un perroquet s'essaye en bégayant : « *Salammm Aleikummm* ». La passion des oiseaux touche toutes les familles afghanes. Beaucoup ont leur propre volière. Leur culture en est imprégnée jusque dans les expressions. Ainsi, on comparera la démarche d'une femme élégante et gracieuse à celle du perdreau !

En haut des collines ou dans les allées de terre battue, les enfants rejouent désormais au cerf-volant. Les talibans l'avaient interdit, tout comme la musique, la danse ou le maquillage. Pourquoi ? Les garçons et les filles se font la cour en jouant au cerf-volant et se déclarent leur amour par leurs jeux dans le ciel. Mais, surtout, les cerfs-volants finissent souvent accrochés dans les arbres. Les garçons montent les récupérer et peuvent alors apercevoir des femmes dans les cours intérieures des maisons, ce qui gênait la police des mœurs Taleb. Aujourd'hui, les cerfs-volants dansent dans le ciel comme un pied de nez à la « mollahrchie ».

Je retrouve l'ambassadeur de France, Jean-Pierre Guinhut, dont j'avais fait la connaissance l'an passé. Je lui confie notre édition ancienne de *La route aux aventures* qu'il connaît déjà mais qu'il va relire avec plaisir. Il a lui aussi, dans les années 1970, parcouru la route entre l'Europe et l'Afghanistan. Dans le parc de l'ambassade, une petite gazelle a été apprivoisée. Elle sautille et broute la pelouse. L'image me fait penser à Larigaudie et Drapier qui rencontrèrent à Kaboul l'archéologue Jean Carl. Il venait d'apprivoiser plusieurs louveteaux sauvés dans les montagnes afghanes. Cet homme, qui faisait partie de la Mission archéologique d'Afghanistan, a participé quelques années auparavant à la Croisière jaune Citroën. Avant de partir pour leur expédition, Larigaudie a pris soin de rencontrer et de s'entretenir avec M. Georger, secrétaire général de la Croisière jaune. Celle-ci a eu lieu six ans auparavant. C'est Georger qui eut la charge de préparer l'itinéraire et le ravitaillement avant le départ. C'est lui qui verra aussi les autochenilles démontées rentrer vers Paris, à cause de l'infranchissable Himalaya. La traversée de la chaîne se finira à cheval, pour retrouver en face le groupe Chine. Georger connaît bien la région et pense que la liaison terrestre par les bouches du Gange et la Birmanie est impossible. C'est pour cela que Larigaudie et Drapier vont tenter l'aventure.

Toujours aucune nouvelle d'Hakim. Les pièces de la 2CV sont désormais étalées dans la moitié du jardin, transformant les locaux d'Altaï en garage. Nos hôtes nous comprennent heureusement, pour être eux-mêmes de jeunes cadres globe-trotters. Avec une facilité étonnante, nous avons retiré les ailes, les pare-chocs puis la caisse.

À l'aide de notre appareil photo numérique, nous prenons méticuleusement en photo chaque assemblage, chaque branchement électrique, chaque Durit. Nous inventorions toutes les pièces pour pouvoir les remonter dans le bon ordre. La 2CV se retrouve dans sa plus grande nudité. Cette facilité à être démontée avait été annoncée par une publicité Citroën : « Pratique : elle n'a pas de fausse pudeur et se déshabille sans faire d'histoire. »

Les soirées animées se succèdent. Soirées gastronomiques où nous savourons des fromages venus de France sur des tapis persans, soirée d'anniversaire de l'ambassadeur italien, ou bien soirées dansantes pour l'ouverture de l'Institut Goethe… Toutes nous font connaître un monde d'expatriés, étrange mais sympathique.

Un soir, un *space-cake* au chocolat circule. J'ai la bonne idée de ne pas y toucher. Drogués par ce gâteau-surprise, mes compagnons de festivité deviennent verts un à un et se mettent à délirer. L'un, étendu raide sur un lit, vire au bleu, l'autre tourne en rond dans la pièce, dialoguant avec son « moi » sur les couleurs de ses créations artistiques, un troisième sourit aux anges, ne cessant de répéter qu'il a trop mangé de gâteau et qu'il n'aime pas le chocolat ! Certains expatriés sont les nouveaux routards que l'on trouvait ici dans les années 1970.

Cheveux longs, tenues flamboyantes, pantalons pat'def, en bus, en auto-stop, en 2CV, ils partaient sur les routes de l'Orient pour tourner le dos à une société de consommation. La démarche était belle. « En ce temps-là j'avais 20 ans et puis il y avait le mois de mai qui préparait ses pavés… c'était les vacances en 2CV et toutes les filles se prenaient pour Bardot[1]… »

À Paris, les slogans exprimaient sur les murs leur soif de jours meilleurs : « Sous les pavés la plage ». San Fransisco, Katmandou, Woodstock, Hanoi, Moscou, c'était leur géographie. Ils avaient leur vocabulaire aussi : « C'est le pied de bourlinguer, mec. Mais si tu

1. Pierre Bachelet.

es raide, se faire du blé, c'est plus duraille. Et si t'es naze, si t'en as marre, coince-toi la bulle... Avec les beatniks, les hippies, les junkies, les baba cool, bref tous les freaks et les marginaux, on se baigne à poil. L'eau est vachement bonne. C'est jouissif. Mange les très spéciaux cakes après les *magic mushrooms*, c'est psychédélique. Avec le spécial tea, fume un pétard, un cône, c'est sensass[1] ! »

Jacques Cornet, qui a passé sa vie à voyager et à faire des reportages en 2CV, rapporte de Kaboul un témoignage étonnant des communautés hippies installées dans les années 1970 :

« Un garçon solide, bronzé, à la barbe noire, a vendu sa voiture il y a quelques jours.

— J'en ai tiré 150 dollars, me dit-il, elle était fichue...

— Qu'as-tu fait de l'argent ?

— Tu vois, je le fume ! Et il tire une grande bouffée du shilom dont il me tend ensuite le tuyau. J'aspire une goulée, la fumée âcre du haschich me pénètre dans la bouche. [...]

J'aperçois deux hommes couchés, très pâles, les yeux dans le vague.

— Que font-ils, demandai-je ?

Ils viennent de se faire une piqûre de morphine... ils sont heureux maintenant... La drogue est très bon marché ici et ils ont le loisir de tout essayer : la coco, l'héroïne, l'opium. [...] Ils ne mangent plus, ne sortent plus de l'hôtel, vivent dans un rêve perpétuel, absents, attendant l'argent qui leur permettra de continuer[2]. »

---

1. *Globe Trotters magazine*, « Spécial années 1970 ».
2. Jacques Cornet, *Afghanistan, royaume d'Asie centrale*, J. Cornet, 1975.

Les longs voyages finissaient souvent en fumée artificielle pour ces routards qui voulaient pourtant aller au contact de la réalité. Que reste-t-il de cette époque pleine d'idéal ? En chacun de ces voyageurs sommeille sûrement cette petite graine de folie découverte lors d'un voyage initiatique. Que reste-t-il de cette quête sincère du sens de la vie ?

Pourquoi avoir cru au paradis terrestre quand il était impossible ? Fallait-il se tourner vers des paradis artificiels et prendre la fuite ? Si on se refuse à donner du sens à sa vie, le paradis, ici-bas, ne peut être qu'artificiel.

Mai 68 est loin. Les pavés ont été soulevés et lancés. Dans la précipitation du changement, on a facilement confondu la satisfaction de ses envies avec le désir de bonheur… « Si l'idée de la Vertu et de l'Amour universel n'est pas mêlée à tous nos plaisirs, tous nos plaisirs deviendront tortures et remords », affirme Baudelaire.

Avons-nous vraiment le choix ? La société de consommation a-t-elle déteint sur nos systèmes de pensée ? Comme Ford, l'inventeur des voitures en grande série, qui annonçait en vendant le modèle Ford T : « Vous avez le droit de choisir la couleur, à condition que ce soit du noir. »

Alors parfois, à la manière des routards des années 1970, il faut savoir prendre la route et réagir, sans révolte, partir pour retrouver le sens du réel.

Une semaine plus tard. Cérémonie soufi.

Toujours rien. Espérons que Hakim ne viendra pas dans six mois. Le moteur est désormais sorti du châssis. À l'aide de la revue technique 2CV, nous suivons attentivement tous les processus de démontage. Nous sommes comme des enfants devant la notice de leur dernière maquette : « 1 : Déposer la glissière de cache-mobile, détacher le cache-mobile et les dés de guidage des rotules. 2 : Chasser le coussinet de pignon de crémaillère à l'aide d'un mandrin épaulé passant par l'intérieur du boîtier. 3 : Dégoupiller et dévisser l'écrou de butée de rotule[1]... »

Avec quelques amis, nous avons la chance d'être conviés à une cérémonie soufi. Les étrangers y sont rarement acceptés. Elles sont organisées de manière discrète et il faut être introduit par un membre de la confrérie.

C'est à Balkh, ville du nord de l'Afghanistan, que le poète et penseur Roumi, fondateur du soufisme, est né. De la province de Bactriane, il commença sa longue marche vers la Turquie, fuyant les invasions mongoles. Il s'installa dans la ville de Konya où nous sommes passés il y a maintenant deux mois. C'est de là qu'il fonde l'ordre des derviches tourneurs et les confréries soufies, ces mystiques de l'islam. Olivier Weber[2], prenant à rebours la route du poète, a tenté de cerner la sagesse de cette pensée.

Durant la « période talibans », les confréries soufies furent interdites. Elles vécurent secrètement. Véritable alternative au fondamentalisme, le soufisme replace l'Homme au sein de son entourage : la nature et le prochain. Comme une philosophie, le soufisme permet une réflexion, qui peut ouvrir à la foi.

Dans une salle, les adeptes se sont rassemblés. Nous nous faisons tout petits, tâchant de ne pas perturber les

1. *Revue technique automobile*, 2CV4 2CV6, ETAI.
2. Olivier Weber, *Le grand festin de l'Orient*, Robert Laffont, 2004.

premières incantations. Un maître soufi, un *pir*, entonne les chants. Quelques hommes font chœur avec lui et le relaient dans la psalmodie de sourate ou de ghazal. Brutalement, la foule, une quarantaine d'hommes, se met à dodeliner de la tête sur le rythme, reprenant en chœur un refrain. C'est le *zikr*, la récitation. On est loin de l'image soufie des derviches tourneurs, manivelles de la foi, une main tendue vers le ciel et l'autre sur le cœur.

Les grondements se font de plus en plus rauques.

— *Biiismiiilhaaal, Biiismiiilhaaal, Biiismiiilhaaal...*

Les incantations ressemblent à un râle aux sonorités graves venu du fond des entrailles. Très vite, les cris des dévots fusent. Des *tabla*s, sortes de petits tambourins, ainsi qu'un *rubab* accompagnent d'une mélodie la ferveur collective. Comme si les mots leur manquaient face à Dieu, ils se laissent aller à l'expression la plus simple de la prière : celle du cri lancé au ciel.

Le rythme s'est emballé, les corps entiers se balancent dans un mouvement circulaire. La séance de méditation se poursuit dans une transe. Le meneur de la méditation, après avoir été pris d'une sorte de convulsion, s'est endormi, exténué. Recroquevillé, il ronfle. D'autres lancent leur bras vers le ciel en guise de supplique, certains tournent sur eux-mêmes dans une danse désordonnée.

C'est impressionnant, et j'hésite entre la quiétude et la peur. Je m'envole un peu. Je me rappelle quelques lignes de Larigaudie qu'il aurait pu écrire après une telle cérémonie :

> « Sentir, pour un orchestre au rythme violent, une frénésie vous monter du ventre jusqu'aux dents. Sentir toute sa construction de pureté et de douceur, ne plus être qu'un échafaudage branlant, prêt à sombrer dans la violence, la joie brutale, l'aventure. Ne plus tenir debout que par une foi

tenace, un acte d'amour, presque machinal au fond du cœur. [...] Nous ne sommes que des âmes déficientes dans de pauvres corps lourds de désirs. [...] Il est des heures lourdes où la tentation du mal vous tient si fort, si irrésistiblement, par tout le corps, que l'on ne sait plus que dire machinalement du bout des lèvres et sans presque plus y croire : Mon Dieu, je vous aime tout de même ; mais ayez pitié de moi. »

Le poème soufi intitulé *La conférence des oiseaux* raconte l'histoire d'un homme versant des larmes de remords sur ses fautes. Les larmes, au moment de toucher le sol, se transforment en pierres précieuses. L'homme rassemble les pierres et, ébloui par leur beauté, en oublie le sentiment qui fut à l'origine de ses larmes. « Il faut faire de toute faute un rebondissement vers un plus grand amour[1]. »

Deux semaines plus tard. « Inch'Allah ».

Le taxi accélère et stoppe de nouveau : « Inch'Allah ». Première, seconde, arrêt au carrefour : « Inch'Allah ». Jean-Baptiste me raconte son retour du zoo en taxi avec en fond sonore, à chaque arrêt, cette petite phrase. Cette mélodie résonne automatiquement à chaque fois que le conducteur appuie sur la pédale de frein. Les taxis japonais jaune et blanc offrent une course pour quelques afghanis. Aux heures de pointe, la cacophonie est terrible. Le chauffeur de taxi ne survit que grâce à son klaxon, terrorisant les piétons, et les piétons, grâce au refuge obligatoire que leur procurent les taxis.

---

1. Guy de Larigaudie, *Étoile au grand large*, *op. cit.*

Au zoo, Jean-Baptiste a été plus regardé par les Afghans que lui n'a pu voir les animaux. C'était lui, le singe. Il y avait aussi des femmes en *tchadri* qui, à travers leur grille, regardaient les animaux, sans doute avec un sentiment de compassion.

Vendredi.

Jour férié. Jour de prière. Hakim est venu nous chercher pour nous mener dans un ancien garage. « Qui n'a pas d'outil doit avoir une tête », c'est ce qu'applique Hakim. Sa réponse à notre question « Où trouver un châssis de 2CV ? » tient de l'extraordinaire.

Il nous montre donc un châssis encastré dans le mur. Nous n'avons pas le choix si nous voulons continuer notre route : nous achetons le muret, à 80 dollars, sans même savoir l'état du châssis. Au bout de trois heures de coups de pelle et de pioche, nous sortons le châssis enterré là depuis plusieurs années.

À Kaboul, personne ne nous croit. Beaucoup viennent en procession voir la 2CV démontée et le nouveau châssis que nous allons bientôt remonter. Chez un petit ferrailleur sourd et muet, nous donnons le « nouveau-vieux » châssis afin qu'il soude les fixations de suspension et renforce les longerons.

Une fois récupéré, nous passons le châssis à l'huile de vidange et le remontons en adaptant au mieux ce modèle un peu antérieur au nôtre. Il faut percer des trous dans le métal afin d'ajuster la caisse. Nous échangeons les suspensions contre celles qu'un ami[1]

1. Jérôme Veyret, venu faire un film sur la reconstruction économique afghane.

nous a apportées de France. Plus de 500 pièces doivent retrouver leur place, les écrous sur la bonne vis, les fils avec le bon branchement.

Nous remarquons une petite plaque avec le numéro de châssis. Inscrit en lettres poinçonnées dans un métal inoxydable, le numéro encore lisible a résisté aux années d'enterrement : S.A. BELGE CITROËN n° 1105526.

Quel « deuchiste », quel routard a donc pu venir ici avec une 2CV belge ? Comment son châssis s'est-il retrouvé dans le mur ? Nous sommes bien tentés de mener l'enquête et de retrouver le propriétaire. Comment faire[1] ? Comment expliquer à ce voyageur le sort de son véhicule trente ans après ? Nous voilà devenus archéologues, avec les vestiges d'une 2CV de la période soviétique afghane, découverts dans les sous-sols d'une cité antique. Ce routard saura-t-il un jour que, grâce à lui, nous pouvons continuer notre périple en 2CV ?

Depuis notre retour en France, nous avons rencontré beaucoup de ces vieux de la vieille partis en voiture sur les routes d'Asie. On les retrouve aujourd'hui dans différents domaines d'activités : la rédactrice en chef d'*Elle* a fait Paris-Persépolis avec Citroën en 1972. Une chargée de communication de *Terres d'Aventure* a traversé l'Afghanistan par son centre en Diane. Jean-François Camp, le fondateur des laboratoires professionnels photographiques Dupon, n'a pas manqué de culot : avec des amis, en moins d'un mois, il a eu le temps de faire l'aller et retour entre Paris et Kaboul. Ils ont avalé les pistes de Turquie, d'Iran et d'Afghanistan dans les deux sens avec… une voiture de loca-

1. Nous cherchons toujours, à l'heure où nous écrivons ce livre, des renseignements à propos de ce châssis belge.

tion. Le loueur de voitures ne s'est presque aperçu de rien. En 1972, avec le raid Orion, des motards de la Guilde firent aussi la route. Plus tard, les volontaires de la Guilde aidèrent le peuple afghan pendant l'invasion soviétique en montant les Caravanes de l'Espoir.

Pour des raisons administratives, nous retirons la plaque portant le numéro de châssis. En effet, le numéro ne correspond plus à celui indiqué sur notre carte grise et sur notre carnet de passage en douane. Qu'allons-nous inventer aux prochaines frontières lors des contrôles de douane ?

Au camp militaire français, le long de l'aéroport, nous avons sympathisé avec quelques soldats : le mécano, l'attaché de communication, un cameraman, l'aumônier. En place depuis deux ans, l'ISAF, la force internationale, est en charge de la sécurité de Kaboul et de ses alentours. Cinq cents militaires français sont présents en permanence pour des missions de renseignement, de sécurité, de déminage ou de soutien à la population.

L'aumônier nous confie une enveloppe d'argent :

— C'est le résultat des quêtes, nous dit-il. Pouvez-vous donner ça à une communauté dans le Sud-Vietnam ? À Saigon, ils ne sont pas bien riches. Si je l'envoie par la poste, les enveloppes à l'attention de chrétiens sont souvent ouvertes et volées. Ce n'est pas grand-chose mais avec ça, ils peuvent vivre plusieurs mois.

Nous voilà facteurs sur les 8 000 kilomètres qu'il nous reste à parcourir.

Soucieux de la renaissance de notre Bucéphale, nous lui repeignons les ailes en noir et les jantes en gris. Sur les deux portes latérales, nous finalisons la carte de notre parcours. En pointillés rouges, nous traçons l'itinéraire déjà parcouru.

— Une nouvelle 2CV « made in Afghanistan ».

— On va mettre son nom sur le capot.

Emmanuel, l'un de nos hôtes, écoute le moteur qui tourne comme une horloge.

— Franchement, bravo les gars ! Démonter, c'était facile, mais la remonter dans le bon ordre pour que ça tourne…

Emmanuel ne sait pas que nous n'avons pas tout remis. Nous n'avons pas su remonter certaines pièces. Le moteur a été simplifié et à notre façon nous avons modifié les branchements et retiré des morceaux. Nous avons préféré la simplicité mécanique au confort d'un 4 × 4 ou d'un camping-car. Une 2CV, ça repart sans que l'on sache comment !

Le froid se fait sentir. L'hiver arrive. Il est temps pour nous de retrouver les chaudes plaines du sous-continent indien.

Avec le morceau d'un mur de Kaboul, nous avons redonné vie à la 2CV. Le rêve d'Orient d'un routard nous permet trente ans plus tard de prolonger le nôtre jusqu'à Saigon.

6

De Djalâlâbâd à la passe de Khyber,

AU PIED DE L'HINDOU KOUCH DANS LES ZONES TRIBALES

« J'ai bien peur que les saints que l'on voit se moquer des ivrognes
N'aillent porter un jour leurs prières au cabaret. »

Hafi, sage persan.

Vendredi 17 octobre. Vers Djalâlâbâd.

Bucéphale quitte la ville à l'aube, face au soleil levant, par la porte de l'Est qui n'est plus gardée. À la sortie de Kaboul se trouve une gare routière. Les camions bariolés venus du Pakistan assurent toute l'année les transports des marchandises. Une route permet le commerce entre Kaboul et Peshawar.

Avant notre départ vers le Pakistan, Sibylle, une amie de passage à Kaboul, nous offre un petit Coran en forme de porte-clefs.

— C'est les versets de l'Ayat al Kursi[1], nous dit-elle. Ça peut vous être utile dans les zones tribales. C'est la sourate des voyageurs.

Le talisman est désormais en bonne place, accroché au rétroviseur. Il trône à côté d'un saint-Christophe, offert par une amie au départ de Paris. Nous sommes bardés.

Nous entrons en pays pachtoune avec un peu d'appréhension. Certains nous ont vivement déconseillé de passer par les zones tribales. Nous n'avons pas le choix. Il n'existe qu'une voie pour aller plus à l'est, celle qui traverse l'Hindou Kouch par la passe de Khyber.

Nous voyons pour la première fois d'insolites machines chargées de fruits, de légumes, de viandes et d'autres produits manufacturés. Ces camions sont de véritables objets d'art. Chaque conducteur a pris soin de peindre des motifs colorés aux formes diverses. Au-dessus de la cabine, la carrosserie s'avance, pointant comme la proue d'un bateau. Des hommes et des femmes s'y installent pour voyager. Sur les pare-chocs, sur le flanc traînent des chaînes terminées par des losanges de métal. Les chaînes dansent et tintent entre elles suivant les méandres de la piste, tel le baromètre sonore de l'état des routes.

Comme Larigaudie et Drapier, nous croisons des nomades koutchi. Les hommes marchent en tête, leurs chameaux suivent. « Nous doublons des caravanes arrêtées au bord de la route en vastes campements. Les femmes nomades de cette région de l'Afghanistan sont célèbres pour leur beauté. Couvertes de bijoux de vieil argent, non voilées, la

1. *Le Verset du Trône.*

peau bronzée, le port superbe, hautes de taille, dédaigneuses, la démarche royale, elles se drapent dans un voile noir retombant jusqu'aux pieds sur un pantalon turc de teinte garance. Nous nous retournons chaque fois, éblouis par ces silhouettes orgueilleuses modelées par la montagne, le vent, le froid et la vie sans entraves des grands nomades. » D'apparence, rien n'a changé. Que sont soixante ans pour ces peuples qui marchent depuis des siècles ? Ils traversent le temps comme ils changent d'herbages.

Nous suivons le cours de la rivière Kaboul. À quelques kilomètres de la capitale, nous passons les gorges encaissées du Tang-e-Ghâro, littéralement « couloirs étroits », puis amorçons la descente vers Djalâlâbâd. Nous retrouvons les chaudes plaines et gagnons quelques degrés de chaleur. « Une vraie décapotable : de l'air, du soleil, vous bronzez tout en roulant[1] », annonçait une brochure de présentation de la 2CV. Quelle vie ! Quel coup de fouet que ce nouveau départ dans une voiture quasiment neuve ! Nous nous sentons en vacances, six mois « au beau soleil » en suivant l'été qui progresse vers le levant. Nous respirons à pleins poumons, dans le vent de la vitesse. « Cet air vif que l'on boit comme une coulée d'eau fraîche », aurait ajouté Larigaudie avec cette phrase inédite de son manuscrit d'*Étoile au grand large*[2].

Sur la piste caillouteuse, nous testons les innovations.

1. Brochure Citroën « Liberté », Delpire.
2. Phrase non éditée figurant dans un feuillet manuscrit d'*Étoile au grand large*. Source : Charles Bygodt/Famille Larigaudie.

— Maintenant, j'en suis sûr, me dit Jean-Baptiste, on peut atteindre Saigon.

Au bout de deux heures, les deux fixations arrière s'effondrent. Bucéphale se cabre dans un bruit de pare-chocs raclant le sol. Nos regards se croisent, nous explosons de rire. Certaines soudures étaient trop faibles. 50 kilomètres de pistes en un mois et deux heures. À ce rythme, il nous faudra treize ans et trois mois pour atteindre Saigon.

Comme si c'était une habitude, je monte sur l'avant de la « deuche ». Assis sur le capot, le poids de mon corps permet de faire l'équilibre avec les suspensions. L'arrière ne touche plus et nous pouvons rouler.

Nous arrivons épuisés à Djalâlâbâd. La végétation luxuriante a des caractères subtropicaux. Il fait chaud et humide. Les champs sont verts. Les arbres et les palmiers nombreux contrastent avec l'Afghanistan vallonné, ocre et brûlé que nous avons connu jusqu'à présent. Cette ville est un peu la Côte d'Azur afghane et les hivers doux attirent des familles entières.

Au Spin Ghar Hotel, nous retrouvons Marie A et Marie B qui s'inquiétaient de notre retard. Depuis Kaboul, nous nous étions donné rendez-vous. Les deux Marie, sœurs de cœur, amies inséparables, ont fondé l'association Noor (« la lumière », en persan). Cette association œuvrait déjà dans la vallée du Panshir avant la chute des talibans, avant le coup de projecteur médiatique sur l'Afghanistan. La vallée du Panshir était encore, en 2001, sous le contrôle du commandant Massoud.

Les deux Marie s'attèlent avec courage à ouvrir ou à restaurer des écoles de filles dans la partie ouest du pays. Vingt-trois années de guerre n'ont pas permis de maintenir un système d'éducation efficace. Durant toute la « période talibans », les écoles de filles étaient interdites. Pour les garçons, il y avait uniquement des écoles coraniques. Aujourd'hui, la scolarisation reste un défi prioritaire. Depuis la chute du régime, trois millions d'enfants, dont un tiers de filles, ont retrouvé le chemin de l'école[1].

Depuis quatre ans, Marie A et Marie B se chargent de collecter des fonds en Europe pour Noor. Elles permettent ainsi l'accès à l'éducation de centaines de petites filles. Elles ont fait construire ou réhabiliter plusieurs écoles. Elles assurent aux élèves des professeurs compétents et rémunérés, ainsi que des transports scolaires desservant les villages autour des écoles.

Leur frêle silhouette féminine contraste avec les hommes barbus enturbannés aux allures parfois rustres. Les écoles de filles ne semblent pas toujours bien comprises dans ce monde masculin. Dernièrement, l'une d'elles a été incendiée de manière criminelle. La peur et les menaces pourtant ne leur font pas manquer leur promesse. Inlassablement, Marie A et Marie B aident et diffusent par leur association des lueurs d'espoir pour l'avenir des enfants afghans.

À peine vingt-quatre heures ensemble et les deux Marie repartent vers Kaboul pour continuer leur tâche.

Notre 2CV ne passe pas inaperçue. Le bruit de notre présence a fait le tour de la ville. Depuis notre hôtel, nous sommes conviés un soir par un commandant local.

Notre hôte est Haji Zaher. Cet homme est en charge de la majorité des frontières de l'est entre l'Afghanistan et le Pakistan. Homme politique reconnu du gouvernement central de Karzaï, il administre la

1. *National Geographic*, novembre 2003.

frontière à son avantage en échange d'une lutte contre les réseaux terroristes et les talibans. Farouchement opposé à ces derniers, il a été emprisonné à Kandahar et s'est évadé avec Ismail Khan. Étrange coïncidence qui nous fait rencontrer deux chefs de guerre régnant en maîtres, l'un à l'Ouest, l'autre à l'Est.

Nous ne sommes pas trop rassurés. Nous avons remarqué la dizaine d'hommes en armes dans le baraquement de l'entrée de la maison où nous sommes reçus. Les lance-roquettes sont alignés sur le mur. Haji Zaher a les moyens d'entretenir une petite armée. Issu d'une famille ancestrale pachtoune, il règne sur un clan, assurant la protection de tous ceux qui lui sont fidèles depuis quatre cents ans.

Sous le nom de pachtoune se cache une multitude de tribus et de clans répartis à cheval sur l'Afghanistan et le Pakistan. Ethnie de la mosaïque afghane, les pachtounes sont majoritaires, représentant environ 40 % de la population afghane. Ils se disent d'origine légendaire, descendant en particulier de Afghânâ, un mystérieux officier du roi Salomon. C'est autour d'eux que s'est forgée la nation afghane. Ahmad Châh Dourrâni, le roi pachtoune, a fondé l'État afghan en 1747. Administrativement, le Pachtounistan est un État qui n'existe pas. Pourtant, il réunit de chaque côté de la frontière un même peuple de plus de vingt-cinq millions d'individus. Cette séparation de leur pays a été tracée en vertu d'une loi datant du *British Rule*. À l'époque coloniale britannique, une frontière a été dessinée de manière aléatoire à travers les montagnes pour séparer les Indes anglaises de l'Afghanistan. Cette frontière demeure. Mais pour les tribus, cette ligne, la ligne Durand, est imaginaire et ils la franchissent à leur guise.

Au milieu des amis invités à la soirée, l'aura d'Haji Zaher est déroutante bien qu'il n'ait que 28 ans. Il est craint et respecté. Tous lui obéissent, rient à sa moindre plaisanterie, et le servent au mieux. Sans doute tient-il ce charisme de chef de son père qui était vice-président au début du gouvernement de Karzaï.

Les tapis persans au centre d'une grande pièce donnent une ambiance chaude et feutrée. Il faut faire attention à la place du maître des lieux et se positionner en conséquence. Ne pas lui tourner le dos, ne pas allonger les pieds sur le tapis central, ou diriger la pointe des pieds vers une personne. Comme dans tout pays musulman, ne pas manger avec la main gauche, la main impure. Cet univers est marqué encore par de petits gestes coutumiers qui donnent du sens au quotidien.

Assis en tailleur sur des coussins, les convives forment un cercle autour des plats. Les mets divers abondent : des poivrons en sauce, du poulet, du riz accompagné de mouton et du délicieux raisin qui vient en dessert.

La soirée se prolonge par des jeux et des discussions. Un tournoi de *carambol* s'organise. Le *carambol* est un jeu de la région assez populaire. Un cadre, une planche de bois et quelques lignes délimitent le terrain du jeu. Sorte de billard afghan, il faut faire glisser des palets dans des trous situés aux quatre coins. Chaque adversaire a une couleur pour ses palets. Le gagnant est le premier qui rentre la totalité de ses palets. Haji Zaher est en grande forme, il n'arrête pas de se frotter la tête et de remonter les manches de sa *schilwar kamize* en se félicitant de son excellent jeu. Il gagne toutes les parties. Ici, le maître ne peut pas perdre. Parlant haut et fort, en pleine action dans le jeu, il lance quelques phrases qui en disent long sur sa manière de gouverner.

— Parfois, il faut savoir donner une chance à ses ennemis.

Comme pour lier le geste à la parole, le pistolet de son secrétaire glisse de son vêtement et vient cogner dans un bruit mat le plateau du thé. Silence de mort. L'arme a jeté un froid.

Son père, Hadji Kadir, vice-président de l'État, s'est fait assassiner l'an dernier dans les rues de Kaboul. Sombre histoire, faite de jalousie politique et mêlée à du trafic de drogue. Comment savoir dans ce pays où rien n'est tout noir ou tout blanc ?

Haji Zaher sait lui aussi que ses jours sont comptés. Tous les soirs, il change de lieu. Nous apprendrons un peu plus tard que sa tête a été mise à prix par d'autres tribus pour des rivalités dans le trafic d'opium.

Nous nous initions à ce monde pachtoune étrange et rude, dont nous ne voyons que la face masculine, la seule qui compte ici. Les tribus fragmentées du Pachtounistan rivalisent entre elles en permanence. Un proverbe dit que « le seul moment où les pachtounes sont en paix avec eux-mêmes, c'est lorsqu'ils sont unis dans une guerre ». Excellents guerriers, parlant la même langue et aimant les armes à feu, se méfiant des étrangers, ils sont turbulents et fiers.

Haji Zaher nous propose de venir loger chez lui en attendant quelques réparations sur la 2CV. Cela arrange nos finances qui, depuis notre séjour à Kaboul, se sont rétrécies. Ainsi en contact direct avec les Pachtounes, nous commençons à comprendre leur mentalité et la tradition de l'accueil fabuleusement développée.

Nous sommes sous la protection d'un de ses serviteurs. Celui-ci est chargé de trouver un bon garage et de nous faire visiter la ville et les alentours. Les sourcils épais et noirs comme ses cheveux, il a les yeux maquillés. Avec du *kohl*, il a souligné ses paupières. Son regard est encore plus pesant.

Les suspensions sont trop vite ressoudées. Lorsque nous confions nos doutes au garagiste, il nous dit :

— Ne vous inquiétez pas, j'ai fait du solide. À grand renfort de gestes, il nous explique que nous pouvons aller à Saigon et revenir à Paris, ses soudures ne casseront jamais.

Au retour d'une visite vers des lacs au nord de Djalâlâbâd, nous crevons un pneu. Le serviteur en profite pour s'installer au volant, ne résistant pas à son envie de tester l'étrange levier de vitesse de la 2CV. N'osant lui refuser, nous lui passons le volant. Nous sommes terrorisés. Jean-Baptiste accroché au pare-brise et moi à la malle arrière, nous attendons l'accident. Nous avions oublié qu'il en était à son cinquième joint de haschich.

Le soir, Haji Zaher a invité encore plus de monde que la veille. Recevoir des étrangers dans le pays pachtoune est une marque de richesse. Il est fier de pouvoir nous présenter à ses amis. Nous venons d'apprendre que le meilleur haschich de la région est appelé le « chirac ». Avec quelques mots d'anglais, nous expliquons que « Chirac » est le nom de notre président. Ils explosent de rire et nous tendent leurs cigarettes, contents de voir que les mots et les sonorités rapprochent facilement les peuples. Après quelques taffes, nous ne ressentons rien, aucune rêverie, on n'a toujours pas décollé. En revanche, la pièce est devenue un véritable aquarium, et le « chirac » a détendu l'ambiance et facilité les connaissances.

Un serviteur fait passer un narguilé. De quoi est-il chargé ? Opium, tabac ? En réalité, c'est du tabac à la rose, que certains dégustent sur un air de *rubab* joué par l'un des convives. Ce petit instrument à cordes assagit l'ambiance. Cela contraste avec les éclats de rire et de voix du début de soirée. Les notes s'élancent, pures, une douce mélodie perse résonne. Jean-Baptiste questionne Haji Zaher pour savoir s'il a un e-mail. Un de ses serviteurs nous l'écrit. Nous constatons avec un sourire complice l'adresse : sherif2003@...

Dimanche 19 octobre. La passe de Khyber.

Avant de quitter le « shérif » des lieux, nous visitons sa volière. Deux aiglons viennent d'être capturés. Ils jouent avec Bucéphale, la prenant pour un perchoir, écrasant de leurs serres aiguisées une de nos roues de secours.

Nous rentrons dans une zone dangereuse, zone de tous les trafics de drogue et d'armes, mais aussi zone qui abrite des centaines de volontaires arabes, et les fidèles d'Al-Qaida venus s'y cacher. C'est dans ces montagnes entre le Pakistan et l'Afghanistan qu'il y a trois ans Ben Laden a été aperçu pour la dernière fois. Dans le Pachtounistan, les étrangers, à moins qu'ils ne demandent l'hospitalité, sont toujours des intrus. Nous avons adopté depuis quelques jours la tenue afghane, qui nous permet de nous fondre dans la masse.

Les barrages se font plus nombreux. Beaucoup d'hommes en civil portent des armes et travaillent dans les champs l'AK47 à l'épaule.

Les check-points vers la frontière ont été avertis de notre passage. Les barrières s'ouvrent sans difficulté. Le chef de poste de la douane de Torkham a été aussi prévenu par radio. Il tient absolument à nous rencontrer et à voir notre véhicule. Rares sont les étrangers qui passent ici. En sirotant un jus d'orange, il tente de nous expliquer quelque chose, mais son peu d'anglais et notre peu de pachtou ne nous suffisent pas pour nous comprendre.

Il insiste et nous mime un homme qui joue de la flûte et qui écrit beaucoup. Nous comprenons enfin. Il y a deux ans, il a rencontré Sylvain Tesson qui passait la frontière en route pour une remontée à pied de la vallée du Panshir. Passionné par l'Asie centrale, Sylvain Tesson parcourt les steppes à pied, à cheval, à vélo. Excellent grimpeur, il passe aussi facilement d'une flèche de cathédrale gothique à un pic himalayen. Son vertige, c'est l'aventure. Voilà plus de dix ans qu'il sillonne le monde, en s'engageant sur le terrain, pour mieux le comprendre. Mais plus qu'un simple voyageur, Sylvain écrit. Sa plume se conjugue merveilleusement avec son goût pour la vie qu'il s'attache à conter avec talent. Il est de ceux qui préfèrent voir les bouteilles à moitié pleines plutôt qu'à moitié vides, et il s'empresse de les descendre au hasard des rencontres sous les yourtes nomades. Depuis plusieurs années, ami et appui fidèle, il nous soutient. Pendant que nous traversons l'Asie d'ouest en est, lui la traverse du nord au sud, de la Sibérie au delta du Bengale. À pied, à cheval, à vélo, il avance dans les pas des évadés du goulag[1]. Au cours de quelques échanges par e-mail, nous sachant en difficulté, il nous encourage à poursuivre notre « rêve larigaudien ».

C'est dans ce coin de montagne qu'il a fêté un de ses anniversaires. Les bougies n'étaient autres que des salves de Kalachnikov tirées en l'air. Autant de coups que d'années passées.

C'est une manière un peu particulière de faire la fête. Dans ce pays, on dégaine aussi bien pour montrer

1. Sylvain Tesson, *L'axe du loup*, Robert Laffont, 2004.

sa joie que pour abattre son ennemi. Il y a trois semaines, cela a conduit des hélicoptères de combat américains à faire une grave erreur. Croyant à une rébellion dans un village, ils ont bombardé l'endroit d'où partaient les tirs. Les Pachtounes étaient en pleine fête de mariage. Plusieurs morts.

Sous la protection du responsable des frontières de l'est, nous quittons l'Afghanistan sans le moindre tampon ou la moindre formalité. Le Pakistan et les États-Unis se targuent, depuis deux ans, d'avoir rendu la frontière hermétique et sécurisée…

En signe d'au revoir, un immense panneau datant des années 1970 annonce la couleur de la passe de Khyber. Il est perforé de cinq trous d'obus gros comme des ballons de foot. À travers les impacts, on y lit encore « *Have a nice trip* ».

Larigaudie et Drapier avaient repéré un panneau plus exotique, celui qui, au bas de la passe, indique le chemin à suivre : un dessin de voiture pour la route de droite, un dessin de chameau pour la route de gauche. Quelques années plus tard, pendant son voyage, qu'il relate dans *L'usage du monde*, Nicolas Bouvier prendra lui aussi une photo du panneau atypique.

Nous quittons la terre afghane. Deux mois passés dans ce pays nous ont attachés à ce peuple noble et courageux. Nous avons aimé ce pays aux pistes rudes et à l'histoire tumultueuse adoucie par les charmes de l'hospitalité. L'Afghanistan replace l'Homme dans le temps de la nature, on y découvre une sagesse. À l'image du dicton local : « Vous pourrez toujours louer un Afghan, vous ne pourrez jamais l'acheter », cette terre reste insoumise. Le Yaghestan est rebelle, terre de cendres mais terre d'espoir.

La passe de Khyber.

Côté pakistanais, les douaniers nous ont obligés à être escortés d'un garde par mesure de protection. Tous les quelques kilomètres, ils se relaient jusqu'à ce que nous soyons définitivement sortis des zones tribales.

Ces zones sont une large bande entre l'Afghanistan et le Pakistan qui échappe à toute juridiction par un accord, datant de l'époque des Indes anglaises, entre le gouvernement indien et les tribus pachtounes. Avec la création du Pakistan, l'accord est resté, ce qui fait l'objet de contestations régulières de la part des Afghans.

Véritable forteresse naturelle, cette bande de terre est traversée par une barrière de montagne sur 1 600 kilomètres de long. De l'Hindou Kouch au Baloutchistan, se cachent dans cette zone de non-droit tous les hors-la-loi ainsi que des volontaires d'Al-Qaida, appelés ici, par les Afghans ou les Pakistanais, les « Arabes ».

Passage obligé de tous les conquérants, c'est ici que s'est brisé l'élan d'Alexandre le Grand, celui des Mongols, de l'Angleterre et de l'Union soviétique. Face à l'envahisseur, les tribus pachtounes arrêtent de se faire la guerre et s'unissent. Hindou Kouch signifierait « qui tue les Hindous », en raison de cette montagne qui donne la mort par la rudesse de son climat et de ses habitants. C'est sans doute pour cette raison que les Indiens venus dans les parages ont gardé une prière : « Seigneur, gardez-nous de la maladie et de l'Afghan. »

La route, large et goudronnée, grimpe vers le col à flanc de montagne. Des fortifications couvrent toutes les crêtes et les points stratégiques. Les forts forment une muraille discontinue, construite pour repousser les envahisseurs successifs. Chaque maison est faite comme un château avec de hauts murs et parfois une tour de guet.

Au début du XXe siècle, les Anglais ont laissé le soin aux tribus d'assurer l'ordre et de faire la police dans les zones tribales. Larigaudie relate ainsi leur passage : « [...] Dans cette dangereuse passe de Khyber où les bons tireurs des tribus insoumises s'amusent à faire sauter à coups de fusil les bouchons de capot des voitures, trois loups traversent paisiblement à cinquante mètres. Nous ne courons aucun danger... à condition de ne pas nous écarter de la route. Au-delà, les fusils partent tout seuls. Le gouvernement britannique alloue annuellement un certain nombre de livres sterling aux Afridis pour assurer cette sécurité des grandes voies de communication. Loyales, les tribus jouent franc jeu et nous roulons presque en toute tranquillité. »

Le milicien qui nous accompagne fait toujours partie de ces unités spéciales. La mythique passe de Khyber est la seule porte dans cette barrière de montagnes : du monde perse, elle nous ouvre au monde asiatique.

À Peshawar, nous avons rendez-vous avec un Pachtoune rencontré quelques semaines plus tôt à Kaboul. Lui se fiche pas mal de la frontière, qu'il traverse sans autorisation. Visage rond, cheveux noirs et bouclés, costaud dans ses habits traditionnels, Amoukhan nous ouvre, durant quatre jours, la porte de son univers.

Dans une petite maison de terre du quartier des réfugiés afghans de Peshawar, l'unique ampoule électrique éclaire un des fils qui, selon la coutume, vient nous laver les mains à l'aide d'une aiguière. Amoukhan nous tend une serviette. Un peu plus et il nous lavait les pieds. La vie est imprégnée de l'esprit de service où le maître des lieux devient facilement le serviteur.

En tailleur, autour d'un carré de toile cirée, nous avalons un dîner fait de riz, d'oignons, de poulet, d'épinards et de poivrons. Amoukhan s'assure que nous ne manquions de rien. Les frères, les enfants, les beaux-frères et les neveux sont venus nous rendre visite et nous accueillir. Nous ne verrons pas les femmes et fillettes qui nous ont préparé le repas. Plusieurs fois au cours du dîner, nous croyons entendre avec Jean-Baptiste des rafales. Nous n'osons pas poser de questions.

Notre hôte sait le danger qu'il prend à recevoir des étrangers. À l'entrée de la maison, Amoukhan a placé un de ses frères, âgé de 15 ans ; il porte un pistolet automatique à sa ceinture pour assurer notre protection. Avec quelques mots d'anglais, Amoukhan nous explique :

— Si quelque chose de mauvais arrive aux invités, c'est mon honneur, celui de la maison et de la tribu qui est en jeu.

Au nom du *pachtounwâli*, le code d'honneur qui régit les tribus pachtounes, Amoukhan se doit de nous protéger. Il a obligation d'accueillir, d'aider et de défendre n'importe quelle personne qui frappe à sa porte, même si c'est son pire ennemi. Ce code d'honneur particulier oblige les Pachtounes à donner leur vie s'il le faut pour un hôte. Un soldat américain, ou même George Bush pourrait demander l'hospitalité, il serait reçu de la même manière.

Le vol d'armes, les atteintes à l'honneur, les enlèvements de fiancées se règlent en vendetta. Les crimes peuvent se prolonger sur des générations. Le respect des aînés est très important et les décisions prises pour la communauté lors des *djirgah*, les assemblées tribales, doivent être appliquées avec rigueur.

Voila pourquoi, au nom de ce code d'honneur où la trahison n'a pas de place, Ben Laden et ses valets ne seront jamais dénoncés. Celui qui oserait le faire empocherait sans doute les vingt-cinq millions de dollars promis par les Américains, mais n'aurait guère le loisir de les dépenser, assassiné immédiatement par le reste de son clan. L'argent ici ne vaut rien pour ces hommes d'honneur. Le mollah Omar peut encore courir entre Quetta et Kandahar sur la mobylette avec laquelle il a pris la fuite lors des premiers bombardements américains.

Nous n'avons pas frappé à la porte de la maison d'Amoukhan, c'est lui qui nous a conviés. Il applique pour nous la même règle d'hospitalité. Tour à tour, nous sommes présentés à différentes personnes : deux vendeurs de haschich, un danseur koutchi aux cheveux longs et rouges de henné qui, à 23 ans, a déjà fait cinq ans de prison. Plus tard encore, arrive un homme qui nous dit avoir convoyé, du temps des talibans, un camion rempli de cinq cents kilos d'opium jusqu'en Azerbaïdjan. Il a voyagé clandestinement avec un petit groupe, sous les ordres d'un commandant taliban, à travers l'Iran et l'Azerbaïdjan. Payés cinquante dollars chacun, armés jusqu'aux dents, les vingt jeunes pachtounes partaient sans le savoir sur les routes de la soie, qu'ils continuaient en routes de la drogue.

Chaque invité veut en savoir un peu plus sur nos modes de vie en Europe et la raison de notre présence. Nous expliquons notre démarche de voyageurs, montrons quelques photos de nos familles. Nous leur présentons le livre original de *La route aux aventures*. Ils feuillettent le papier jauni par les années, reconnaissent leur pays sur certaines vues et illustrations. Tous nous demandent si nous avons une femme en France, si nous avons des enfants. L'ambiance est excellente. À certains, nous offrons des autocollants et des cartes postales représentant Guy de Larigaudie[1]. Jusqu'à une heure avancée de la nuit, nous discutons avec les amis qui défilent, venus prendre à nos lèvres quelques bribes d'Occident.

Des détonations claquent en rafales. Cette fois, c'est clair. Nous questionnons Amoukhan sur ces coups de feu tout proches.

— Vous êtes des personnes éduquées. Ne questionnez pas, s'il vous plaît. Vous savez, ici, quand la nuit est tombée, le business continue.

Bienvenue au Far-East. Amoukhan charge son pistolet et le met à sa ceinture. Les tirs d'AK47 dureront toute la nuit.

Se coucher ici n'assure pas un lever systématique. On prend conscience de la valeur de la vie dès le réveil. Un garçon ensommeillé veille encore devant notre voiture. Nous apprenons que toute la nuit nous avons été surveillés par des hommes en armes assurant notre sécurité.

Dans un garage, nous achevons de souder définitivement les fixations qui ont recassé hier juste avant de traverser la passe de Khyber. Nous optons pour de la mécanique durable. Dans le corps du châssis, nous enfilons, dans sa largeur, deux longues barres de fer sur lesquelles nous vissons les supports des suspensions. Ces barres sont des lames de ressort récupérées sur un auto-rickshaw pakistanais. Nous continuons d'ajouter à la mosaïque de pièces qu'est Bucéphale des morceaux manufacturés par nos soins. Jean-Baptiste s'initie à la soudure. Cela nous amuse d'apprendre

1. Autocollants et cartes postales édités à l'occasion de la sortie de la bande dessinée biographique par Louis-Bernard Koch, *Avec Guy de Larigaudie, sur les chemins de l'aventure*, *op. cit.*

toujours un peu plus en mécanique, mais nous sommes las de passer notre vie de garage en garage.

En patientant pour certaines modifications mécaniques, des amis d'Amoukhan nous proposent une visite dans un des marchés des zones tribales, qui profitent de leur statut pour alimenter un des plus grands marchés de contrebande au monde. Le commerce des armes et de la drogue fait la richesse de beaucoup d'habitants.

Depuis les faubourgs de Peshawar, un kilomètre nous sépare des zones de trafic. Pour y pénétrer clandestinement, c'est un jeu d'enfant. Nous évitons, par un dédale de ruelles, le poste de contrôle qui marque la frontière avec le Pakistan. Guidés par les Pachtounes, nous pénétrons dans le royaume des trafiquants. Sur une petite place verte et fleurie, des dizaines d'échoppes proposent un choix varié de drogues. Nous pénétrons dans un des fumoirs à opium. C'est l'aquarium. Sur des bancs, plusieurs fumeurs sont alignés, des deux côtés de la pièce. L'ambiance est glauque. Pas un mot. Le vendeur nous dévoile son stock : de grandes plaques de haschich de quatre millimètres d'épaisseur sur environ trente centimètres de long et quinze de large. Il nous montre une boule de résine d'un kilo d'opium. Il compte en tirer vingt-cinq mille roupies pakistanaises, environ cinq cents euros.

— Regarde, me dit Jean-Baptiste à l'oreille, il y a Guy de Larigaudie.

Un instant, je crois qu'il délire. Pourtant, nous n'avons rien fumé.

Jean-Baptiste insiste :

— Là, sur le mur, c'est Larigaudie.

J'aperçois avec amusement que l'une des cartes postales distribuées la veille a rejoint la décoration du bar à opium.

En continuant dans les rues du marché, l'un des Pachtounes qui nous accompagnent prend soin de refermer la porte entrebâillée d'une maison.

— On ne sait jamais, nous explique-t-il, quelqu'un peut placer un canon d'arme et nous tirer dessus une fois la porte dépassée.

Plus loin, c'est sur la devanture d'une échoppe que nous retrouvons l'autocollant offert : « Pars à l'aventure avec Guy de Larigaudie » ; incroyable chemin de ces images de l'écrivain-voyageur, affichées au cœur des zones tribales. Le voilà dans les zones de trafic à côté d'une affiche à la gloire de Ben Laden et de Saddam Hussein où tous deux brandissent une Kalachnikov.

Un homme nous ouvre la porte de ce qui paraissait être un placard. Accroupis et entassés, plusieurs hommes se droguent dans un espace minuscule et caché. Seule leur dose d'opium ou d'héroïne les raccroche à la vie.

Personne ne prête attention à nous. Tous sont concentrés sur leur prise. Le sol est jonché d'allumettes et de plaquettes de fer. Un opiomane relève la tête. Mal rasé, le visage amaigri, il semble crier des yeux les profondeurs de l'abîme. L'homme n'a pas 30 ans. Son regard est éteint. Les néons blafards donnent une ambiance de morgue, verte. Jamais je n'oublierai cet instant.

Fleur de vie pourrie dans ses plus belles années par la plante mortelle. Il crève d'avoir un jour essayé cette neige sale qui détruit le corps et le cœur. Ces opiomanes crient plus que nous tous la question de Blaise Cendrars : « Qu'est-ce qu'on fout ici ? »

Dans un autre coin du marché, ce sont les armes en vente libre : grenades quadrillées, fusils d'assaut russes, lance-roquettes, armes de poing. Ici, on vend les armes mais on les fabrique aussi. Chaque rue possède des ateliers de fortune. Sur des étaux, des hommes tournent des pièces et assemblent à la chaîne. À l'aide de limes, ils rectifient les imperfections. Ils copient à l'identique la majorité des meilleures armes du monde. Ils n'oublient pas de poinçonner un numéro de série et parfois même la provenance : « made in USA »…

Armes, drogues, films pornographiques, aux portes de l'enfer, la contrebande a trouvé un coin tranquille, protégé de toute loi.

Sortis du marché, nous nous délassons en buvant un jus de canne à sucre, qu'un petit vendeur broie dans un presse-agrumes. Le liquide mousseux qui en sort est délicieux. Il sert de boisson énergétique et de bière locale.

De retour à la 2CV, nous nous apercevons que le médaillon du Coran, habituellement pendu au rétroviseur, a disparu. La petite boîte couleur d'argent et d'or a été violemment arrachée et volée. Quelques maillons de la chaîne gisent sur le sol. Nous sommes furieux. La voiture était sous la responsabilité du garagiste. À grand renfort de gestes, je lui explique calmement, mais à la vue de tous, que si le pendentif ne nous est pas rendu, nous partons sans le payer.

La situation peut dégénérer en cinq minutes. Un homme, sans doute à la botte d'un mollah, vient nous faire comprendre que nous sommes des infidèles. Nous n'avons pas à posséder un Coran, même s'il nous a été offert.

L'honneur du garagiste est en jeu. Il fait le nécessaire. En quelques minutes, alors que nous avons le dos tourné, le petit Coran a trouvé place sur le fauteuil du conducteur. L'incident est clos.

Amoukhan nous questionne beaucoup sur des sujets de sexualité. Il croit qu'en Occident tout est permis avec les femmes. Marié depuis plusieurs années, il a déjà trois enfants. Nous parlons sans tabou. Nous lui posons à notre tour des questions. Il nous dit aimer sa femme, mais a demandé à sa mère de lui trouver une deuxième épouse. Il la voudrait plus jeune que la précédente, 12 ou 13 ans lui conviendrait, nous dit-il.

Nous avons fait la révision complète de la voiture. Il y a toujours un court-circuit introuvable dû à notre remontage kabouli. Nous devons choisir entre le fonctionnement du démarreur et celui des phares. Nous prenons pour l'instant l'option phares.

En concevant la 2CV, les ingénieurs songèrent à un démarrage du moteur avec une manivelle installée en permanence à l'avant de la calandre. Cette solution peu commode fut remplacée par un démarreur à ficelle, comme celui des tondeuses à gazon. À la première présentation publique[1] au Salon de l'auto de 1948, la 2CV apparaît avec un démarrage plus pratique, mais toujours sans clef de contact.

Nous préférons le démarrage poussé, en seconde. Il ne faut pas plus de vingt mètres et ça fait la joie des Pakistanais, qui nous aident volontiers.

---

1. Jacques Wolgensinger, *La 2CV : nous nous somme tant aimés*, *op. cit.*

3e PARTIE

Pakistan, Himalaya, Tibet indien

Jean-Baptiste

À Dtantsé, instituteur à 4 500 mètres d'altitude, qui croyait que la tour Eiffel était une stûpa *bouddhiste.*

7

De Peshawar à Lahore,

AU PIED DU CACHEMIRE INDIEN SUR LA KARAKORUM HIGHWAY

« Parce que j'ai toujours cru que la vie était précaire, j'ai toujours cherché à avoir une vie qui me ferait battre le cœur. »

Philippe de Dieuleveult

Le 22 octobre, vers 11 heures du matin, la maison de terre battue avec son toit de bambou disparaît dans un nuage de fumée. Nous prenons congé de nos amis afghans pour gagner Peshawar accompagnés de Muhammad, notre ami, guide et protecteur. Muhammad est un jeune réfugié afghan de 26 ans sans emploi et qui travaille ponctuellement pour le compte d'Amoukhan. Peshawar et ses recoins n'ont pas de secret pour Muhammad, qui nous précède dans les ruelles étroites, les bazars... Devant des bijouteries se traînent des mendiants, pitoyables, parfois culs-de-jatte, et c'est à plat ventre qu'ils font l'aumône. Une femme tient ses deux petits enfants dans son unique bras, le moignon de son bras gauche saigne encore. Comment ne pas s'interroger là encore sur les contrastes des richesses entre les hommes ? Pourquoi cette misère, pourquoi sommes-nous souvent si sourds aux cris de détresse de nos frères ? Est-ce l'argent qui nous rend fous ? Aurions-nous peur d'avoir raté quelque chose si nous n'avons pas le dernier modèle de téléphone à la mode ? Mais ne ratons-nous pas bien plus si nous oublions ce mendiant qui nous supplie de lui donner ne serait-ce qu'un millième de téléphone portable ?

« De loin j'ai cru que c'était une bête. Quand il s'est approché, j'ai vu que c'était un homme. De plus près, j'ai reconnu mon frère. » Ce proverbe arabe illustre bien l'état d'esprit dans lequel je me trouve. Je suis apitoyé par ce frère qui me tend la main et lui fais un sourire en lui donnant des pièces. La ville compte un million d'habitants, la plupart étant des réfugiés afghans, contraints de trouver un refuge sommaire dans ce pays frontalier.

Quitter Peshawar est un soulagement. Si l'expérience des zones tribales est intéressante de par son originalité, cette ville ne mérite pas de s'y attarder trop longtemps pour des raisons de sécurité.

Entrant dans une ancienne colonie anglaise, nous adoptons la conduite britannique, quelque peu surprenante, surtout en gardant le volant à gauche. Toujours plus à l'est, la route continue et les jours se suivent, rythmés par le soleil dont nous suivons la course. Le matin, il vient nous saluer, offrant ses rayons en plein visage, puis il dévie lentement au sud pour se retrouver dans notre dos au crépuscule, ultime adieu avant la nuit. Cet astre de lumière brille depuis Paris. Peut-être nous accompagnera-t-il jusqu'à Saigon.

La santé est bonne. Par précaution, nous suivons depuis l'entrée au Pakistan un traitement contre le paludisme, suivant les conseils de l'Institut Pasteur. Avant le départ, nous y sommes passés pour un certain nombre de vaccins nécessaires au périple, refusant de partir comme Guy de Larigaudie sans vaccination aucune. Dans la précipitation des préparatifs, Édouard a oublié de faire le rappel de la rage… Mais la rage, il l'a déjà et une piqûre supplémentaire n'aurait peut-être pas été bénéfique dans son cas. Il possède une force de caractère qui m'impressionne, redoublant d'imagination pour venir à bout des obstacles de la route.

Curieux par nature, les Pakistanais nous entourent souvent, pour observer ces deux voyageurs occidentaux et leur étonnante voiture. Il est certain que nous devons les intriguer ; ils doivent se dire que nous sommes bien riches et chanceux de pouvoir ainsi parcourir le monde à notre guise.

Nous empruntons la Great Truck Road, la grande route des Indes qui s'étend de Peshawar à Calcutta, retrouvant enfin le goudron, quitté depuis l'entrée en Afghanistan. La route nous attend pour de nouvelles aventures ! Redoutable, elle offre bien peu de répit à notre 2CV, véritable coque de noix sur une mer en furie. Le trafic est indescriptible. Des camions s'y croisent dans tous les sens, aucune règle n'étant établie, c'est la loi du plus gros ! Crissements de pneus, sirènes hurlantes, klaxons puissants et mélodieux, l'on ne s'entend plus dans la voiture. Il est difficile de s'imaginer le bruit de cette route, à moins de l'avoir empruntée. À cela vient s'ajouter une pollution liée à l'accumulation des gaz d'échappement. Des bus de marque Tata nous doublent rageusement sans aucune considération pour notre petite 2CV. C'est à la sortie d'une sorte de tunnel de fumée que nous débouchons sur la plaine de l'Indus.

Reflet d'une civilisation mythique, le large fleuve nous donne un sentiment de puissance redoutable. L'endroit est splendide, vaste détroit marécageux entouré de montagnes rouges qui viennent mourir sur le cours d'eau tumultueux.

Une halte en rase campagne permet d'approcher de plus près les Pakistanais. Spontanément, un paysan rentrant des champs et conduisant ses buffles à l'étable nous propose son hospitalité. Nous refusons pour nous retrouver seuls quelque temps et partager un repas improvisé de quelques galettes de *nan* accompagnées de friandises pakistanaises. La voiture est garée en hauteur pour éviter d'avoir à la pousser le lendemain pour démarrer. Tard dans la nuit, les aboiements et hurlements des chacals viennent troubler mon sommeil. Édouard a la chance de pouvoir s'endormir n'importe où mais ce n'est pas mon cas. Je me réveille au moindre bruit et j'envie mon compagnon qui ne se soucie de rien. Les attaques de touristes sont fréquentes d'après les guides locaux, et il me semble prudent de ne dormir que d'un œil.

Sur la carte dessinée sur les portières, Édouard ajoute, d'un coup de pinceau méticuleux, en pointillés rouges, notre itinéraire jusque-là parcouru.

Cette heureuse initiative va nous permettre d'expliquer simplement notre voyage, de nous présenter rapidement à nos interlocuteurs, voire de donner des leçons de géographie aux enfants curieux qui fréquemment nous entourent. Notre véhicule rend hilares les gens que nous croisons, qui réagissent en s'esclaffant, nous montrant du doigt et criant parfois. Souvent, une multitude d'enfants nous suivent, certains grimpant sur le marchepied arrière pour s'amuser. Alors je fais mine de les chasser, ce qui les fait beaucoup rire. Les enfants me passionnent. Ils sont si simples et authentiques dans leurs actions qu'il est difficile de ne pas les prendre en affection.

L'arrivée à Islamabad, ville calme et propre aux larges avenues perpendiculaires, est comme une libération, un moment de répit qui devrait nous permettre de reprendre notre souffle.

— Eh ! les Parisiens, on s'est perdus ?

Une grosse voiture noire aux vitres teintées nous dépasse. Interloqués, trois hommes nous font signe de nous arrêter.

— Gendarmerie nationale, vos papiers s'il vous plaît !

— On a bien des papiers, mais pas d'assurance.

— Pot d'échappement ?

— Perdu en Suisse.

— Toit de la voiture ?

— Coupé en Roumanie.

— Ceintures de sécurité ?

— Déboulonnées en Iran.

— Numéro de châssis ?

— Changé à Kaboul.

— Éclairage ?

— Grillé à Peshawar.

— Pneus-neige cloutés ?

— C'est pour la piste !

La liste des infractions est longue. Les trois gendarmes détachés en mission auprès de l'ambassade de France n'en reviennent pas.

— Bon, ça ira pour cette fois ! répond l'un d'entre eux en souriant.

Un deuxième s'approche, l'accent du Sud bien marqué.

— Nan ! j'y crois pas, une « deuche », on peut faire une photo ? Putain ! les copains, y vont pas y croire…

Celui qui semble être le chef du trio, forte carrure, les cheveux coupés en brosse, nous demande d'une voix claire et distincte, visiblement marquée par quelques années sous les drapeaux :

— Vous dormez où ce soir ?

— On ne sait pas, n'importe où.

— O.K. ! Si ça vous dit de boire une bière, rendez-vous à 20 heures devant l'ambassade, je vous invite au resto, au club français.

— Avec plaisir ! Merci beaucoup.

— À bientôt les gars, nous chante le troisième gendarme qui doit lui aussi venir du Sud.

Au Club 21, il règne une ambiance venue d'ailleurs, un parfum de France. L'atmosphère y est calme, rythmée par une petite musique douce. Des serveurs vous y accueillent avec le sourire, bien habillés. Les tables sont habilement disposées, laissant une certaine intimité aux convives. Quelques Européens sont attablés, pour des raisons diverses et variées : dîner d'affaires, rendez-vous amoureux. Ce soir, nous buvons du vin rouge. Le précieux nectar venu de France nous enivre quelque peu, l'instant est magique. Les trois gendarmes sont impressionnés par notre périple, et nous posent mille questions. Le dîner terminé, ils nous invitent chez eux et nous proposent de dormir sur les canapés du salon, fort confortables. C'est la rencontre simple et conviviale de la fraternité du peuple français au-delà des frontières.

Ayant quarante-huit heures à attendre pour les visas du Bengladesh, nous décidons de quitter Islamabad et de remonter au nord afin de se rapprocher de l'Himalaya. Une seule route coupe cette chaîne de montagnes du nord au sud, la Karakorum Highway. La KKH est une portion de l'antique route de la Soie. Elle est très passante et il est difficile d'y conduire. Le premier jour, nous prenons la route de Murree et croisons nos premiers singes sur le bord de la chaussée. Petits et de couleur orangée, ils disparaissent rapidement dans la végétation. Il fait toujours très beau et chaud. Le soleil tape fort sur le crâne et nous sommes enturbannés à la manière des bédouins.

Le village de Muree est de type colonial. Il servait de station de sports d'hiver aux Anglais. À 2 100 mètres d'altitude, il est perché non loin du Cachemire. Nous souhaitons traverser cette région pour y faire une boucle repérée sur la carte. Dix minutes après le panneau « Bienvenue au Cachemire », des policiers nous arrêtent. Je tente bien de leur faire comprendre que nous ne voulons rien d'autre que de visiter leur splendide région, rien n'y fait. Demi-tour !

Trois femmes rentrent du marché et progressent lentement, sous le poids de leurs charges. Nous les prenons en stop. Elles ne souhaitent visiblement pas être reconnues en notre présence et se cachent le visage de leurs voiles sombres lorsque nous croisons quelqu'un. Les femmes nous offrent des pommes en guise de remerciement et, après les avoir déposées, nous cherchons un lieu de bivouac. Le lit d'une rivière sera notre refuge pour un repos bien mérité. Des coups de feu sont tirés en début de nuit, il y a une fête chez les voisins !

Au petit matin, nous rejoignons la KKH après avoir pris en stop de nombreuses personnes. Dans ces chemins de montagne non goudronnés, le stop est habituel. Ainsi, nous prenons une femme et ses deux enfants : un nouveau-né dont je reçois le jet de salive du premier rot en pleine figure, provoqué par les chaos de la piste. Plus loin, une autre femme nous demande de monter son chargement de foin au village nous surplombant ; enfin, deux vieux messieurs grimpent à leur tour, chargés d'une bouteille de gaz. En voiture, Simone !

Les paysages sont à couper le souffle : petites vallées verdoyantes abruptes qui laissent un ciel bleu profond se détacher en leur sommet.

Nous retraversons l'Indus vers 15 heures et bifurquons dans une vallée sauvage, sur une piste grossière. La végétation est très verte. Des cultures de blé en terrasses nous permettent de nous familiariser avec le vannage et le battage, deux techniques traditionnelles aujourd'hui disparues en France. Nous avons sous les yeux un tableau d'une autre époque, et prenons conscience du privilège de contempler cette peinture peut-être effacée dans quelques années. On fait une courte pause auprès d'un pont suspendu par des câbles avec un tablier de bois comme structure. Après deux heures de montée, nous sommes de nouveau arrêtés par des policiers qui affirment que la route est trop dangereuse ; les règlements de compte y sont fréquents. Très gentiment, ils nous proposent de dîner puis de coucher chez eux. Nous acceptons. L'hospitalité musulmane est sans comparaison avec celle que nous connaissons en Occident. Spontanée et sans arrière-pensée, elle fait réfléchir, dans un monde où tout se paye. Ils préparent aussitôt un énorme dîner : tomates, oignons, poulet, pain et poissons frais pêchés le jour même dans la rivière qui sillonne en contrebas ! Le chef de la police nous prête pour la nuit sa chambre avec deux lits et fait préparer une théière pleine de ce fameux *tchaï* pakistanais.

Comme à son habitude, Édouard profite du calme de la soirée pour écrire le journal de bord avant de s'endormir. Il aperçoit soudain une énorme araignée au-dessus de ma tête. Je saute aussitôt sur son lit et nous adoptons une tactique pour réduire à néant cet animal répugnant. Comme je suis mal en point à cause d'un violent mal de ventre, c'est Édouard qui s'y colle. Armé d'une sandale au bout d'un bâton, il frappe l'animal qui va se réfugier derrière l'uniforme de l'officier de police. Tant pis pour la tenue. La sandale frappe encore et va scotcher définitivement la bestiole sur les galons kaki du manteau de feutre ! Deux minutes plus tard, c'est le même animal en plus petit qui subit le même sort, sorti d'on ne sait où.

— Bonne nuit, Édouard, fais de beaux rêves !

— Bonne nuit, JB, tu veux une sandale ?

Le lendemain matin, une petite toilette auprès d'une source d'eau naturellement chaude nous réveille avant de prendre le petit déjeuner, composé de galettes de pain confectionnées au fur et à mesure. Le thé au lait très sucré a bouilli simultanément. Nous sommes assis en tailleur dans une pièce en terre battue au toit de tôle. Sur le foyer de terre cuite, une galette de pain est en train de cuire pendant qu'un homme s'affaire à pétrir la pâte de la prochaine. La cuisson à l'huile donne une saveur particulière à ces galettes frites.

Avant de prendre congé de nos hôtes, nous assistons à une curieuse partie de pêche. Sur la berge opposée, un vieil homme enturbanné jette méthodiquement un filet plombé en son extrémité dans le courant, puis le retire pour récupérer le poisson prisonnier. Il remonte le lit de la rivière et recommence l'opération plus en amont. Le procédé est élémentaire et efficace. Le lancer circulaire ouvre la nasse avant de toucher l'eau. Lorsque le pêcheur récupère le filet, les plombs ferment la nasse qui emprisonne le poisson. Nous reprenons la route après avoir salué et chaudement remercié le chef de la police de Passang. Celui-ci est ému de nous quitter et nous échangeons adresse et téléphone, promettant d'envoyer une carte de France et de dire à nos concitoyens que l'hospitalité pakistanaise est remarquable.

— *God bless you, have a nice trip !*
— *Inch'Allah !*

Le moteur de Bucéphale vrombit et nous redescendons dans la vallée, direction Islamabad.

Après un coude de route, nous faisons une heureuse rencontre avec une caravane de nomades. Le troupeau est composé de chevaux, d'ânes, de chèvres, gardés par de gros chiens. Des enfants sont juchés sur des bêtes, dans des entrelacs de bagages arrimés. Quelques femmes ferment la marche. Habillées de couleurs vives et ornées de colliers de perles, elles sont très belles dans leurs costumes traditionnels. Le type de ces nomades est particulier : leur peau mate est plus claire que celle des Indiens et leur visage d'une rare finesse. Certains portent des *pakols*, sortes de bonnets afghans en laine. Tout aussi étonnés que nous, ils s'approchent de la voiture. Édouard descend pour prendre des photos et la deuche avance au rythme de la caravane. Petit à petit, des enfants montent sur le coffre, puis un vieillard et enfin des chèvres ! Nous les avançons de quelques kilomètres avant de les quitter.

Le village suivant nous promet une petite frayeur : une foule nous entoure rapidement et nous signale un problème mécanique. En effet, la Durit d'essence est sortie de son logement et nous perdons progressivement notre carburant ! Heureusement, l'incident n'est pas très grave et il est aisé de faire la réparation avec un peu de sparadrap. Beaucoup de personnes de notre entourage nous posaient des questions quant à notre niveau en mécanique avant le départ. Au bout du compte, nous avons appris sur le tas. Beaucoup de pannes sont un jeu d'enfant à déceler.

À la lumière des warnings, nous cherchons désespérément la maison du consul. Les phares sont cassés depuis Peshawar, un faux contact. Il est 19 h 10 et nous avions rendez-vous pour dîner à 19 heures. Nous venons à peine de redescendre des montagnes, avons juste pris le temps de nous changer et de donner un coup de brosse à nos cheveux devenus bien longs. Par chance, nous tombons sur la bonne rue et atterrissons devant la maison. Le garde est au courant et nous ouvre aussitôt le portail. La voiture garée, un serviteur s'approche :

— *Good evening sir, please come in.*

— *Good evening.*

Sur le pas de la porte, un grand monsieur plutôt sec, le visage en ballon de rugby, la moustache aussi bien taillée que les cheveux peignés, nous accueille.

— Soyez les bienvenus !

— Bonsoir, monsieur le consul.

Une grande bibliothèque meuble l'entrée. Sur le mur, des cadres japonais donnent une touche exotique. Une odeur encore fraîche de cigare semble venir de la porte entrouverte du salon.

— Prendrez-vous un apéritif ? Nous avons presque tous les alcools ici.

— Oui, avec plaisir, un pineau s'il vous plaît.

— *Antony, two pineau and one whisky with ice, please.*

Assis sur un canapé vert, nous observons la boîte à cigares en hévéa, probablement ramenée du Vietnam. Sur les murs, des peintures abstraites, des décorations, des cadres asiatiques. Un Saint-Dominique orne le coin d'une cheminée. Le consul nous parle de sa vie palpitante, de ses différents postes à Rome, en Arabie Saoudite, quinze ans au Japon et plus récemment quatre ans au Vietnam, à Saigon. Cette dernière destination nous intéresse.

Le consul est catholique pratiquant. Il nous recommande la cathédrale de Saigon où une chorale chante des hymnes qui ressemblent à du grégorien chinois !

Nous passons à table et j'ai l'honneur, étant le plus âgé, de m'asseoir à la droite du consul. Le dîner est excellent. Un gros chat tacheté traverse la salle à manger. La conversation tourne autour de notre voyage, de l'histoire du changement de châssis… Lorsque Anthony remporte un superbe rôti, le consul l'interpelle :

— *Give a little piece to the cat !*

Nous terminons la soirée par une infusion avant de visionner des images de Saigon. Je suis impressionné par le nombre de paires de chaussures dans un coin de la pièce. Je n'en compte pas moins de dix-sept. Le film est intéressant et nous replonge dans le rêve d'arriver un jour au Vietnam.

Nous ne sommes qu'à mi-parcours et tout est encore possible. Seul point litigieux, le Myanmar se refuse toujours à nous laisser entrer. Nous avons essayé, et essayons encore, d'obtenir une autorisation, allant à deux reprises à l'ambassade d'Islamabad munis de lettres de recommandation que le consul a bien voulu nous écrire. Une maison simple devant laquelle un panneau touristique vante les charmes de ce pays merveilleux. Les photos de pagodes, d'éléphants, de plongée nous font rêver. Mais lorsque nous exprimons le souhait d'y pénétrer en voiture, les diplomates sourient mais n'acquiescent jamais. Nous récupérons tout de même les visas touristiques qui permettent d'entrer par voie aérienne, pensant réussir à soudoyer les douaniers de la frontière indienne ou bengali. Je rumine. Quelle mouche les a piqués ? Si nous étions hommes d'affaires ou photographes, je comprendrais que le pays cherche à préserver ses intérêts et ne souhaite pas que toute la vérité soit dite... mais deux jeunes Français inoffensifs qui arrivent de Paris en 2CV et qui cherchent simplement à transiter ne devraient pas les effrayer. Nous expliquons aux autorités que nous sommes prêts à nous faire escorter, nous leur laissons le choix entre plusieurs trajets dans le pays avec cartes, kilométrages et étapes à l'appui. Rien n'y fait, je suis découragé, mon compagnon aussi. Le sujet devient presque tabou. Notre ultime espoir reste l'ambassade de Delhi.

J'imagine une autre alternative : passer en Chine depuis le Pakistan et rejoindre le Myanmar par le nord puisque l'unique poste-frontière semble plus accessible. En cas d'échec, rejoindre directement le Vietnam par la Chine. Nous avons encore le temps. Seulement, plusieurs points restent incertains : pour conduire en Chine, il est nécessaire de posséder un permis chinois. Ensuite, l'hiver approche, et la traversée de l'Himalaya risque d'être difficile pour franchir certains cols d'altitude. Enfin, Édouard ne conçoit pas de « rater » l'Inde, qu'il rêve de découvrir. Ces trois raisons majeures me font oublier la solution chinoise. Je la garde en tête puisque le Tibet permet également d'y passer. Édouard se met à rêver et tente d'imaginer un système pour faire tracter Bucéphale par des yacks, le plus sérieusement du monde. Je fais mine d'y croire et nous partons dans un délire d'inventions à la Jules Verne :

— Il suffit de transformer la deuche en autochenille, comme dans la Croisière jaune, me lance Édouard.

— O.K., mais en marche arrière, car la force du moteur doit être derrière, comme dans une propulsion. Et il faut des patins à la place des roues arrière que devraient nous fournir les Tibétains.

— Donc, on bloque le volant, on enlève les roues et…

— … on met des chenilles, je vois !

En ce mardi 30 octobre, quelques bruits rauques me réveillent ; ouvrant les yeux, j'aperçois la cime des arbres alentour remuer. Ce sont de petits singes qui se promènent de branche en branche. J'en profite pour attraper la caméra et me lancer dans une partie de cache-cache fort amusante. Craintifs, les singes se laissent difficilement approcher et la meilleure façon est de ne pas aller trop vite et d'éviter tout geste brusque. Puis je prépare le petit déjeuner, un peu de semoule récupérée à Kaboul, pendant qu'Édouard se lève.

La gérante du club français, une Pakistanaise, a fait le tour du monde pendant deux ans et se passionne pour notre voyage. Elle souhaite écrire un article dans *News*, le quotidien national pakistanais. Nous passons donc la journée en sa compagnie. Elle nous montre Rawalpindi, ville animée par ses bazars, puis nous invite chez elle pour le thé et un entretien plus approfondi sur nos motivations et notre voyage.

Si Islamabad est une ville propre aux avenues perpendiculaires tirées au cordeau, il existe néanmoins un quartier qui fait de la peine lorsqu'on le visite : le quartier catholique, véritable ghetto en plein cœur de la ville ; ses habitants subsistent difficilement, véritablement martyrisés par les musulmans. Leur état de pauvreté contraste avec l'apparente richesse alentour et me surprend dans un pays où l'aumône fait partie des principes de la religion. Les évêques catholiques du Pakistan demandent l'abrogation de la loi anti-blasphème, qui suscite une vraie persécution des chrétiens depuis un certain temps, mais sans succès pour l'instant.

Deux routes mènent à Lahore : la GT Road et la nouvelle autoroute. C'est cette dernière que nous empruntons, plus sûre et plus rapide. Étrange phénomène, elle est déserte, sans doute parce que payante. De surcroît, des policiers sont archiprésents et assurent une surveillance à toute épreuve.

Une pause dans une station-service permet de faire une rencontre intéressante. Il est midi et nous réchauffons un reste de semoule pour notre déjeuner. Quelques Pakistanais nous dévisagent d'un air sombre. Qu'avons-nous fait ? Avions-nous le droit de nous arrêter ici ? Les questions restent sans réponses. Deux jeunes nous interpellent à la fin du repas. Ils nous proposent de prendre une douche dans une maison voisine. Nous profitons de l'occasion pour laver nos vêtements sous la douche et le filet d'eau qui s'en écoule devient vite noir. La poussière accumulée sur les pistes s'incruste partout et un bon lavage est nécessaire. Les jeunes préparent un thé mais se refusent à boire. Ils nous expliquent que c'est le début du ramadan et qu'en conséquence ils observent le jeûne. Cela explique la façon étrange dont les Pakistanais nous regardaient déjeuner ! Un peu confus, nous reprenons la route après avoir remercié les deux jeunes qui nous ont ouvert leur maison.

Quinze kilomètres avant Lahore, l'atmosphère est de plus en plus brumeuse, le ciel devient laiteux comme du coton et le soleil se voile. La pollution est impressionnante et nous laisse imaginer le pire. En ville, nouvelle pagaille : chameaux, ânes, chèvres, buffles, chevaux, scooters, motos, tricycles, voitures, camions, piétons... sont pêle-mêle sur la chaussée, poussant, tirant, klaxonnant, hurlant dans un tintamarre indescriptible. Il nous faut une heure pour traverser la ville et atteindre la grande mosquée, jouant du klaxon et de la voix. Jouxtant le fort, la mosquée Badhahi est vieille de quatre cents ans. Son immense parvis de briques roses est sûrement l'un des plus grands du pays. Impressionnante place où les hommes se recueillent, accompagnés par les chants des mollahs. Nous arrivons à la nuit, et la lune se lève sur le marbre blanc des trois coupoles.

Déambuler dans le vieux Lahore est un régal. Petites ruelles étroites, beaucoup de vie, musiciens, marchands en tous genres, les habitants semblent se réveiller à la nuit, lorsque la température devient plus clémente. Le jeûne de la journée est brisé dès que le soleil se couche. Nous dînons dans la rue, repas varié composé de petits mets pakistanais pris dans plusieurs échoppes. Les galettes cuites au four ou frites, denrée de base, sont souvent agrémentées de currys de viande, de plats de lentilles (*dhal*), d'épinards épicés et de riz. Nous goûtons au *barfi*, petit gâteau de lait aromatisé

Dans l'esprit de Larigaudie…

Le récit de l'expédition de 1937-1938 traîne dans la boîte à gants de notre 2CV.
La Ford T équipée, prête pour la traversée de la chaîne birmane où les routes n'existent pas. © Famille Bygodt – Larigaudie.

Pour tirer la voiture embourbée, les cornacs et les éléphants viennent en aide à Roger et à Guy.
© Famille Bygodt – Larigaudie.

Exploit de la première expédition automobile entre la France et le Vietnam : la traversée des bouches du Gange. © Famille Bygodt – Larigaudie.

Barbu et souriant, Guy au milieu des Bengalis et des affaires de la Ford T déchargée en vue d'un passage difficile. © Famille Bygodt – Larigaudie.

En pleine canicule, au jour le plus chaud de l'été, nous quittons Paris en «deuche». © I. Vayron.

En une demi-heure, «Bucéphale» devient décapotable.

Sur le bord de la route en Bulgarie, nous achetons des fruits et des boissons.

Cheminées de fées en Cappadoce,
creusées par l'érosion dans le tuff.
Turquie.

Istanbul, la ville aux sept cents mosquées,
nous ouvre les portes de l'Orient.
Mosquée bleue. Turquie.

Chaque jour, nous prenons le temps
de rédiger le carnet de bord.

Bivouac de fortune en Turquie.

Sur le bord de la route en Iran s'improvise une danse. Les contacts des Iraniens avec les étrangers sont rares.

Abdulhah, notre hôte afghan, monte en 2CV pour quelques kilomètres. Nous passons nos chèches pour nous protéger de la poussière du Khorasan. Afghanistan.

Accueil chaleureux des Afghans à Herat.

Herat dévoile les splendeurs de la Perse. Le bleu des faïences de la mosquée du Vendredi, ses minarets, sa forteresse retracent le glorieux passé des royaumes d'Asie centrale.

Nous sommes reçus par Ismail Khan, le gouverneur de la province d'Herat, seigneur de guerre autoproclamé «émir du Grand Ouest». Afghanistan.

Notre escorte a pris place dans les fauteuils de la 2CV et nous regarde préparer la voiture pour «la piste du centre». Herat. Afghanistan.

Nous croisons régulièrement des cavaliers ou des nomades, échos des antiques caravanes des routes de la soie. Province du Ghor. Afghanistan.

À 3 000 mètres d'altitude et au cœur du massif aride de l'Hazaradjat, les sept lacs sacrés de Band-e-Amir. Afghanistan.

Plantations de pavot sur le bord de la route. Bien qu'interdit, l'opium est toujours cultivé. L'Afghanistan reste le premier producteur au monde.

Il ne reste plus que les sarcophages vides des bouddhas de Bamyan, détruits par les talibans.

Plus de la moitié des Afghans ont moins de 25 ans. Ils n'ont connu que la guerre. Ici, la nouvelle génération joue sur les vestiges d'un char soviétique.

Le châssis cassé sur les pistes afghanes, nous montons la 2CV dans un petit camion, direction Kaboul.

Débutants en mécanique, nous découvrons la manière de démonter une 2CV à l'aide de la revue technique. Kaboul.

Nous récupérons, comme pièce de rechange, un châssis de 2CV des années 1970, bétonné et servant de fondation à ce muret. Un routard venu trente ans auparavant en 2CV sauve sans le savoir notre rêve du Paris-Saigon. Kaboul.

Un Hazara nous aide à transporter les deux châssis, l'un hors service, l'autre que nous allons remonter et adapter en quelques jours.

Dans les zones tribales pachtounes,
lieux de trafics en tous genres,
se trouvent les marchés d'armes et d'opium.

Régulièrement, des personnes montent
dans la 2CV, ce qui nous permet de découvrir
les pays à travers ses habitants. Pakistan.

La carte dessinée sur les portières de la 2CV facilite les rencontres
et permet de faire comprendre en quelques mots notre démarche de voyageurs. Pakistan.

Rencontre avec des sadhus, pèlerins et mystiques hindous. Nous dégustons avec eux le *dal* et les *chapatis*, base de la nourriture indienne.

Le Golden Temple, lieu de pèlerinage privilégié des Sikhs. Inde.

Avertissement routier : au rythme de la 2CV, nous prenons le temps de vivre au cœur de l'Himalaya. Himmachal Pradesh. Inde.

En pleine méditation, des mystiques profitent
de la beauté de la vallée de Spiti, la vallée des dieux.
Himmachal Pradesh. Inde.

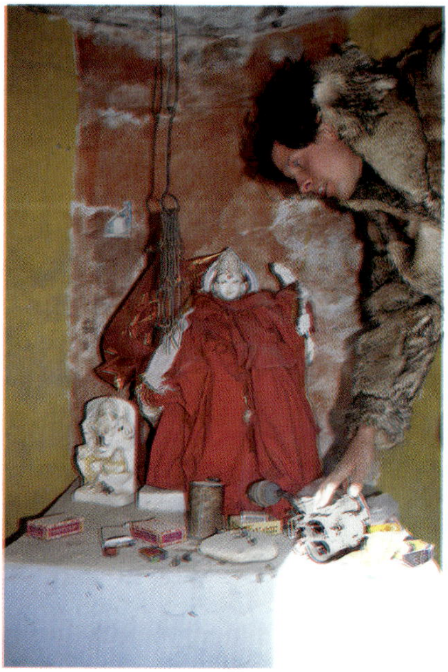

Nous offrons notre carburateur de rechange
à un dieu : la 2CV tiendra le coup.

La 2CV peine à grimper, la carburation est moins facile.
Nous devons nous décharger et abandonner des affaires.

Record d'altitude pour la 2CV, à 4 500 mètres, au col de Kunzon.
Tradition bouddhiste, le vent emporte les prières imprimées sur les drapeaux.
Après un passage autour des stupas colorés, nous amorçons la descente. Tibet indien.

Une grande partie des Tibétains a trouvé refuge côté indien,
où les familles continuent de vivre selon leurs traditions. Tibet indien.

Le Taj Mahal s'éveille dans la brume matinale.

Dans la ville sacré de Bénarès, dès le lever du soleil, des milliers de pèlerins viennent faire leurs dévotions dans les eaux du Gange.

Tapan, lui aussi chasseur de miel, a défié le seigneur tigre dans les mangroves bengalis. Il nous reçoit chez lui pour quelques jours.

Au Bengale, nous tombons en panne. Des chasseurs de miel nous viennent en aide pour pousser la 2CV.

Nous trouvons refuge dans un monastère bouddhiste où les jeunes bonzes nous accueillent et couvrent notre fuite. Jean-Baptiste montre la photo qu'il vient de prendre avec l'appareil photo numérique.

Après avoir rentré la 2CV clandestinement au Cambodge, nous avons un accident. Nous atteindrons Saigon sans pouvoir tourner à gauche.

Nous faisons le dernier plein d'essence. Vietnam.

Victoire : après 16 000 kilomètres de route, nous atteignons Saigon.

Photos sans mention : © Édouard Cortès et Jean-Baptiste Flichy.

à différents parfums, délicieux. Puis nous rejoignons au hasard des ruelles une mosquée où l'activité semble battre son plein. Des milliers de fidèles se pressent dans les jardins entourant le bâtiment principal. Nous nous y introduisons, vêtus de *chilwar kameez*, comme les locaux. En effet, ces vêtements longs et amples sont portés par la plupart des Pakistanais et conviennent parfaitement au climat. Amoukhan nous avait donné deux petits chapeaux typiques de musulmans à Peshawar, et c'est déguisés comme deux bons fidèles que nous pénétrons dans le lieu saint.

Sur la place illuminée par les phares des proches minarets, les hommes se livrent à un curieux rituel, se passant de l'huile de bougie dans les cheveux, sur le visage et les bras. Une multitude de petits lampions se consument à l'extérieur et les Pakistanais se pressent pour en récolter l'huile chaude et s'en enduire généreusement. Je suis le mouvement et me retrouve à mon tour couvert d'huile. Ce geste a le mérite d'être particulièrement bénéfique pour mes cheveux devenus bien longs et raides, faute de shampoing ! En procession, une multitude de fidèles se pressent en file indienne, une rose à la main, pour vénérer le tombeau d'un illustre mollah local.

La nuit est rythmée par les chants des musulmans qui, à la longue, nous agacent singulièrement. C'est le début du ramadan et les fidèles se déchaînent à la nuit. Les tambourins, les chants, les cris des fidèles s'enchaînent sans répit. Impossible de dormir dans ce champ en friche proche de la route. Pourtant, nous avons fait presque 30 kilomètres pour sortir de la ville et tenter de trouver un endroit calme.

Il n'y a qu'un point de passage entre l'Inde et le Pakistan malgré une très longue frontière commune que seuls les étrangers sont autorisés à franchir à cause des tensions entre les deux pays. C'est le poste-frontière de Wahga, que nous traversons sans encombre. Les douaniers vivent sans gêne apparente au milieu des mouches et insectes en tous genres. La rentabilité ne doit pas être à l'ordre du jour et les nombreux gardes-frontière ne semblent pas inquiets de l'heure qui tourne. Il est toujours un peu stressant de franchir une frontière dans notre cas, puisque nous ne sommes pas en position de force, et seul le bon vouloir des douaniers permet d'obtenir les fameux tampons qui permettent l'entrée.

Plusieurs personnes attendent leur tour. Des Africains se déchaussent et déroulent leurs tapis pour faire l'une des prières quotidiennes. Nous rencontrons quelques jeunes voyageurs européens également en attente. Le premier est un Suisse qui arrive de son pays en stop. Il est fier de nous montrer son carnet de route sur lequel il note méticuleusement le nom et l'adresse de toutes les personnes l'ayant pris en stop. Nous sommes le 273e et dernier véhicule, puisqu'il souhaite poursuivre en train après Amritsar, la prochaine étape. Les autres Européens sont deux Espagnols qui sont bloqués depuis quelques jours par les douaniers. Ces malheureux n'ont pas de carnet de passage en douane pour leur véhicule, un vieux van retapé par leurs soins. Furieux, ils projettent alors d'acheter des ânes pour continuer leur périple ! Nous sympathisons avec les voyageurs, échangeant nos impressions respectives et des conseils :

— Par où êtes-vous passés en Iran ?

— Et l'Afghanistan, c'est comment ?

— Il paraît qu'en Inde…

Nous décidons de nous attarder quelque temps pour assister à la bien curieuse et quotidienne cérémonie de fermeture de la frontière, trente minutes avant le coucher du soleil. Une foule impressionnante est amassée à l'entrée de la zone frontalière, munie de drapeaux nationaux, un peu comme pour un match de foot chez nous. Il faut dire que les relations entre l'Inde et le Pakistan sont rarement détendues et chacun des deux pays semble déterminé à surpasser son voisin à la moindre occasion, aussi bien sur un terrain de cricket que dans le domaine de l'armement nucléaire. Or c'est une démonstration inoffensive, mais divertissante, de cette vieille rivalité qui se déroule chaque jour à Wahga.

Vêtus de leurs plus beaux uniformes, les gardes se réunissent de chaque côté de la frontière et entament un défilé au pas cadencé sous les hurlements de leurs supérieurs. Les drapeaux glissent le long des cordes et les portes sont ouvertes, puis brutalement claquées. Le torse bombé, la tête haute, les fiers soldats semblent jouer un rôle qu'ils prennent très au sérieux, redoublant de rivalité. Pas question de se faire ridiculiser par le pays frontalier.

Retournant au poste-frontière, nous sommes pris en photo et Bucéphale est sommairement fouillée. Le douanier cherche la marque du véhicule. Ne trouvant pas le logo Citroën, il se décide à recopier ce qu'il y a d'écrit sur le capot. Dans la case « marque de la voiture », il écrit sur le registre officiel des douanes : BUCEPHALE ! En fin d'après-midi, nos passeports nous sont rendus tamponnés. Le moral est au beau fixe, nous venons de franchir la dixième frontière. Éclairée d'un côté par les derniers feux du couchant, de l'autre par la lune ascendante, l'Inde nous accueille en couleurs.

8

D'Amritsar à Delhi,

du Golden Temple aux vallées himalayennes bouddhistes

« *Namaste !* » Des Indiens nous disent « bonjour » en s'inclinant simultanément, les mains jointes sur la poitrine.

À trois quarts d'heure du Pakistan, Amritsar permet une introduction en douceur. Démentant son passé violent, la ville sainte offre une atmosphère paisible et relaxante, lieu de pèlerinage privilégié des Sikhs. La religion de ces derniers, empreinte d'hindouisme et d'islam, et qui signifie « discipline », obéit à un certain nombre de règles. Les Sikhs doivent revêtir cinq emblèmes en permanence, les cinq « k » : *kesha*, cheveux et barbe non coupés ; *kangha*, qui désigne le peigne servant à garder la chevelure bien ordonnée ; *kara*, un bracelet en métal ; *kaccha*, des culottes ; *kirpan*, un court poignard recourbé.

À la nuit tombée, le Golden Temple, achevé en 1604, nous accueille dans toute sa splendeur. Ce temple revêtu de feuilles d'or et incrusté de pierres précieuses trône au milieu d'un lac et une simple passerelle permet d'y accéder. Les quatre portes, correspondant aux points cardinaux, signifient que l'on peut venir de toutes les directions du monde, sans distinction de race, caste, sexe ou religion. Ainsi, des centaines de personnes, Sikhs, pèlerins, voyageurs, touristes y passent et peuvent y trouver de quoi se loger et se nourrir gratuitement.

Près des portes du temple, les gardiens, portant turban violet et robe orange, veillent au respect des règles. On ne pénètre dans ce lieu sacré que tête couverte, pieds nus et propres. Nous coiffons chacun un foulard et nous lavons les pieds respectueusement dans une sorte de bassin ressemblant à ceux que l'on peut trouver à l'entrée des piscines. À l'intérieur de l'enceinte, tout un rituel fait de chants, de lectures, de prières et de marches silencieuses autour du bassin sacré, le bassin de nectar qui a donné son nom à la ville. Les hommes s'immergent dans l'eau, tandis que leurs femmes remplissent des gourdes qu'elles rapportent chez elles. Dans le temple surmonté d'une coupole dorée, musiciens et chanteurs interprètent des chants religieux, retransmis par des haut-parleurs. Nous pénétrons à l'intérieur, suivant la foule des fidèles qui attendent leur tour en file indienne. Recouvert de mosaïques bleu et or, le palais m'émerveille. Des prêtres se relaient dans la lecture continue du Granth Sahib, le livre saint des Sikhs. Vénéré comme un dieu, éventé en permanence, il est transporté sur une châsse portée par des Sikhs. Autour du clergé, certains fidèles se recueillent à genoux et j'adopte naturellement la même posture. Je suis époustouflé par l'ambiance particulière de la salle. Autour de moi, les gens se pressent pour voir les musiciens qui accompagnent les psaumes, s'inclinant profondément devant le livre saint. La procession des fidèles aboutit devant une sorte de prêtre qui recueille les offrandes, souvent quelques pièces de monnaie. L'argent amassé devant lui forme un monticule qu'il éloigne régulièrement de la foule d'un geste de la main, bien que protégé par une barrière. De temps à autre, il choisit un fidèle pour lui offrir un présent, quelques pièces de monnaie ou un paquet. À l'étage, la plupart des personnes psalmodient quelques versets du Granth, nichées dans l'embrasure des fenêtres qui surplombent le bassin.

À la sortie du temple, les fidèles se pressent pour déposer leurs offrandes, des pâtisseries que l'on appelle *prassad*. Elles sont ensuite redistribuées à tous les visiteurs, et nous avons la joie de goûter à une sorte de gâteau sucré, moelleux mais un peu fade à mon goût. Nous faisons le tour du lac ceinturé par une promenade de marbre où glissent de merveilleux saris. Hypnotique, la musique sacrée des strophes rythme doucement la promenade. Puis nous passons à table. Un immense réfectoire, *langar* en penjâbi, permet de rassasier sans arrêt les fidèles. À l'entrée nous sont distribués des plateaux et un bol en métal. Des centaines de bénévoles préparent le repas et assurent le service pour les cinquante mille visiteurs quotidiens. Dans le réfectoire, le défilé des volontaires servant ce simple repas composé de lentilles et de *chapatis* n'est qu'un aperçu de l'organisation mise en place. Avant chaque repas, les quelque cinq cents convives chantent en chœur une sorte de bénédicité, remerciant Dieu et tous ceux qui ont rendu possible le partage de ce repas. Puis ils s'assoient à même le sol en tailleur, sur deux rangées et face à face, séparés par la « table » qui n'est autre qu'une simple toile cirée d'environ un mètre de large sur cinquante de long environ. Nous imitons les convives. J'ai en face de moi un vieillard à barbe blanche, drapé d'une étoffe jaunie par les ans. Il a faim et dévore littéralement son assiette de *dal*. Un sourire complice lui fait comprendre que je suis aussi affamé et heureux de pouvoir profiter d'une deuxième tournée. Le service se fait très simplement : deux volontaires passent sur la table, pieds nus, l'un portant un énorme chaudron et l'autre une louche. Efficace, cela permet de rassasier les nombreux estomacs rapidement. Un signal annonce la fin du repas. Nous nous levons et rejoignons la sortie où l'on nous débarrasse de nos plateaux métalliques. Quelle organisation !

Nous trouvons refuge dans une sorte d'hôtel très simple qui accueille les pèlerins gratuitement. Un dortoir nous est désigné, probablement celui des touristes. Il y a là deux Japonaises, une Suédoise, un Espagnol et un couple d'Américains. À même le sol, des centaines d'Indiens dorment dans la cour principale, par familles entières.

Ce soir encore, je m'endors sereinement et heureux d'être parti en voyage. Cette route m'ouvre les yeux sur le monde. J'en apprends bien davantage que sur un banc d'école, c'est tellement plus amusant et spontané. Aujourd'hui, cours sur l'Inde et la religion des Sikhs, demain, mécanique, et puis ce sera les relations humaines, et pourquoi pas tout à la fois ? Moi qui croyais que tous les Indiens portaient un turban à l'image des Sikhs. Comment aurais-je pu percevoir la force des foules en prière, l'odeur de l'encens, la musique sacrée et l'histoire en même temps ?

1er novembre. 11 178 km.

Il est 6 heures du matin et le soleil se lève sur la vieille ville d'Amritsar, qui lentement sort du sommeil. La météo est favorable, le moral au plus haut. Nous sommes prêts à aborder l'Himalaya. J'ai volontairement gardé comme coiffe le foulard orange du Golden Temple qui permet d'afficher des couleurs chaudes, plus en phase avec les Indiens. Vêtues de saris, les femmes sont très belles. D'un geste délicat, elles réajustent leurs robes aux couleurs vives avec élégance. Une excitation inexpliquée nous rend hilares ce matin. Est-ce le passage dans une Inde surprenante ? Un petit déjeuner quelque peu épicé nous calme pour un temps, le temps de prendre un semblant de jus d'orange sur le bord de la route au goût non moins amer. Le vendeur ajoute une sorte de sucre en poudre qui ressemble à une épice rare au goût infect.

— *It's good, isn't it ?* nous demande-t-il.

— *Very good, thank you !* répondons-nous d'un sourire crispé pour ne pas peiner le pauvre homme.

— *You want one more ?*

— *No, thank you, it's all right !* répondons-nous, accompagnant la parole d'un geste de la main sur l'estomac.

Nous l'avons échappé belle pour un deuxième bol. Déjà, mon estomac gronde. Il est des situations où il faut rester prudent.

Je m'amuse souvent à imiter l'anglais des Indiens qui roulent les « r », ce qui est tordant. J'avais eu l'habitude de croiser des Indiens au Pakistan et cet accent m'avait déjà marqué. Presque tous les Indiens parlent anglais, marqués par des années d'occupation britannique. La barrière de la langue n'est donc plus un problème, ce qui nous arrange dans un pays qui compte de nombreux dialectes.

En 1938, nos prédécesseurs avaient été reçus par le maharadjah de Kapurthala dans son palais construit par des architectes français au XVIIe siècle. Nous y faisons un détour, espérant rencontrer sans trop y croire des personnes ayant croisé ou entendu parler de Guy et Roger. En vain, le palais est devenu une école militaire et l'accueil qui nous est réservé est déplorable. On nous met tout simplement dehors sans autre forme de procès. Quant au palais et à son parc, ils semblent intacts, compte tenu de la description qu'en avait faite Guy de Larigaudie, une petite reproduction du style versaillais avec jardins à la française.

Déçus, nous faisons demi-tour pour remonter vers les contreforts de l'Himalaya. Dharamsala est notre premier objectif.

Des forçats, les pieds enchaînés, cassent des cailloux sur la chaussée. Vêtus de haillons, ces hommes font de la peine. Certains sont très jeunes et squelettiques, d'autres dorment à même les cailloux qui s'amoncellent, toujours enchaînés.

À midi, nous faisons la rencontre inattendue de trois sadhous. Deux d'entre eux sont accroupis devant la statue d'un dieu. Le troisième prépare la cuisine dans une habitation voisine sur un petit feu de bois. Maigres, enturbannés d'orange, la peau très noire et portant chacun trois ou quatre longs colliers de perles ou de bois peint, ils ressemblent à quelque fakir d'antan. Le plus âgé, les yeux déjà remplis de joie, prépare le haschich dans le creux de sa main. L'autre nous pose des questions : « D'où venez-vous ? Que faites-vous ?... » Nous allons chercher quelques victuailles et leur proposons de partager notre repas. Comme seule réponse, le baba (ils s'appellent tous baba) nous tend un énorme cône en terre cuite appelé *shilom*, plein de hachisch, après nous avoir fait une démonstration assez bruyante. Nous essayons maladroitement de l'imiter. Au bout de quelques minutes, les babas sont sur une autre planète, nous expliquant : « *Good smoke, good connexion with God, you have to smoke slowly...* »

Leur repas se compose d'une fine galette de pain et d'une espèce de bouillie de pois chiches très épicée. Un thé au lait sucré avec un pétard comme dessert fera l'affaire. L'un des sadhous nous invite à dormir chez lui ; nous refusons. Il habite une dizaine de kilomètres plus loin. Il embarque avec son ami et nous prenons congé du troisième. Celui qui nous a invités est assis à la place du mort et me dit « *slow, slow* » à chaque virage. Son compagnon a pris place en tailleur sur les malles à l'arrière. Les yeux dans le vague, il semble en profonde méditation. À un moment précis, il formule une petite prière et m'explique qu'à cet endroit un homme s'est fait manger par un tigre il y a peu de temps.

— Il y a beaucoup de tigres par ici ?

— Quelques-uns, mais ils ne sortent que la nuit.

Nous voilà rassurés ! Nos chemins divergent à hauteur d'un vieux temple que nous visitons. Des hordes de singes y sont regroupées, nourries par les autochtones, grimpant sur les voitures et peu farouches. Les adresses échangées, nous filons vers Dharamsala, siège du gouvernement tibétain en exil.

Vers 1 200 mètres d'altitude, la montagne est ravissante. Végétation très verte avec, partout, des fleurs sauvages. C'est la première fois que j'en aperçois autant en montagne. Les côtés de la route sont en fête et la nature nous dévoile ses secrets...

Plus tard, nous avons la chance de prendre en stop deux moines bouddhistes assez jeunes qui font leurs études au village d'exil. Ils sont vêtus de leur traditionnelle tenue rouge et ocre, le crâne rasé. Ils se rendent à un concert de rock tibétain auquel nous assistons. La salle est comble et les moines hilares ne cessent de faire des blagues. Au passage, je remarque que les hommes de prière sont en général très joyeux. Derrière le batteur, le drapeau du soleil levant affiche les couleurs du Tibet. Enfin un peu de musique ! Ayant fait le choix de ne pas prendre d'autoradio, nous n'écoutons que les musiques locales quand l'occasion se présente. Alors nous sommes tout ouïe devant les musiciens qui animent la soirée. À la sortie, quelques personnes nous proposent un thé et des beignets. Une femme touchante, son bébé emmitouflé dans le dos à la manière des sherpas, nous tend un verre fumant.

Nous dormons dans une *guest-house* pour soixante-dix roupies, ce qui est honnête. La chambre est initialement à cent roupies mais l'hôtelier a pitié de nous. Nuit on ne peut plus calme et reposante, en montagne. La sérénité de ce village nous marque le lendemain lorsque nous le visitons. Accroché à flanc de colline, il surplombe la vallée et les drapeaux à prière qui sont fixés entre chaque maison lui donnent une allure de fête de la mer un 15 août sur nos côtes. Malheureusement, le dalaï-lama est absent, en voyage au Japon. Il eût été intéressant de voir cet homme riche de sagesse. Quelques marchands vendent des souvenirs. Un Américain étudiant le bouddhisme nous mène à un temple où deux moines toujours en ocre et bordeaux psalmodient quelques prières d'un ton monocorde. Nous les écoutons puis faisons rituellement tourner les moulins à prière.

Mais la paix du lieu ne nous envahit qu'à moitié. Pour une bricole, nous nous disputons fortement et reprenons la route. Alors chacun reproche à l'autre ses fautes, cruellement. Il fallait bien que ça explose un jour ! La destination finale est notre objectif commun. Mais les chemins et manières d'y arriver peuvent être différents. Tous les deux motivés, nous avons pourtant un mode de vie assez différent. Édouard se couche tard, je me couche tôt. Idem pour le lever. Alors chacun fait des efforts pour supporter l'autre jusqu'au jour où une goutte d'eau fait déborder le vase. *A posteriori*, je me rends compte que nous sommes complémentaires : Édouard possède un sens des relations humaines qui me dépasse complètement, sa volonté pour atteindre le but qu'il s'est fixé est sans limites et il y a longtemps que j'aurais abandonné la voiture pour continuer à pied. C'est cette volonté qui lui donne des idées de génie et permet de faire des prouesses comme refaire les supports de suspensions avec de vieilles lames d'acier. L'amitié qui nous unit fortement nous permet de surmonter ces petites difficultés et de repartir plus soudés encore. Nous sommes comme un couple qui se doit d'appréhender l'autre avec souplesse, de faire des concessions, de pardonner régulièrement… Mais quel est le compagnon de voyage idéal ? Je crois qu'il n'existe pas. En voyage, nous touchons en profondeur la richesse de l'homme avec ses limites, ses différences mais aussi ses qualités. La vie ne serait-elle pas fade sans soucis ? Nous ne pourrions connaître le bonheur sans les difficultés surmontées.

Les tournants à répétition de la route qui nous conduit plus à l'ouest demandent une concentration extrême. Un bus Tata manque de nous écraser comme une vulgaire fourmi. C'est la loi du plus gros qui prime. Klaxonnant comme un forcené, le conducteur passe sa route sans entendre les jurons qui lui répondent à défaut de klaxon. Mais les Indiens ont de l'humour et l'arrière de leurs camions est toujours marqué d'un « *Drive slow, long life* » ou bien « *Horn please* » !

Cherchant à gagner rapidement les hautes vallées de l'Himalaya, nous décidons de rouler sans arrêt jusqu'au soir. À Mandi, ville aux quatre-vingt-un temples et étape pour les caravanes de sel, notre route bifurque au nord, vers le Tibet. Engouffrés dans une vallée profonde, nous longeons les rives de la Beas, dépassons Kullu, ville rendue célèbre pour ses tissus de Cachemire. En grimpant à flanc de colline, nous espérons trouver un coin tranquille pour la nuit et débouchons sur un temple bouddhiste. La vue plongeante sur la vallée est magnifique ; au loin, les premières cimes enneigées se teintent des reflets orangés du soleil couchant. L'air est frais et pur. Nous faisons un feu pour cuire un repas attendu depuis l'aurore. Je me couche rapidement, harassé par douze heures de conduite vigilante. Édouard profite de ce moment pour rédiger le carnet de bord au calme.

À 1 900 mètres d'altitude, Manali est une petite bourgade de l'État indien d'Himachal Pradesh. Prévoyant de faire une boucle isolée, nous prenons le soin de faire provision de carburant : le plein, plus quarante litres dans les jerricanes. Puis nous faisons une courte visite de la ville ; Édouard s'achète une polaire, nous envoyons un mail, rechargeons les batteries des appareils photo et vidéo… Ne prévoyant pas de provisions, nous comptons sur le célèbre accueil des Tibétains et sur les échopes locales pour nous restaurer. Mon excitation grandit, je vais enfin voir le Tibet !

La route qui serpente en lacets et conduit au col de Rohtang est splendide. Large vallée claire boisée se resserrant par endroits. Ayant toujours le mot pour rire, les Tibétains ont planté des panneaux de sécurité côté aval indiquant : « *Darling I want you, but not so fast !* », pour calmer les chauffards. Au bout d'une demi-heure de conduite, nous apercevons une trentaine d'hommes et de femmes assis en tailleur et en pleine méditation. Posés tels des champignons en pleine montagne, ils portent robe rouge et bonnet jaune. L'un d'entre eux nous offre des tracts et une cassette audio. Secte ?

« Ce sont les dieux, sans doute, qui vivent ici ; il n'y a pas de place pour les hommes » (Rudyard Kipling).

Plus nous nous élevons, plus la montagne dévoile ses secrets : faces nord enneigées, pics escarpés… Cette nature sauvage dégage une poésie sévère. Je suis d'emblée profondément pénétré par le charme au goût âpre de cette terre du bout du monde. C'est avec enivrement que je retrouve cette ambiance des hautes vallées perdues. À 3 975 mètres, Rohtang la, le col de Rohtang (*la* signifie « col » en tibétain) est un lieu touristique atrocement pollué. Les visiteurs souhaitent y faire des balades à cheval. Juchée au sommet d'un promontoire afin de bénéficier des premiers rayons du soleil, une forêt de drapeaux à prière claquent dans les bourrasques. Drapeaux où sont imprimés les versets sacrés destinés au vent qui les lira indéfiniment.

L'altitude prise rapidement fait un peu mal au crâne. Soleil de plomb, heureusement. Nous redescendons rapidement sur l'autre versant et quittons le bitume.

D'un coup… c'est le drame ! Un bras de suspension s'est déchiré. L'instant n'a rien de drôle. Il ne peut y avoir de pire moment pour une telle panne. Cette pièce maîtresse est supposée incassable, il ne nous reste plus qu'à prier pour trouver un soudeur dans quelque village perdu. Remonter au col est trop risqué. Et puis nous ne voulons pas quitter le Tibet sans voir un yack ! Installés dans une sorte de bunker qui a le mérite d'exister et de nous abriter du vent, nous faisons une gamelle de pâtes et un bon grog de vodka sucré, assurant un début de nuit paisible. À l'aube, mon premier réflexe est de sortir prendre la météo pour savoir s'il est utile de réveiller mon compagnon. Glacial, le vent souffle continuellement depuis quelques heures et transperce la lourde fourrure en peau de loup qui me protège ; il doit bien faire – 15 °C. Quelques étoiles se dissipent rapidement et laissent place à un ciel bleu très pur.

Au boulot ! Les journées sont courtes, la route est longue et il ne s'agit pas de traînasser. Je réveille Édouard, prépare un thermos de thé et range les affaires. Nous passons rapidement à l'action pour nous réchauffer et, munis de pelles, désensablons Bucéphale, laissée enlisée la veille, le bras de suspension cassé. La piste est chaotique et ne ménage pas la pauvre 2CV. Les sommets se détachant sur une lune blanchâtre nous font rêver. De monstrueux séracs suspendus sortent la tête d'un glacier. La langue de ce dernier se termine en un net arrondi qui laisse entr'apercevoir une moraine frontale noire. Une rivière gelée que le soleil n'a pas encore eu le temps de réchauffer traverse la piste. Le terrain est en pente et parsemé de gros cailloux, eux-mêmes pris dans la glace. Nous déchargeons la voiture des affaires les plus lourdes, malles et jerricanes, puis cassons la glace à coups de pioche pour en extraire les pierres les plus gênantes. Le travail étant rendu plus difficile par l'altitude, nous soufflons comme des locomotives.

La piste serpente régulièrement jusqu'au Kunzom la (4 551 mètres). Trois *stûpas* y sont figés dans un labyrinthe de drapeaux à prière. Il est de coutume de les contourner puis de sonner une cloche, éventuellement de brûler quelques bâtonnets d'encens avant de redescendre. Nous prenons le temps d'admirer le paysage : une partie de l'impressionnante Spiti Valley peut être aperçue. Le Spiti y déroule ses méandres jusqu'à la frontière chinoise éloignée de 70 kilomètres. Dans la même direction, l'imposant Shilla (7 026 mètres) est encapuchonné d'une calotte glacière. Plus proches, quelque six mille sommets nous entourent. Nous nous sentons vraiment tout petits face à cette nature colossale !

Les villages espacés sont disposés en fond de vallée, ou accrochés aux flancs de cette dernière. Orientés de manière à capter au maximum les rayons du soleil et probablement situés de manière à éviter les avalanches. Sur les maisons carrées au toit plat, le foin est réparti pour un séchage rapide. La descente du col s'avère aisée. La piste est en bon état. Côté aval et 400 mètres en contrebas, un camion est désarticulé. Les débris sont éparpillés sur plus de 500 mètres. Le malheureux conducteur a certainement dû rater un virage…

Dans un village, nous embarquons Tsering, un Tibétain, pour quelques kilomètres. Assis en tailleur sur les malles, il affiche un sourire radieux. La quarantaine, il a les traits fins, les cheveux ébouriffés et le type mongol. Ses petits yeux noirs nous scrutent profondément. Malheureusement, il ne parle pas l'anglais et la conversation est limitée. Au village de Kaza (3 660 mètres), il poursuit son chemin à pied tandis que nous avisons une auberge. Basse de plafond, la pièce principale est simple. Quelques tables de bois massif permettent de s'attabler devant un bol de soupe aux nouilles. Des routiers venus ravitailler la vallée regardent un mauvais film indien. La télévision grésille puis s'arrête. Les hommes sortent. La petite cuisinière tibétaine en profite pour nous aborder, nous questionnant, puis s'en retourne à ses fourneaux, dans la pièce voisine. Son enfant sur le dos, elle lui chantonne un air local tout en préparant notre déjeuner. L'électricité revient et les hommes rentrent voir la suite du film. Dans ces régions reculées, la télévision reste la seule passerelle avec une civilisation telle que nous la connaissons.

Reprenant notre progression vers la Chine, nous avons la chance de tomber sur un soudeur local à la sortie du village. En cinq minutes, il fait une soudure de fortune au bras de suspension déchiré. Mais 500 mètres plus loin, la pièce se fissure à nouveau au même endroit. Nous commençons à avoir une sacrée expérience des soudeurs puisque c'est à peu près le dixième auquel nous avons affaire. Ils sont tous les mêmes : « Avec mes soudures, tu peux faire deux fois le tour du monde, je t'assure. » Furieux de n'avoir pas suffisamment contrôlé le travail, nous faisons demi-tour et je me charge personnellement de la réparation. Évidemment, le pauvre bougre ne sait pas quelles difficultés nous faisons subir à Bucéphale et ne fait que quelques soudures d'appoint pour le village, mais jamais pour des véhicules. Une plaque en acier de quelques millimètres apposée et ressoudée sur la déchirure devrait faire l'affaire.

La nuit nous surprend aux abords d'un village. Je propose de dormir dans une grange vide à proximité de la route. Plus débrouillard, Édouard veut essayer de dormir chez des autochtones pour se réchauffer. Il a bien raison puisque c'est chez l'instituteur du village voisin que nous allons passer une soirée mémorable. Spontanément, ce dernier nous invite à boire le thé et à rester pour la nuit. En bord de village, la maison traditionnelle ressemble à quelque chalet massif de nos Alpes. Côté amont, la toiture descend presque jusqu'au sol tandis qu'à l'opposé, deux fenêtres laissent supposer que la maison possède un étage. Nous y pénétrons par une petite porte basse et gravissons les marches inégales d'un escalier de bois. Une forte odeur de yack chatouille les narines. En effet, le rez-de-chaussée est habité par les bêtes qui assurent ainsi le chauffage central. Dans la pièce principale, deux femmes nous accueillent en souriant. Assis en tailleur autour du foyer, la discussion avec nos nouveaux amis est immédiate. L'instituteur se présente : Dsantzé. Dsantzé est tibétain. C'est le professeur des quinze enfants du village. Parlant quelques mots d'anglais, il traduit notre conversation à sa femme et à sa sœur qui rigolent à chacune de nos phrases. Une douce chaleur s'échappe du poêle alimenté par des excréments séchés, souvent le seul combustible pour les habitants des hauts plateaux. Le thé à la graisse de yack (*tchat-cha*) est excellent. Dsantzé nous propose de la bière locale (*Tcheng*) pour accompagner les *chapatis* fabriquées sous nos yeux, les pommes de terre et le fromage de yack. Cet animal robuste, capable de vivre à plus de 6 000 mètres d'altitude, semble indispensable à la survie des hommes. Comme dans le bison, tout est bon dans le yack. Son lait et sa viande sont communément utilisés et ses poils servent à fabriquer des vêtements et même des pinceaux. Ouvrant un album photo, Dsantzé nous montre sa famille. Il a deux filles et deux fils, tous étudiants en pension. Son plus jeune fils, Llu, est lama. Il a 10 ans et habite dans un monastère éloigné de 40 kilomètres. À notre tour, nous montrons nos photos. Il est utile d'en posséder quelques-unes en voyage, ce qui permet aux interlocuteurs de mieux appréhender le voyageur souvent original qui se présente à eux.

— Et ça, qu'est-ce que c'est ? Un *stûpa* ? demande Dsantzé.

— Oui, une sorte de grand *stûpa* de 300 mètres de haut qu'en France on appelle la tour Eiffel.

Nous éclatons de rire !

Les lèvres gercées par le froid mordant qu'il affronte depuis des années, Dsantzé se protège comme il peut : le plus naturellement du monde, il sort de sa poche un gros tube et s'en tartine les lèvres. Son stick n'est en fait rien d'autre qu'un déodorant en tube destiné à l'origine à être roulé sous les aisselles !

Malgré les difficultés de leur existence, ces montagnards sont de joyeux lurons. Sans cesse à rire et à chanter, toutes les occasions sont bonnes pour s'amuser. Nous écoutons avec attention un chant que deux femmes souhaitent nous offrir, rythmé par leurs mains agiles frappant sur des bidons. Pour les remercier, nous entonnons à notre tour une mélodie. Pendant une heure, les chants se succèdent. Dsantzé accompagne les femmes pour une prière tibétaine. Les yeux mi-clos, il fredonne par cœur avec ferveur cette mélodie ancienne. Le ciel est clair et il ne neigera pas cette nuit…

Devant la traditionnelle maison blanche de Dsantzé, nous faisons pour la énième fois le tri de nos affaires afin d'alléger la 2CV. Le choix est parfois difficile à faire, surtout en mécanique où toute panne est probable. En vrac, nous laissons un cardan, des outils, des habits, une couverture, la tente, des médicaments, du stick à lèvres (pour les aisselles…). Pendant ce temps, Dsantzé fait sortir le troupeau de chèvres au-dessus duquel nous avons dormi pendant que son épouse trait un yack devant la maison. Rustique, leur rythme de vie est simple et sans aucun doute très sain. Les enfants attendent notre départ pour commencer la classe et, après avoir rempli le thermos de *tchatcha*, nous poursuivons notre chemin. Une femme âgée embarque, nous offrant des abricots secs.

À midi, Tobo Gompa, le monastère le plus important du monde bouddhiste tibétain, est devant nous. Nous y rencontrons le tuteur des moines qui nous invite à déjeuner. Le repas est simple : chou-fleur accompagné de boules de pain. Dans le réfectoire, les jeunes moines déjeunent en pseudo-silence. Ces pensionnaires, comme tous les garçons en internat, doivent bien s'amuser et ne respectent le silence que lorsque l'autorité se manifeste. Puis deux d'entre eux nous font la visite du monastère. C'est ici que le dalaï-lama devrait prendre sa retraite. Construit en 996, il abrite certains des spécimens les plus préservés d'art indo-tibétain du monde. L'ensemble compte neuf temples, tous au niveau du sol. La salle principale de réunion, le Tsuglhakhlang, est entourée de trente-trois statues de bois peint. Très anciennes, elles ne sont pas éclairées afin de préserver les couleurs d'origine et le visiteur doit se munir d'une lampe de poche pour en apprécier la beauté.

La saison est avancée et les prémices de l'hiver se font sentir. Dans ces régions reculées séparées de la plaine par de hauts cols, les cinq mois d'hiver se passent en autonomie totale pour les Tibétains, qui font des réserves. Aimant beaucoup cette région mais n'ayant pas prévu de passer une saison complète en compagnie des yacks, nous pensons terminer la boucle avant les premières neiges et disparaissons dans un nuage de fumée. La proximité de la frontière chinoise impose à tous les voyageurs de se munir d'une autorisation que nous n'avons évidemment pas. Nous comptons sur le bon vouloir des gardes pour passer. À 14 heures, nous apercevons le poste militaire. Désert ! Les gardes font-ils la sieste ? Sans demander notre reste, nous filons à l'anglaise, bien contents de notre coup. Malheureusement, la route s'est affaissée sur près de deux kilomètres. Le gouffre est immense et pas question de passer en voiture. En urgence, des câbles ont été tendus au-dessus du précipice. Un système de nacelle permet de faire passer les marchandises. Nourriture et bois sont ainsi acheminés au village de ce fond de vallée désormais coupé du monde. Nous étudions la possibilité de démonter la 2CV pour la faire passer pièces par pièces et la remonter à l'autre bout. Mais dans la crainte de l'hiver et de ne pas la voir redémarrer, nous faisons demi-tour. Il est parfois indispensable de savoir renoncer en montagne, ne maîtrisant pas les éléments. Le passage du poste n'est pas aussi simple qu'à l'aller. Arrêtés par les militaires, il nous faut feindre ne pas connaître les règles et, encore une fois, tout le tact d'Édouard est nécessaire pour nous tirer de ce mauvais pas. Tobo Gompa nous ouvre à nouveau ses portes pour la nuit.

En silence, les moines arrivent peu à peu à l'appel du gong. Il est 6 h 45 et c'est la prière du matin. Les jeunes lamas qui rentrent saluent un autel disposé à droite en entrant. À genoux, ils passent leurs mains jointes du dessus de la tête au visage puis se jettent face contre terre, répétant l'opération plusieurs fois puis se prosternant devant la statue de Bouddha. Puis chacun prend sa place en tailleur sur des rangées de coussins de couleur bordeaux. Deux moines plus âgés ont déjà commencé la prière. La mélodie monocorde et répétitive est amplifiée au fur et à mesure de l'arrivée des priants. Certains sont très jeunes, l'un d'entre eux ne doit pas avoir plus de 6 ans. Apaisante, cette prière ressemble aux matines de certains monastères occidentaux. Dans un coin, des bâtonnets d'encens se consument en silence. À l'est, les premiers rayons du soleil pénètrent dans le temple qui révèle ses véritables couleurs rouge et or. Dehors, il fait – 10 °C. Les jeunes ne sont vêtus que de leur robe et d'une sorte de couverture. Munis d'un quart métallique, ils prennent leur premier repas à l'issue de la prière. Reprenant la route, il n'est pas difficile de repérer qu'il a « plâtré[1] » cette nuit : les sommets environnants sont recouverts d'une fraîche couche de poudreuse et nous nous félicitons du demi-tour de la veille. Il nous reste deux cols à franchir, espérant atteindre Manali le soir même et il faut faire vite pour ne pas être pris au piège comme des rats. Le froid piquant rougit nos joues et nous frissonnons. Pour la première fois, nous regrettons la tonte de Bucéphale en Roumanie. Un petit déjeuner conséquent nous permet de reprendre des forces à Kaza. Le passage du premier col à 5 000 mètres s'effectue sans problème. Mais la piste pierreuse ne ménage pas la 2CV. Une mauvaise pierre crève un pneu. Les trois autres roues de secours sont aussi à plat. L'heure est grave. Il ne reste que la solution de la pompe à pied. Il s'agit de regonfler tant bien que mal et de vérifier régulièrement. Lorsque la pression devient critique, même opération. Au franchissement du deuxième col, c'est le crépuscule. Un ciel splendide. Les rayons orangés forment des traits de lumière réguliers au-dessus des cimes. Regonflage puis descente sur Manali. Nous prenons un Indien en stop, qui s'installe entre les malles. Toujours sans phares, nous amorçons une descente périlleuse. Course contre la montre, retraite dans le froid sur une route effrayante. Une voiture nous double et sert de guide. Voilà qui est mieux ! À la sortie d'un virage en épingle, j'entends un bruit mat, puis des cris. Édouard s'arrête. Nous constatons avec horreur que notre homme est tombé. Dans la nuit, il roule sur le bas-côté et se recroqueville pour

1. Expression de Savoie.

éviter une voiture qui arrive. J'attrape la pharmacie, toujours à portée de main sous le siège, et bondis vers le malheureux. Mais il se relève, titube, se frotte les fesses, vacille de gauche à droite puis se remet l'air de rien à sa place entre les malles. Quel cran ! Plus tard, c'est une vache sacrée que nous évitons de justesse. *A posteriori*, je crois que nous étions un peu fous. Rouler sans phares sur une route montagneuse en Inde tient du délire ! Réfugiés derrière un tracteur, c'est à 5 km/h que nous entrons dans Manali, prenons une mauvaise chambre d'hôtel pour deux cents roupies et nous endormons profondément.

Vendredi 7 novembre.

Rien à faire, la deuche ne démarre pas. Même les vitesses ne passent pas. Une descente en roue libre nous sort de la ville pour éviter les badauds. Le câble d'embrayage retendu, c'est la batterie qui ne fonctionne plus. Nous arrêtons une Occidentale qui conduit un 4 × 4 et démarrons, mettant les batteries en série, puis calons. Deux bonnes heures sont nécessaires pour trouver une âme sensible qui veuille bien nous aider. La journée continue dans le même esprit. Dans un village, Édouard bouscule un piéton par inattention. Puis un bus nous rentre dedans, ne froissant heureusement que la tôle d'une aile arrière. Sans gêne, le conducteur repart. Ces foutus camionneurs ne savent pas conduire et n'obéissent qu'à la logique du klaxon, que nous n'avons pas. J'enrage ! Surpris par la nuit, nous trouvons une place sur le bas-côté à la lueur des warnings. C'est enfin un ballet incessant de camions, voitures, scooters, piétons qui nous observent et font du bruit toute la nuit. Bien que fatigué, je n'arrive pas à trouver le sommeil, ou bien seulement par bribes. Je vois alors des hordes de singes sautant sur la voiture, les deux yeux d'un tigre tapi dans la nuit. Le fauve n'attend que notre sommeil pour fondre sur sa proie. Puis c'est un cobra royal qui me glace le sang et me laisse immobile. Dans la moiteur ambiante, je transpire à grosses gouttes dans mon sac de couchage.

La descente sur l'immense vallée du Gange se poursuit le lendemain. Delhi. Sur le périphérique, nous croisons un dromadaire qui tire un lourd chargement monté sur deux petites roues. Cette ville est un véritable zoo. La diversité des animaux rencontrés est impressionnante : vaches, buffles, chiens, cochons, chèvres, éléphants, perroquets, écureuils, chameaux, singes... Nos amis de Kaboul nous ont recommandé de prendre contact avec un ami, Alexandre Tsuk, qui habite ici. Il nous réserve un accueil extraordinaire. Il vient de monter une entreprise et exporte dans le monde entier des objets d'art fabriqués en Inde. Nous profitons de ces quelques jours passés à Delhi pour visiter la ville et surtout nous préoccuper de trouver un moyen pour entrer en Birmanie. À l'ambassade, il nous faut jouer de tact et de ruse pour réussir à avoir un entretien. Nous montons tout un dossier avec cartes et itinéraire envisagé, photos de la très célèbre « *old 2CV Citroën* ». Notre simple voyage prend donc des accents de mission à la Christophe Colomb, puisque nous voulons présenter l'affaire comme une grande première, un rapprochement culturel entre la France et le Myanmar, un accord commun entre nos deux pays serait donc bienvenu pour nous. Mardi 11 novembre, le consul nous attend. Rasés de près, nous nous sommes vêtus des affaires les plus présentables. Le trafic indescriptible de la ville nous oblige à demander à un rickshaw de nous devancer pour s'y retrouver et être sûrs d'arriver à l'heure. Très gentils, le consul et son premier secrétaire nous reçoivent autour d'un thé et semblent curieux de voir ces deux jeunes Français. Malheureusement, le consul nous fait subtilement comprendre que c'est à partir du Bangladesh que nous devons demander l'autorisation et nous transmet le numéro de fax du bureau de Dhaka. Le dossier est faxé dans la nuit avec deux options possibles pour l'itinéraire. Quelle affaire ! Nous profitons de l'occasion d'être avec Alexandre pour visiter la ville. Empruntant une petite ruelle fort odorante, il est intéressant de déambuler dans le marché. La première partie est le coin des vendeurs de poulets qui les égorgent tranquillement sous nos yeux. Ici, la viande est fraîche. Puis les poissonniers suivent, viennent enfin les vendeurs de légumes, épices, bricoles en tous genres. Nous passons devant la mosquée la plus grande d'Asie. Elle porte le nom de Quwwat-ul-Islam-Masjid (« la puissance de l'islam »). Son architecture de brique rouge semble être un mélange de culture musulmane et hindouiste. C'est en effet avec la force des hindous qu'elle fut bâtie. Ne disposant d'une main-d'œuvre musulmane que peu ou pas qualifiée.

Le 12 novembre, un coup de fil houleux au consul de Myanmar à Dhaka nous met d'une humeur de chien : « *You will not cross by road, no way.* » Alors nous retournons à l'ambassade pour de nouvelles négociations, envisageons de passer par le nord de l'Inde, voire la Chine. La lutte contre l'administration n'est jamais gagnée…

4e PARTIE

Inde

Édouard

Aux sœurs de Mère Teresa pour leur goutte d'eau d'amour versée à l'Humanité.

9

De Delhi à Bénarès,

DES FRAYEURS D'UNE ATTAQUE AUX SPLENDEURS DU TAJ MAHAL

« Un homme qui ne sait plus s'émerveiller a pratiquement cessé de vivre. »

Einstein

Jeudi 13 novembre. 12 952 kilomètres. En direction d'Agra.

Sur le périphérique de Delhi, un éléphant circule, pas plus gêné que s'il était une voiture ou un auto-rickshaw. Perché sur le pachyderme, le cornac s'est endormi. L'éléphant avance à pas lents, dans la file qui permet de doubler. La fable[1] d'un apologue hindou mettant en scène un éléphant pourrait résumer notre démarche de voyageur :

Il y avait autrefois, dans la plus sainte des villes de l'Inde, un roi très sage. Il convoqua un jour dans son

1. *In* Jean Vernette, *Paraboles d'Orient et d'Occident*, Droguet et Ardant, 1999.

palais quatre aveugles de naissance. Puis il fit introduire un éléphant dans la grande salle du trône. Il dit alors aux aveugles :

— Vous allez toucher cette grosse chose et me dire ce que c'est.

Le premier toucha la queue et dit :

— C'est une corde.

Le deuxième toucha la trompe et déclara avec assurance :

— C'est un serpent !

Le troisième toucha une patte et affirma sereinement :

— C'est de toute évidence un tronc de bananier !

Le quatrième toucha le ventre et s'exclama :

— Mais c'est une barrique !

Ils se mirent à se disputer et à en venir aux mains. Aucun d'eux n'avait raison car ils n'avaient touché qu'une partie de l'éléphant. Ils avaient une perception partielle de la vérité. Chacun avait sa propre vérité. Est-ce pour cela que la Vérité n'existe pas ?

Et pourtant, il existait un éléphant. Tout dialogue s'avère donc impossible quand l'être humain devient le seul point de référence. La vérité des choses ne tient donc pas dans l'idée qu'on s'en fait. La sincérité d'un jugement n'en fait pas la valeur.

Partir en voyage, c'est réagir. Réagir contre le risque du scepticisme. Réagir pour qu'au contact du monde réel, l'intelligence soit en accord avec la vérité du cosmos, la vérité de l'être humain.

Nos phares ne fonctionnant toujours pas, nous préférons faire halte dès la tombée de la nuit. Nous installons un bivouac sommaire à proximité d'un *ashram*, monastère indou qui regroupe des disciples autour d'un gourou. Nous préparons notre souper de riz et de thon en boîte, sur le réchaud à gaz. L'eau frétille dans la casserole quand le gardien de l'*ashram* vient à nous.

— Venez dans notre temple, notre gourou vous accueille pour la nuit.

Nous nous réjouissons à l'idée de passer la nuit sans souffrir de l'humidité de la plaine indienne. Nous remballons les affaires du bivouac. Quelque chose nous dit que l'invitation n'est pas franche. Notre homme s'est éloigné. Il revient au loin avec plusieurs autres personnes. Mon regard croise celui de Jean-Baptiste. Instinctivement, nous sentons l'embrouille. Mon sang ne fait qu'un tour. Les réflexes sont nets. Nous arrachons la 2CV à la terre boueuse du bivouac. Jean-Baptiste saute au volant. Je continue à pousser. Deux hommes de l'*ashram*, armés de bâtons, se sont mis à courir vers nous. Je pousse encore, de toutes mes forces, et grimpe à la place du passager. J'ai juste le temps de voir des silhouettes nous poursuivre. Dans la pénombre, ils poussent des cris de damnés et brandissent leurs bâtons dans notre direction. Dans le petit chemin de terre qui amène à la Great Truck Road, nous les distançons. La peur au ventre, nous fuyons cet endroit de malédiction. Quelle mouche les a piqués de vouloir nous attaquer ainsi ?

Il fait nuit. Nous voilà forcés de continuer la route, punis de nous être posés près de ce qui ressemblait à un asile de fous. Les cris rauques et sauvages de nos agresseurs résonnent encore à nos oreilles. À notre habitude, nous roulons aux feux de détresse. La lumière jaunâtre, clignotante, nous offre une visibilité limitée : un trou sur deux, une vache sur deux, un cycliste sur deux. Un véritable gymkhana nocturne.

Avant la Seconde Guerre mondiale, lorsque les usines Citroën mirent au point la 2CV, les inventeurs n'hésitaient pas à tester les hypothèses les plus originales. Sa conception était à l'économie et à la robustesse.

Ainsi se sont développées des solutions surprenantes comme une carrosserie en toile cirée, un châssis en bois contrecollé, un autre creux, servant de réservoir d'essence, et même des ailes phosphorescentes. Pour l'éclairage, ils devaient se poser les mêmes questions que nous. Pierre Boulanger souhaitait une voiture fonctionnelle et simple ; l'électricité, il ne voulait pas en entendre parler. Le chimiste et astronome Lecoultre, sorte de professeur Tournesol, apprivoisa pendant de longs mois des lucioles et des lampyres. Il tenta de percer le secret de leur production lumineuse pour savoir si on pouvait l'appliquer sur la 2CV à la place de l'électricité. Finalement, la voiture sortira avec un seul phare au milieu du capot. Plus tard viendra le deuxième œil, qui lui donne cette expression si humaine et qui, aujourd'hui, nous manque cruellement.

Dans la ville d'Agra, nous stoppons, épuisés. Au pied du Taj Mahal, nous garons la voiture, installant notre deuxième bivouac sous la muraille du palais. Nous sortons tapis de sol et sacs de couchage, bombes lacrymogènes et lampes de poche… tout un rituel. Nous n'avons pas la force de nous faire à dîner et nous glissons dans nos sacs de couchage le ventre creux. La lune éclaire légèrement la masse du palais.

Un homme arrive avec un bâton. Nous nous croyons de nouveau menacés. Mais cette fois, il nous explique que l'endroit où nous venons de nous poser est le territoire d'un cobra. De son bâton, il tape le sol et siffle bruyamment pour déloger le serpent à lunettes. Quinze à vingt mille Indiens meurent chaque année des morsures de reptiles[1]. Gentiment, il nous conseille de dormir de l'autre côté de la 2CV, là où il n'y a pas

1. *Marianne*, 17 au 23 juillet 2004.

d'ombre. Fatigués par la route, nous restons sur place, armés d'un vulgaire manche de pioche. Nous nous déplaçons de deux mètres, décidés à côtoyer les pires créatures en échange d'un peu de tranquillité. Comme Vishnou, l'un des dieux à quatre bras, nous dormirons étendus dans nos rêves sur le serpent Ananta, représentation de l'éternité. Nous sommes loin de la magie de l'Inde que nous projetions en secret. Tout est brutal. *Le livre de la jungle* qui avait bercé notre enfance se révèle cauchemardesque. Notre sommeil est agité par Kaa, le serpent de Kipling. Le pays des milliers de dieux est aussi celui des mille démons.

Au petit matin, le Taj Mahal brille de toutes ses pierres précieuses. La dentelle de marbre moghole reflète les teintes ocre et rose. Au bord de la rivière avoisinante, l'écrin d'amour, œuvre de l'empereur Shah Jahan pour sa femme, se dégage parmi les premières brumes. Le mausolée et ses minarets flottent sur une mer comme dans un conte de fées. Il se dégage une atmosphère de transcendance. Une nostalgie de ces temps où la vie temporelle et le sacré s'harmonisaient. Le vide spirituel des cœurs se réduit devant le sacré d'un tel lieu. Notre traversée de l'Orient prend son sens devant ce genre de tableaux. Ils nous font oublier les désagréments, les embûches de la route.

Larigaudie et Drapier passèrent par le sanctuaire. Ils en prirent une photo qui devint la couverture de *La route aux aventures*. Devant les beautés du monde, le globe-trotter s'exprimait : « Il faut tout aimer, une orchidée brusquement épanouie sur la jungle, un beau cheval, un geste d'enfant, un trait d'esprit, un sourire de femme. Il faut admirer toute beauté au passage, la découvrir, fût-ce dans la boue, et l'élever vers Dieu. Mais ne pas s'y attacher. Elle n'est qu'un scintillement et nous sommes faits pour le soleil, non pour la mare obscure où se jouent ses reflets. [...] Parce que nous sommes pétris d'une matière éternelle, nous cherchons toujours, obstinément, désespérément, à construire du durable. Peut-être est-ce pour cela qu'il y a tant de joie à avoir un fils ou à bâtir une maison[1]. »

Pour Larigaudie, cet émerveillement renouvelé n'est pas un besoin d'esthète. La beauté de la terre le porte à aimer. C'est pour ça qu'il déchiffre le grand miroir du monde et le contemple.

L'émerveillement sur les choses du monde est un moyen de ne jamais décrocher d'avec la réalité. C'est la conscience des choses qui sont en nous et autour de nous. L'émerveillement est même à l'origine de la réflexion humaine. Parménide (philosophe grec du VIe-Ve siècle av. J.-C.) s'exclamait déjà : « Il y a qu'il y a ! », sentiment premier de l'existence du monde et des choses. Hubert Reeves va plus loin : « "Il y a quelque chose, il y a de la matière." La question : "Comment cette matière est-elle apparue ?" relève de la physique. La question : "Pourquoi y a-t-il de la matière plutôt que rien ?" relève de la métaphysique. [...] Le physicien théoricien est comme tout un chacun : confronté à cette question, il ne sait rien, n'a pas le premier mot de la réponse. »

Mais ce qui est encore plus fabuleux, c'est que les choses de la nature sont ordonnées, aussi bien dans le système planétaire, la composition d'un végétal ou le fonctionnement d'un atome. La nature, la matière est structurée par des lois et des forces, ce qu'Hubert Reeves constate de manière poétique : « Il y a de la musique plutôt que du bruit ! »

S'émerveiller, c'est contempler une réalité qui s'impose à notre regard. L'infiniment grand, l'infini-

1. Guy de Larigaudie, *Étoile au grand large*, *op. cit.*

ment petit dans toute leur splendeur restent un mystère. « Je n'appartiens pas à une race, dit Albert Jacquard, j'appartiens à l'espèce humaine. La richesse de cette espèce vient de ce que les hommes ont le pouvoir étrange de se faire cadeau les uns les autres de toutes les interrogations à propos du monde qui les entoure et, surtout, à propos d'eux-mêmes. »

Pourquoi y a-t-il quelque chose plutôt que rien ? D'ou viendrait ce hasard dont le résultat est beau et ordonné ? Pourquoi sommes-nous embarqués dans la vie sans même l'avoir voulu ?

La découverte avec un œil toujours nouveau, mais pas naïf, sur les réalités du monde permet de ne pas devenir blasé. Il nous faut retrouver cette admiration et cet émerveillement des choses qui nous entourent, qu'Albert Einstein avait au plus haut degré. Il fait même de la somme de nos cinq sens un sixième sens, celui du mystère : « Le plus beau sentiment que l'on puisse éprouver, c'est le sens du mystère ; c'est la source de toute vraie science. Celui qui n'a jamais connu cette émotion, qui ne possède pas le don d'émerveillement, autant vaudrait qu'il fût mort, ses yeux sont fermés. »

Agra s'éveille. Partout dans les rues, des groupes se forment autour de petits feux faits de cageots et d'ordures. Les hommes s'entourent les joues d'écharpes nouées au sommet de la tête pour se protéger du froid. Cela leur donne des airs d'œufs de Pâques. Ils sont vêtus d'un *lungi*, pièce d'étoffe colorée ajustée à la taille. Accroupis sur les talons, à l'asiatique, ils réchauffent leurs paumes à la chaleur des flammes. Quelques singes, cousins des bandarlogs[1] prêts pour

1. Bande de singes du *Livre de la jungle* de Kipling.

un mauvais coup, font dans les détritus des moissons improbables.

L'Inde nous affole. Les Tata, qui tiennent plus du paquebot que du camion, cinglent à pleine vitesse sur les flots de l'océan routier. Il nous faut redoubler d'attention pour ne pas risquer à nouveau la collision. Pour nous protéger, nous jouons les rémoras. Nous nous fixons derrière un camion qui nous sert de guide. En roulant à la même allure que lui, nous parasitons son appel d'air. Lui nous ouvre la masse du trafic.

La jauge ne marche plus. Sans doute une conséquence du problème électrique. Nous tombons en panne d'essence. Vider le fond du jerricane nous permet de rejoindre une pompe.

Depuis l'Afghanistan, la route n'a jamais été aussi mauvaise. Nous supportons mal les autos-rickshaws et les vaches. Sacrés ou non, ces animaux ont le don d'être toujours sur la route quand nous arrivons à leur hauteur.

Notre quotidien est fait de klaxons, seul code de la route crédible. Au début, c'est plaisant. La cacophonie donne à la route une atmosphère de fête. Comme si tous les automobilistes indiens étaient en train de participer au cortège d'un mariage. À la longue, nous n'en pouvons plus.

Nous calculons qu'un camion klaxonne environ une fois tous les cinquante mètres. Nous croisons un camion tous les cinquante mètres, ce qui nous fait en moyenne vingt coups de klaxon dans les oreilles par kilomètre. Nous allons parcourir en Inde 2 000 kilomètres, soit trente-deux mille coups de klaxon, sans compter nos séjours dans les villes. Nous nous refusons à évaluer le taux de décibels et les conséquences sur notre système auditif. Voyager en Inde, c'est risquer de devenir sourd. Les quelques conversations que nous échangeons se font en criant.

— Je... ois... on... rvé, lance Jean-Baptise au milieu du brouhaha.

— Qu'est-ce que tu dis ?

— Je crois qu'on a crevé.

Les nids-de-poule, éléphantesques, ont tordu les jantes de nos roues. Dans cet enfer routier, nous crevons pour la onzième fois depuis Paris. Des panneaux de propagande du gouvernement annoncent la rénovation de la route. La « quadrilatérale en or » : « *Dreamed Project of Golden Quadrilateral* ». Nous en rêvons aussi.

Pour quelques roupies, nous faisons réparer la chambre à air sur le bord de la route. Nous devons, durant ce type de pause, surveiller sans cesse les affaires que notre 2CV expose à ciel ouvert. Un petit enfant profite de l'agitation générale pour voler l'autocollant de la Guilde. Parce qu'il le cache maladroitement dans son dos, je m'en aperçois. D'un bras, je l'attrape et le hisse dans la voiture. Je le tance. L'enfant pleure, honteux et confus. Il saute de la voiture et file se cacher chez ses parents. L'histoire a servi de leçon et pendant un quart d'heure on nous laisse tranquilles.

C'est le prix de notre folie de Roumanie : couper ce toit qui nous coupait des gens. Comme Georges-Marie Haardt, l'un des chefs d'expédition de la Croisière jaune qui roulait le pare-brise des autochenilles abaissé. Il expliquait que peu lui importait le froid du moment, il pouvait ainsi saluer les gens qu'il croisait.

Nous aussi voulons être accessibles à tous, aux sourires, aux mains tendues. Mais du coup, nos affaires sont également à portée de main. Comme ce couteau, cette batterie, ce téléphone, ces habits et tant d'autres choses qu'on nous a volées. Rien de tout ça ne nous manque. Le voyage incite à se dépouiller du superflu pour approcher de l'essentiel.

Nous continuons la route, sautant le déjeuner, avalant le mauvais goudron. Au milieu de la chaussée, un camion s'est renversé sur le flanc. Sa cargaison de pastèques est répandue sur la totalité des voies. Il bloque pour une heure la plus grande route commerciale de l'Inde. Fait coutumier.

Nous coupons par les sentiers. Défile la vaste plaine cultivée de l'Inde rurale, parsemée d'arbres et de haies. Les marchés sont le cœur des villages que nous traversons. Des buffles, des chiens errent, parfois domestiqués, parfois sauvages. Les femmes, le long des avenues principales, ploient sous des fardeaux de bois ou des paniers de linge. D'autres préparent le repas ou allaitent un enfant. Les saris jaunes, verts, rouges ou bleu vif mouchettent la terre grise des sentes d'une pointe de gaieté.

La mousson s'est achevée il y a un mois. Nous remercions le ciel d'avoir échappé à cet écroulement des nuées. La saison est aux semailles. Dans les champs, les hommes, pesant de leur poids sur les socs de leurs charrues, creusent les sillons. Ils commandent avec habileté un ou deux buffles attelés. Nous croisons d'épaisses carrioles aux roues de bois. Pas le moindre élément de plastique ou de caoutchouc.

Sur le bord des routes s'écoulent d'interminables chaînes humaines. Rudyard Kipling décrivait cette route comme « une rivière de vie ». La Great Truck Road sert d'ailleurs de cadre à son roman *Kim* où se déroule le « grand jeu » politique des puissances de l'époque. Les voyageurs anglo-saxons surnommèrent cette route « longue promenade ». Et pour cause. Des hommes et des femmes y sont constamment en marche. Le pays fourmille jour et nuit comme si tous ses habitants s'étaient donné rendez-vous sur la Great Truck Road. En plein milieu de la chaussée, nous évitons un jour le corps d'un homme allongé sur le dos. Un cadavre, un ivrogne, un homme en pleine sieste ?

Notre plan des prochains jours est simple. Il nous faut couper par Bénarès puis rejoindre Calcutta au plus vite. Depuis cette ville, nous aviserons pour le passage du Myanmar. Nous sommes las de cette conduite insensée où nous risquons notre vie à chaque instant.

L'épopée du Paris-Saigon de 1937-38 dans le sous-continent indien était d'un autre ordre. Nous empruntons pourtant le même axe routier du nord. Celui qui, déjà, à l'époque, faisait la liaison Peshawar-Calcutta. Guy de Larigaudie et Roger Drapier se débattaient dans les jungles et sur les pistes indiennes. Six décennies plus tard, nous luttons dans la jungle routière. Au début du siècle dernier, l'automobile, peu répandue, est un formidable outil pour conquérir et explorer le monde. La traversée des Indes anglaises en Ford T est un événement exceptionnel. À New Delhi, Larigaudie et Drapier sont ainsi reçus majestueusement par le vice-roi des Indes, qui salue leur traversée et les invite dans son palais. Mais le plus souvent, ils installent leur tente au bord des routes, évitant les grandes villes et les hôtels onéreux.

Profitant de l'unité coloniale britannique, ils purent traverser avec un seul visa et sans passer de frontières tout l'empire de la Couronne. Le Pakistan, le Bengladesh et la Birmanie ne faisaient qu'un avec l'Inde. Notre expédition avec Bucéphale, perdue dans le flot de millions de voitures, est bien différente. Les frontières sont aujourd'hui des obstacles difficiles à sauter pour notre monture.

Pourtant, l'atmosphère reste inchangée. Observant méticuleusement la société hindoue, Larigaudie trace en quelques lignes une admirable fresque vivante du pays mystérieux : « Yogis nus, couverts de cendres et de poussière, couchés sur une planche cloutée ou, les mains levées, immobiles, vers le ciel, les paumes transpercées par les ongles. Hindous, au front marqué du point rouge de Brahmâ, de Vishnou ou de Çiva. Musulmans, brahmanes, parias, mendiants, manchots ou aveugles, aux chairs en pourriture, hideux et tenaces. Guerriers sikhs, à la barbe roulée sur un fil, autour du menton. [...] Femmes du Radjputana, en jupes évasées et corselet de bayadères, portant sur elles toute leur fortune, en bijoux de vieil argent. Femmes aux yeux immenses, veloutés, possédant cette harmonie des attitudes qui est la beauté des femmes hindoues. Charmeurs de serpents, à la flûte renflée, aux deux paniers, lourds de glissements visqueux. [...] Éléphants majestueux, obstruant les rues, comme des buildings en déplacement, les défenses cerclées de bronze, le crâne peint en blanc, le *hoodah* ruisselant de métal, sur leur croupe montagneuse. Temples aux sculptures innombrables, échevelées, burinées dans le bois, le granit ou la pierre. Monuments aux toits d'or, aux pavés d'argent, aux murs cernés de gemmes. [...] La plume est trop lente, pour saisir au passage la multitude des scènes, entrevues au fond de ce vase gigantesque, où grouillent, dans une atmosphère d'étuve, dans la fièvre et la superstition, trois cents millions d'êtres humains. »

Nous percevons exactement les mêmes impressions, à une différence près : la population a triplé ! Les Indiens sont aujourd'hui plus d'un milliard.

Les Indiens sortent des buissons, des marais, des roseaux. Nous n'avons jamais une seconde de repos.

Une fois dans nos sacs de couchage, trente paires d'yeux nous fixent encore. Nous sommes de véritables animaux de cirque. Au réveil, les visages ont changé mais d'autres yeux nous guettent toujours.

Beaucoup ricanent sur les talus, regardant si nous arriverons à démarrer l'automobile. Je suis frappé par le paradoxe entre l'individualisme ambiant et les réactions de masse. Sans doute avions-nous mis trop d'espoir dans cette contrée qui fascine les voyageurs. Nous lâchons les idées reçues sur cette Inde « non violente » que renvoie l'image d'un Gandhi ou d'une Mère Teresa. Nous avons l'impression d'une fatalité de vie : « Les dieux pour tous, chacun pour soi. »

Les crevaisons s'enchaînent, nous ne comptons plus vraiment. Quatorze ou quinze. Peu avant d'arriver à Bénarès, Jean-Baptiste ne peut éviter une grosse roche qui arrache la barre de soutien du moteur. Un bon soudeur nous refait la pièce en une heure. Le plus difficile reste la négociation du prix, fixé à deux mille cinq cents roupies. Nos finances ne nous permettent pas de rentrer dans le jeu du marchand. Il nous faut payer le coût réel.

— Ça m'a pris du temps de faire votre soudure, argumente le garagiste pour justifier son prix démentiel.

Il nous faudra autant de temps pour négocier le prix que pour faire faire la réparation. Une heure après, nous payons une somme dégringolée à cinq cents roupies. On nous offre un thé alcoolisé pour célébrer le difficile marchandage. Voyager en 2CV, c'est découvrir le monde par les garages ! Un Indien qui a suivi toute la scène vient nous féliciter de ne pas nous être fait rouler comme des bleus. Nous voyons les regards changés dans la foule qui nous entoure. Nous ne sommes plus pris pour de simples portefeuilles occidentaux.

Samedi 15 novembre. Bénarès, la plus sacrée des sept villes saintes indiennes.

L'accueil dans Bénarès est folklorique. Un combat de vaches éclate à l'entrée de la ville, en plein milieu d'un carrefour. Nous sommes aux premières loges et craignons un coup de corne ou de sabot pour Bucéphale. Personne n'ose déranger le combat, pas même les policiers chargés de la circulation. Nous attendons que le pugilat s'achève.

Depuis notre *guest-house*, nous accédons facilement aux portes qui donnent sur le fleuve. Plus encore que dans le reste de l'Inde, la ville remue. Pullulement doublé de fièvre religieuse. C'est le festival permanent des pénitents, des mystiques, mais aussi des charlatans en tous genres. Le carnaval du panthéon hindou. Des autels semés dans les ruelles accueillent les trois principales divinités indiennes : Brahmâ, Vishnou et Çiva. Soigneusement déposées, des offrandes d'encens ou des petites bougies viennent se consumer à leur pied.

Mais, en dehors de ces trois grands dieux, la mythologie hindoue possède encore trente-trois *crores* subalternes. Dans la numérotation indienne, une *crore* est une unité de dix millions. Trois cents millions de dieux de rechange sont à la disposition des fidèles. On conçoit que quand saint Thomas est arrivé aux Indes pour affirmer la divinité du Christ, les hindous aient fait sans difficulté une place à celui-ci.

Nous allons d'échoppe en échoppe pour butiner différents mets. On nous sert des beignets salés ou au miel dans des feuilles de bananier pliées. Au dessert, nous goûtons du fromage caillé servi dans des pots de terre cuite. Facilement biodégradable, cette vaisselle naturelle, peu coûteuse et hygiénique, devrait avoir du succès dans d'autres pays. Cette initiative astucieuse et écologique séduirait à coup sûr les foules consuméristes d'Occident.

Bénarès, c'est un peu le Lourdes indien, avec quand même deux mille cinq cents ans en plus. On y trouve des objets de piété, des couronnes de fleurs, de l'encens, des cartes pieuses, des médailles. Mais, ici, il serait déconseillé de boire l'eau du Gange. Sa pollution achèverait un malade.

En permanence, on nous propose du hachisch ou d'autres drogues. Sans doute les revendeurs pensent-ils que tous les Occidentaux en consomment. La ville est devenue le nouveau Kaboul, le dernier Katmandou à la mode. Les voyageurs au long cours viennent ici s'alimenter. L'Inde, c'est la société de consumation. Chaque année, des centaines d'étrangers finissent dans les prisons indiennes.

À Delhi, nous avons rencontré une femme qui avait travaillé comme assistante sociale à l'ambassade de France. Elle nous a parlé de tous ces Français qu'elle visitait en prison. Pour trafic de drogue ou pour quelques grammes de hachisch, ils croupissent dans les geôles indiennes, pour plusieurs années.

— C'est triste, nous confiait-elle, mais l'État français ne peut pas faire grand-chose pour eux. La législation indienne s'est durcie et ne laisse plus rien passer.

Dans ce labyrinthe de la ville sainte, nous renonçons à circuler en deuche. Nous abandonnons la voiture sur un parking gardé, après avoir pris soin d'enchaîner nos deux malles métalliques. Nous nous laissons conduire sur les tricycles. Les vélos-rickshaws sont des taxis où le chauffeur pédale. Jean-Baptiste veut essayer de conduire. Notre chauffeur se réjouit d'avance. Il sait, lui, par expérience, que ce n'est facile de diriger le tricycle dans les ruelles tortueuses et surpeuplées. Après quelques mètres, nous percutons une vache sacrée. Situation gênante, car ici comme dans toute l'Inde, en vertu de la métempsycose, Jean-Baptiste a peut-être heurté la grand-mère de notre chauffeur. Laquelle, dans ses cycles de réincarnation, aurait pris les apparences de la vache. On peut, une fois mort, devenir mendiant, brahmane ou ver de terre en fonction du degré de vertu ou de vice de sa vie passée. C'est justement pour éviter de se retrouver en ruminant ou en végétal que des milliers de pèlerins accourent à Bénarès. L'eau du Gange lave de tout péché. En mourant ici, les hommes et les femmes peuvent atteindre le *moksha*, achevant ainsi leurs cycles de réincarnation.

Nous accédons au Gange par les *ghâts*, immenses volées d'escaliers qui plongent dans l'eau sacrée du Gange, la « Grande Mère », comme l'appellent les hindous. Les bûchers funéraires sont établis ici. Les défunts brûlent d'abord sur d'épais tas de bois achevant de se consumer sur des lits de cendre. Des processions s'acheminent, portant les morts ficelés dans un suaire, entre deux bambous. La famille marchande la charge de bois sec pour l'incinération. Les pauvres n'auront le droit qu'à de maigres flammes.

Dans certains brasiers émergent des formes humaines. Des pieds dépassent du mur de flammes comme ceux d'un dormeur sur un lit trop court. Un crâne éclate. Les brahmanes, prêtres hindous de la plus haute caste, officient. Quand le corps sera consumé, les cendres seront dispersées dans le Gange ainsi que les morceaux qui n'ont pas eu le temps d'être mangés par le feu.

Le rapport à la mort des Indiens est beaucoup moins pudique qu'en Occident. Dans ce pays, on parle facilement de l'au-delà. La mort fait partie du quotidien.

Durant son voyage, Larigaudie fait une curieuse expérience avec la mort. Il a bu lui aussi à sa manière l'eau du Gange : « Roger Drapier et moi avions chargé Jeannette, l'automobile du raid Paris-Saigon, sur un sampan qui chavira pendant la nuit. Je dormais, étendu sur le pont, et fus saisi en plein sommeil. L'angle atteint par l'embarcation me fit rouler sur les planches et heurter le plat-bord. Le choc me projeta dans le fleuve. Entre l'instant de mon réveil et celui où l'eau du Gange m'entra en gargouillant dans les poumons, j'eus la vision globale de toute ma vie, l'éblouissement comme une porte ouverte soudain sur la lumière, la sensation d'abandon et de paix, d'allégresse et de joie totale de l'âme et du corps. Quelques secondes plus tard, je me débattais dans l'obscurité pour me dégager de mon sac de couchage et de mes vêtements de nuit. Je buvais une eau infestée par tous les cadavres de Bénarès et n'étais point vacciné. Je pouvais être assommé par la voiture ou par le sampan qui cherchait sa gîte. Selon toute probabilité, Jeannette était perdue et le voyage manqué. Mais qu'importe tout cela, puisque je gardais l'amitié de Dieu. Depuis ce jour, je ne redoute plus la mort subite. Assoupli et dominé, le corps éperdu de Dieu obéit, même dans une demi-inconscience, aux réflexes de l'âme[1]. »

Par sa foi chrétienne, Larigaudie ne vit que dans l'espérance d'une mort ouverte sur l'éternité. La vie terrestre est pour lui un simple passage de grâce offert pour décider, par notre liberté, notre destin ultime. C'est cette espérance qui fera dire à son entourage

---

1. Guy de Larigaudie, *Étoile au grand large*, *op. cit.*

qu'il rayonne de joie. Comme un vitrail, il diffuse la lumière à laquelle il aspire.

Au matin, dans une barque à rames, nous longeons par le Gange le chapelet de ghâts. Une clochette tinte, une mouette lui répond. Le soleil levant effleure le fleuve et dépose ses reflets roses en offrande. Dès les premières lueurs, plus de soixante mille pèlerins convergent chaque jour vers leurs bains de purification rituels. Tous pratiquent leurs dévotions dans l'espoir d'améliorer leur karma. Une femme récite quelques prières et laisse couler l'argile d'un vase. À ses côtés, un homme recueille le liquide au creux de sa main et s'asperge la tête. Des offrandes flottent sur l'eau, des couronnes de fleurs oranges ou bien des petites lampes à huile entourées d'encens et de poudre. Posés sur des feuilles de bananier, les lumignons dérivent. Le fleuve s'anime de mille feux follets. Des *lungis* ou des saris de femme sèchent sur des cordes. D'étranges culottes de bain, faites d'un triangle et d'une petite bande de tissu, nous intriguent. Les hommes la revêtent en positionnant la bande de tissu entre les fesses et le triangle sur le devant.

Devant les fidèles tout occupés à leurs ablutions, flottent dans l'indifférence quelques cadavres. Certaines catégories de personnes ne sont pas incinérées : les saddhus, les femmes enceintes, les gens tués par morsure de cobra, les enfants… Leurs cadavres sont jetés dans un linceul, directement dans le Gange. Nous en voyons plusieurs. Un de ces trépassés flotte. Son ventre tout gonflé, telle une baudruche, ressort du fleuve. À quelque distance, à l'aide d'un bout de bois, un Indien se lave les dents et se rince abondamment la bouche. Des batteurs fouettent du linge qu'ils trempent dans l'eau jaunâtre. « *Ganga is life* », indique sur les berges une publicité signée du ministère indien de la Culture. Fleuve de vie sans doute, mais aussi l'un des fleuves les plus pollués au monde. Réceptacle de toutes les contagions, le taux de pollution y atteint des records. Sur les 7 kilomètres où viennent se baigner les pèlerins, trente égouts se déversent en permanence. Selon des études, l'eau contient un million et demi de bactéries coliformes aux cent millilitres. La norme admise est inférieure à cinq cents.

Nous croyons que l'eau du Gange est si polluée que même les microbes n'y résistent pas.

10

De Bénarès à Calcutta,

SIX CENTS KILOMÈTRES EN SECONDE POUR ATTEINDRE LA CITÉ DE LA JOIE

« Si vous tremblez d'indignation devant toute injustice, nous sommes frères. »

Che Guevara

Lundi 17 novembre. 13 767 kilomètres.

L'État du Bihâr est le plus pauvre de l'Inde. Les troubles politiques et les révoltes sont coutumiers. Les mauvaises récoltes, le chômage et les conditions de vie catastrophiques poussent ses habitants à la violence, aux pillages, aux manifestations. Nous avons été avertis de différentes attaques, par des bandes organisées, envers les voyageurs. La perspective de conduire jusqu'à Calcutta est d'autant plus désagréable que nous savons que la région est agitée.

Les baraquements discontinus sur la Great Truck Road, sortes de bars routiers, servent des plats uniques. De temps à autre, nous faisons halte dans une de ces *dhaba* pour un repas ou un jus d'agrumes. Les prix sont adaptés à notre budget. Pour quelques roupies, on nous sert le *dal*, le plat de lentilles accompagné de *chapati*, les galettes de blé sans levain. Nos palais ont pris l'habitude de ces mets épicés. Nous accompagnons le tout de thé au lait dont le sucre nous procure un peu d'énergie. Dans le fourbi de ces bouis-bouis, l'hygiène reste douteuse. Ici, un rat court entre les bocaux et les brochettes.

Un peu après, une longue file de camions s'est formée sur le bord de la chaussée. Nous croyons comme d'habitude à un renversement de marchandises. Bucéphale ne peut que se réjouir de cette opportunité car nous dépassons avec satisfaction des centaines de Tata à l'arrêt. Arrivés au bout de la file, après 4 kilomètres, nous nous apercevons que ce sont des émeutes. La route est barrée par des milliers de révoltés. Cependant, il est possible en retirant quelques pierres sur le bas-côté de contourner la manifestation. Nous tentons le coup. Arrivés à vingt mètres sur le côté du barrage, une foule en délire, armée de grands bambous, se rue sur nous en vociférant. Les tripes me remontent d'un coup. J'ai peur et crains le lynchage collectif. La masse de la foule hystérique est sur nous. Je remarque qu'un camion s'est fait casser les vitres de sa cabine. N'ayant pas envie de finir dans un fossé du Bihâr, j'ouvre la porte et saute à terre, prêt à fuir, abandonnant la deuche à leur sauvagerie. Jean-Baptiste a le bon réflexe de rester impassible au volant. Il amorce un demi-tour. La foule nous voyant disposés à rebrousser chemin se calme. Une rumeur remonte de derrière la manifestation. Un Indien parlant quelques mots d'anglais nous annonce que nous pouvons passer. La foule en guenilles s'écarte. Une fois de plus, la magie de la deuche opère. Cette voiture a le don de détendre les gens et de nous ouvrir les barrages.

Dans le carnet de bord, Jean-Baptiste a noté : « Ce genre de phénomène calme tout de suite les plus nerveux. » Et dire que le Bouddha a passé la majorité de son existence dans cet État du Bihâr à prêcher la « voie du milieu » !

Pour nous, la voie est libre sur plusieurs kilomètres. Nous remercierions presque ces manifestants qui bloquent les camions. Nous espérons qu'ils conservent le barrage encore longtemps. Nous poussons une chanson, pour la joie de l'aventure après tant de paniques. « La 2CV ne vous roule pas. Elle vous transporte (de joie)[1] », annonçait une publicité Citroën.

À Dharamsala, après une forte dispute avec Jean-Baptiste sur la direction à prendre, nous avons mis les choses au clair et réglé nos différends. Jean-Baptiste voulait aller par un chemin court et moi par une route plus longue. Malgré cela, notre amitié ne cesse de grandir. Nos différences sont devenues une richesse. Le regard de Jean-Baptiste me donne un autre éclairage sur le voyage. Il ne prête pas attention ou ne s'enthousiasme pas pour les mêmes choses que moi. Nous ne sommes toujours pas d'accord sur les directions à suivre, mais nous en sourions. Il en va d'un voyage comme d'une vie.

À chaque halte, à chaque bivouac, pendant la conduite, nous avons des petits gestes d'attention, des sourires, ou de vigoureux coups de main. Les délicatesses d'un service rendu entre personnes appartiennent souvent à ceux qui savent observer. Cela demande parfois un peu de finesse. Les lunettes pour conduire

1. Publicité « Liberté », 1960.

préparées pour l'autre, un sac de couchage déplié, un pare-brise lavé discrètement, un café qui bout avant le réveil… Par cette pudeur émaillée de services rendus se réveillent des étincelles de confiance. Dans la transparence de cette relation, nous nous sommes apprivoisés. Débarrassés du conventionnel, les gestes ne sont plus pour paraître mais bien pour donner un peu de joie à l'autre. Ce n'était plus un compagnon de voyage à mes côtés mais un frère. Il fallait, comme pour le renard et le Petit Prince[1], passer du temps assis sur le fauteuil du passager ou du conducteur.

— Que faut-il faire pour t'apprivoiser ? dit le Petit Prince.

— Il faut être très patient, répondit le renard. Tu t'assoiras d'abord un peu loin de moi, comme ça, dans l'herbe. Je te regarderai du coin de l'œil et tu ne diras rien. Le langage est source de malentendus. Mais chaque jour, tu pourras t'asseoir un peu plus près…

À quelques heures de conduite de Bénarès, c'est la panne brutale. Elle nous frappe de plein fouet à l'heure la plus chaude de la journée. L'embrayage de la 2CV nous lâche. « L'Inde est par-dessus tout le pays où il ne faut pas prendre les choses trop au sérieux, écrit Rudyard Kipling, sauf quand il s'agit du soleil de midi. » Nous stoppons pour faire le point (mort). Découragement, ras le bol, sentiment d'impuissance… Nous sommes à peine à 100 kilomètres de Bénarès et 600 kilomètres de Calcutta. N'ayant pas de pièces de rechange, nous hésitons à nous séparer ou à laisser Bucéphale puis revenir réparer. Mais les risques de la retrouver en pièces détachées sont trop grands. Nous décidons de tenter notre chance. Quitte à casser le

1. Antoine de Saint-Exupéry, *Le Petit Prince.*

moteur, nous voulons coûte que coûte sortir de la Great Truck Road. La batterie ne fonctionnant plus, faute d'alternateur, nous démarrons avec des pinces sur une autre voiture. L'un saute au volant prêt à enclencher la seconde, l'autre pousse. Il nous faut atteindre une vitesse entre dix et vingt à l'heure. Une fois cette vitesse atteinte, le conducteur passe en force la seconde sans avoir recours à l'embrayage défectueux.

Le démarrage a fonctionné. Désormais, il nous est interdit de caler ou de tomber en panne d'essence. Les changements de conducteur en marche que nous faisions auparavant par jeu sont devenus maintenant très utiles. Nous redoublons de prouesse pour slalomer dans les villages. Klaxon enfoncé, nous faisons fuir tout le monde sur notre passage, devenant de véritables chauffards, avec notre seule vitesse.

— À vingt à l'heure sur 600 kilomètres, calcule Jean-Baptiste, cela nous fait trente heures de conduite non-stop.

— On doublait les camions, maintenant c'est les camions qui nous doublent !

À la nuit, après dix heures de conduite d'affilée, nous n'avons toujours pas calé. Nous sommes toujours en seconde. Nous choisissons un camion pas trop rapide qui nous sert de guide. Ses feux arrière puissants nous permettent de voir les trous. Régulièrement, il nous faut prévenir les véhicules qui arrivent à vive allure derrière nous. Le passager agite alors notre lampe frontale en guise de feux de signalement.

Cette aventure d'embrayage fait penser aux premières années de la 2CV en France. Un bon vieux papy avait fait Nice-Paris en seconde : il avait roulé comme il avait démarré. Nous allons couvrir à peu près la même distance que lui.

Peu avant notre départ en voyage, je rencontrai Jacques Séguéla. Il me recevait avec Patrick Edel, le délégué général de la Guilde, dans son bureau d'Havas Advertising. Le célèbre publiciste connaît bien la deuche pour avoir vécu une aventure extraordinaire. Il fut le premier, avec l'un de ses amis, à faire le tour du monde en 2CV. Jeunes étudiants, ils se lancent pour un parcours de 100 000 kilomètres à travers cinq continents, cinquante pays, huit déserts et 2 247 heures de conduite. Dépouillés, ligotés et abandonnés dans la jungle thaïlandaise, heurtés par un tigre en Inde, chargés par des éléphants, embourbés pendant quatorze heures de lutte dans les marécages de l'Indus. Jacques Séguéla n'hésite pas à dire que ce tour du monde a transformé sa vie. « La plus belle des universités, c'est le monde. J'y ai appris que faire le tour du monde, c'est d'abord faire le tour de soi-même. Et que l'on ne me dise pas que c'est une question d'argent. L'argent n'a pas d'idées, seules les idées font de l'argent. Ayez des idées pour financer votre envolée. [...] Qu'aucune contrainte ne freine vos démangeaisons d'aventures. Vous connaissez ma devise : un con qui marche vaut dix intellectuels assis[1] ! »

Dans le livre *La terre en rond*, Jacques Séguéla et son compagnon font le récit de leur traversée du désert d'Atacama, au Chili : « Les écarts de température sont stupéfiants : à 2 500 mètres, vers le soir, nous devons rouler jusqu'au matin pour bénéficier du chauffage de la 2CV. [...] Vers minuit, nous crevons pour la quatrième fois de la journée. Nous changeons la chambre à air sans un mot. Nous avons acquis une

---

1 Entretien avec Jacques Séguéla recueilli par Patrick Edel, *in Aventure, Spécial Bourses de l'Aventure*, n° 88, 2000, Guilde européenne du Raid.

mentalité de chauffeurs de poids lourds. Résignés mais non abattus. [...] Au matin, stupeur et consternation : plus une goutte d'huile dans la boîte de vitesses. Le bouchon de vidange du carter a disparu. Et, pour tout arranger, nous n'avons pas d'huile en réserve. La seule chose à faire est d'attendre le passage d'un camion, aussi providentiel qu'hypothétique. [...] Nous cherchons le sommeil pour économiser nos forces. Vers midi, un léger bruit nous réveille : un Chilien, sans âge, presque noir, regarde en souriant la voiture. [...] Il cherche à comprendre puis, soudain, il sourit, ouvre son sac, en sort une dizaine de bananes, les épluche soigneusement... et les introduit dans le carter. C'est avec ce lubrifiant que nous roulons pendant 300 kilomètres. Et les vitesses passent sans grincer[1] ! »

Six heures de conduite de plus, et nous calons. Il est minuit. Machinalement, nous mettons Bucéphale sur le bord. Nous nous allongeons à côté de la voiture pour un peu de repos. Nous ne trouvons pas le sommeil, la fatigue nerveuse étant excessive.

Je ne cesse de parler, partant dans des délires, hanté par la route. Jean-Baptiste me répète plusieurs fois :

— Dormons, demain, il fera jour. Ce qu'il faut traduire par : demain, nous y verrons plus clair.

« La fatigue est le chemin le plus court vers l'égalité et la fraternité, écrit Nietzsche, et durant le sommeil la liberté finit par s'y ajouter. »

Comme pour la conduite, nous avons appris à nous relayer quand le moral de l'un flanchait. Quand, pour Jean-Baptiste ou pour moi, Saigon paraissait trop loin,

---

1. Jean-Claude Baudot, Jacques Séguéla, *La terre en rond*, Flammarion, 1960.

la 2CV trop petite ou pas assez rapide, nous trouvions quelques phrases rassurantes.

Machinalement, nous murmurons avant de dormir nos textes préférés d'adolescents, répétés pendant les longues heures d'études en pensionnat, et qui, aujourd'hui, prennent sens : « Marcher devant, toujours devant, rester debout quand l'autre s'assoit. Sourire quand il serre les dents. Donner sa flotte quand il a soif. Et son cœur quand il en manque. Espérer pour dix, vouloir pour dix...[1] »

Réveillés avant l'aube, nous avons le désir d'en finir. Tordre le cou à cette satanée route et ne plus jamais la voir. Nous commençons par pousser la deuche sur deux kilomètres, n'ayant pas trouvé de voiture pour démarrer avec les pinces. Deux ânes poussent « deux chevaux ». Nous finissons par acheter une batterie, ce qui nous permet au moins de redémarrer. À grand fracas de pignons forcés, nous repassons la seconde.

Nous allons fournir le plus grand effort physique et mental de notre voyage. Stressés, le cœur serré, nous nous mordons les lèvres pour cette conduite angoissante. L'effort est au-delà de la fatigue, nous agissons par réflexe. Dans l'épuisement, je me remémore les lignes consolantes du livre placé dans notre boîte à gants.

« Seul l'Homme peut donner un sens à son effort. Le gamin de 13 ans qui se lève un quart d'heure plus tôt pour faire sa gymnastique devant la fenêtre ouverte fournit un effort d'une valeur plus grande que la charge d'un troupeau de buffles. La multitude des efforts humains vers le beau, le bien, le meilleur, fait

1. Michel Menu.

monter l'humanité continuellement comme un mouvement de houle qui gonfle la masse de l'océan. Chacun de nos efforts use ce qu'il y a de matériel et de terrestre en nous, et le mouvement de tous ces efforts humains est comme un mouvement irrésistible et éternel qui creuse notre chemin vers l'infini. Aucun effort humain ne peut être stérile[1]. »

Quelque trente heures plus tard, toujours en seconde, l'arrivée à Calcutta est un soulagement, la fin d'un combat. Les Indiens se gaussent en nous voyant passer, et pour cause : à chaque feu rouge, nous descendons pour pousser. Ici, comme à Delhi, un éléphant se balade en pleine capitale économique du pays. Nous nous faufilons jusqu'à un hôtel du quartier routard. Exténués, nous lavons l'effort passé avec une bonne douche et avalons un poulet tandoori. Non avertis, nous avons fait l'erreur d'emprunter la mortelle Great Truck Road.

La Cité de la Joie, enfin.

Le programme des prochains jours est chargé. Tout d'abord, il nous faut restaurer la 2CV et changer l'embrayage. Ensuite, savoir si, oui ou non, les Birmans nous laisseront passer.

Mercredi 19 novembre.

Nous frappons à la porte des Missionnaires de la Charité. Il nous faut un lieu isolé où démonter la 2CV. Une sœur au sari blanc à liséré bleu nous ouvre. Nous sommes à la porte d'un des orphelinats de Mère

---

1. Guy de Larigaudie, *Étoile au grand large*, *op. cit.*

Teresa. Le centre de Shishu Bhavan accueille des centaines d'enfants de la rue. La sœur responsable du lieu est un peu embêtée. Avec sourire, elle nous avoue :

— Ce n'est pas le genre d'orphelin que nous recevons habituellement.

— Un tout petit véhicule, ma sœur. Vous verrez, ça amusera les enfants.

Notre histoire met un peu de folklore dans leur vie au service des pauvres. Dans ce lieu sûr, nous démontons la voiture sous le portrait de Mère Teresa. La canonisation de la sainte d'origine albanaise, mais de cœur indien, a eu lieu il y a moins de deux mois. Beaucoup sont encore dans la joie de la gigantesque fête provoquée à cette occasion.

Une fois de plus, à l'aide de la notice technique, nous démontons, découvrant cette fois-ci les subtilités du bloc moteur. Après une journée de labeur, nous retirons le moteur et sortons les pièces de l'embrayage cassées. Nous n'allons pas renouveler l'aventure de chercher une pièce de rechange dans tous les murs de la ville. Un disque d'embrayage n'est pas trop volumineux et peut nous être envoyé par la poste.

— Allô, Pierre ? C'est Jean-Baptiste et Édouard.

— Salut les jeunes ! Vous êtes où ?

— À Calcutta.

— Avec la voiture ?

— Oui, mais on ne veut pas trop y rester, on a encore de la route. Tu pourrais nous envoyer un embrayage en urgence ?

— Pas de problème, ça part tout de suite.

À six heures de décalage horaire, à mille lieues d'imaginer notre situation, « Monsieur Pierre » et son acolyte « Monsieur Guy » réagissent au quart de tour.

Pierre Tabone, notre ami garagiste, dit « Monsieur Pierre », est, tout au long de ce voyage, notre sauveteur mécanique. C'est grâce à lui que nous avons pu acheter cette 2CV, à moins de huit cents euros, ce qui correspondait à nos finances. Depuis le départ, il suit attentivement notre progression.

Pierre est un garagiste hors du commun. Niché au cœur d'Arcueil, dans la banlieue sud de Paris, son garage est reconnaissable à la quinzaine de deuches qui y sont stationnées en permanence. L'homme qui murmure à l'oreille des 2CV. Toujours en blouse bleue de mécano, la mine souriante, il arbore souvent une légère barbe grise de baroudeur. Voilà plus de trente-cinq ans qu'il voyage en 2CV ou autre véhicule. Il est passé partout, en commençant par l'Afghanistan comme tout bon vieux routard des années 1970. De Madagascar au Cambodge, des États-Unis à l'Irak, il sillonne le monde, offrant ses voitures à des ONG une fois arrivé à destination. Il conserve de ses nombreux voyages la fraîcheur de la jeunesse. Dans la plus pure tradition Citroën, ce « globe-moteur » a mis en place la « Croisière jaune pour tous ».

— C'est triste de voir ces vieilles mécaniques bien huilées à la casse, confia-t-il un jour. Alors, j'ai décidé d'offrir à certaines d'entre elles une seconde vie. Je les emmène au bout du monde.

Il aide une multitude de passionnés à préparer des 2CV pour des expéditions. Il règne dans son garage une ambiance de port où les marins embarquent dans l'heure. Chez lui, comme en Orient, le temps a une autre dimension et tant pis s'il ne réalise pas un bon chiffre d'affaires. Ce qui lui plaît, c'est de rencontrer et d'aider les gens. Entre deux escapades, il accueille dans son garage tout type d'initiative, comme ces artistes qui se sont exprimés sur des portières de 2CV et dont l'exposition anime son atelier.

Jeudi 20 novembre.

Le verdict est tombé. Le Myanmar nous est fermé. La diplomate birmane avec qui nous étions en contact nous a coupé toute espérance de passage terrestre. Cinq mois de procédure, amorcée à l'ambassade du Myanmar à Paris, réduits à néant. Nous enrageons.

Pendant la route, quelques jours avant cette réponse négative, nous évoquions toutes sortes de solutions pour éviter le Myanmar. Nous avons même songé, pour traverser le Bengale, à transformer Bucéphale en bateau et à nous servir de la force du moteur pour faire tourner une hélice : une 2CV cabriolet hors-bord ! Cela a déjà été testé de nombreuses fois en France. Il y a même eu, dans les années 1980, des courses de 2CV montées sur des flotteurs et des radeaux. On inventa le championnat d'Europe des « aquadeuches[1] ». Et pour ajouter au palmarès de la sportive 2CV, elle réussit en 1987 un saut à skis de soixante-dix mètres de haut pour la Coupe du monde de ski nordique en Finlande, saute en parachute, grimpe en montgolfière plusieurs fois et enfin décolle et vole le 30 août 1986 de l'aérodrome de Pouancé, dans le Maine-et-Loire.

Nous choisissons plus simple. Il nous faut charger Bucéphale sur un cargo en partance pour la Thaïlande et traverser tout le golfe du Bengale.

La plaie et les obstacles de notre expédition resteront ces frontières, étranges lignes imaginaires qui nous font perdre notre patience.

---

1. Jacques Wolgensinger, *La 2CV : nous nous sommes tant aimés*, *op. cit.*

Au petit hôtel du Salvation Army, où nous dormons en dortoir pour quatre-vingts roupies, se rencontre une ethnie bien curieuse : celle des *backpakers*. Il y a là un couple français qui connaît l'Inde sur le bout des doigts, un Nigérien footballeur professionnel à Saint-Pétersbourg, Toby, un Suisse en tour du monde depuis vingt-huit mois, Jean-Baptiste, un interne en médecine venu au secours des enfants des rues, ou encore une Suédoise qui s'occupe des femmes bengalis dont les maris ont été dévorés par les tigres. Nous passons des veillées agréables. Sur des airs de Bob Marley à la guitare, certains jonglent, d'autres jouent aux cartes, racontent leurs expériences de voyageurs ou de volontaires, le tout dans un anglais de basse caste. Certains soirs, nous sortons dans des bars dansants pour nous délasser sur des rythmes de Goa indienne.

Dans ce flot de routards, nous rencontrons une de mes amies françaises. La rencontre est cocasse, si loin de la France, et nous ne nous sommes pas vus depuis longtemps. Raphaële est ici pour six mois en échange universitaire.

— J'ai choisi Calcutta, nous dit-elle, pour finir mon école. J'étudie la semaine à l'université et le week-end je vais filer un coup de main dans les mouroirs de Mère Teresa.

C'est elle, avec d'autres de ses amis, qui nous parle des mouroirs et du travail extraordinaire qui s'y déroule. Elle nous invite à venir aider juste pour essayer. Nous sommes refroidis à l'idée de voir la mort en face. La misère de la ville est déjà difficile à supporter.

— Nous allons nous sentir inutiles. Et puis nous ne sommes pas venus pour ça.

Raphaële insiste gentiment :

— Ce qui compte, c'est de donner, même si c'est une goutte d'eau…

Calcutta est une ville bruyante, oppressante. S'entassent ici musulmans, chrétiens et hindous. C'est la cohue permanente, comme une sortie d'un match de foot qui n'en finit pas. Dans la rue, les odeurs de charogne prennent à la gorge et soulèvent le cœur. La crasse ambiante hérisse le poil. C'est une foire aux puces ravagée par l'épidémie. Les rues sont jonchées d'une litière de pourriture, de boue, de rats. Nous y croisons des centaines de personnes squelettiques, à demi nues, harcelées par des chiens errants et leur disputant des tas d'ordures pour y trouver de quoi se nourrir. Des coolies traînent des rickshaws, pousse-pousse traditionnels. Attelés à leur barre de bois, ils tentent de gagner quelques roupies pour le repas quotidien. Cela fait d'eux les derniers hommes-chevaux du monde.

Le soir, des milliers d'hommes, de femmes, d'enfants s'étendent à même le sol avec pour toute couverture leur lungi ou de légers saris. Une vache, un chien s'intercalent entre eux. On se croirait au lendemain d'une immense catastrophe humanitaire. Sauf qu'ici, le naufrage est permanent.

On ne peut voyager en Inde sans prendre en compte cette grande misère. C'est le dénominateur commun. Ce qui choque au départ, c'est le nombre. L'inhumain a des dimensions incalculables. Par mégarde, on peut devenir fataliste, et le regard habitué pensera qu'il n'y a plus rien à faire. Mais nous préférons croire comme Bernard Kouchner que « même si on ne pouvait sauver tous les hommes, il fallait en sauver un ».

C'est par le best-seller de Dominique Lapierre et par son fabuleux film que nous avions quelques aperçus de la ville : « La Cité de la Joie ». Peu à peu, Calcutta va faire changer notre regard sur l'Inde et sur la misère. La ville va profondément nous bouleverser. Nous rencontrons des Indiens et apprenons à les comprendre. Les mauvaises impressions de la route s'estompent.

Avant notre départ, dans la fougue des préparatifs, nous avions contacté Dominique Lapierre. Ancien journaliste à *Paris Match*, écrivain à succès, Dominique Lapierre avait à plusieurs reprises manifesté et écrit son attachement pour Larigaudie. Encore jeune écolier, en pleine Seconde Guerre mondiale, il va dévorer *La Route aux aventures*. C'est dans *Mille soleils* qu'il écrit sa découverte : « L'un des ouvrages qui illuminèrent cet hiver-là plusieurs de mes soirées était le récit du fantastique raid automobile qu'avaient accompli juste avant la guerre [...] Guy de Larigaudie et Roger Drapier. Jamais aucune auto, pas même une voiture de la Croisière jaune, n'avait encore réussi à aller par voie de terre de Paris à Saigon, en Indochine, à travers les deltas du Gange et du Brahmapoutre, et les montagnes de Birmanie. Ce qu'avaient réalisé ces deux garçons, de leur propre initiative, sans aucun soutien officiel, pour la difficulté à vaincre, était un exploit comparable à la traversée de l'Atlantique par Lindbergh ou à la descente du Congo par Livingstone. Une voiture neuve étant au-dessus de leurs moyens financiers, ils avaient accompli ce raid dans un vieux cabriolet Ford décapotable. [...] Larigaudie et Drapier devinrent mes modèles, mes maîtres, mes idoles, et leur Jeannette le véhicule mythique de tous mes rêves. Ils avaient tous les trois ensemble brisé les chaînes de la monotonie pour conduire leur appétit d'aventures aux limites de la terre. [...] Ce Paris-Saigon en automobile m'avait montré le chemin. Un jour, j'en étais certain, je pourrais au volant d'une voiture jouer à mon tour le beau jeu de ma vie sur la mappemonde[1]. »

À l'âge de 16 ans, avec son ami Dominique Frémy[2], il joint Paris à Ankara au volant d'une petite Amilcar 1927 de 6 CV. Quelques années après, toujours fasciné par les voyages et les automobiles, il accomplit en Rolls Royce, avec Lary Collins, une liaison New Delhi-Paris. Pour *Paris Match*, il traverse en voiture l'URSS accompagné de sa femme. « Mais, écrit-il, les aventures qui m'importent le plus aujourd'hui sont celles qui me conduisent vers le cœur des hommes, des femmes et des enfants. Avec mon épouse, j'ai rencontré à Calcutta des êtres exceptionnels, des héros inconnus qui ont transformé ma vie en quête personnelle, devenue ensuite un engagement[3]. Je sais que notre action depuis plus de vingt ans est une goutte d'eau dans l'océan des besoins, mais, comme aimait dire Mère Teresa : "Si cette goutte d'eau n'était pas dans l'océan, elle lui manquerait[4]." »

Au téléphone avec Dominique Lapierre, nous nous étions entretenus longuement. Il nous donnait des conseils efficaces pour ordonner notre expédition. Mais, par-dessus tout, il croyait à la réussite de notre projet. Sans nous prendre pour des rigolos, sa confiance accordée dès le premier instant anéantissait nos propres doutes.

Son soutien et sa fidélité par des petits mails d'encouragement durant tout le voyage comptent beaucoup pour nous. C'est ici que nous recevons un autre de ses mails, où il conclut : « Bravo à vous

---

1. Dominique Lapierre, *Mille soleils*, Robert Laffont, 1997.
2. Futur inventeur du *Quid*.
3. Actions pour les enfants lépreux de Calcutta.
4. Extrait de la préface du *Tour du monde de l'espérance*, Boisredon, Fougeroux, Rosanbo, Presses de la Renaissance, 2000.

deux. Paris-Calcutta ! Votre voyage est déjà un bel exploit. »

Samedi 22 novembre.

Un matin, sans trop savoir pourquoi, nous lâchons nos peurs et décidons d'aller dans ces mouroirs. Suivant les activités des volontaires, nous commençons d'abord par la messe à 6 heures du matin à Motherhouse. C'est ici que les sœurs viennent chercher de quoi donner aux plus pauvres. On ne donne que ce que l'on possède. Dans le silence intérieur et par l'eucharistie quotidienne, elles puisent la force de leur action selon les conseils de Mère Teresa : « Il faut consacrer du temps au silence et à la contemplation, surtout si nous vivons dans les grandes villes où tout n'est qu'agitation. »

Ce qu'aimait à répéter aussi Larigaudie avec cette même compréhension :

> « Je me suis tellement accoutumé à la présence de Dieu en moi que j'ai toujours au fond du cœur une prière montant à fleur de lèvres. [...] Cette prière, à peine consciente, ne cesse pas, même dans un demi-sommeil que rythme la marche d'un train ou le ronronnement d'une hélice, même dans l'exaltation du corps ou de l'âme, même dans l'agitation de la ville ou la tension d'esprit d'une occupation absorbante. C'est, au fond de moi-même, une eau infiniment calme et transparente que ne peuvent atteindre ni les ombres ni les remous de la surface. »

Après l'office, nous nous rendons à Kaligat, quartier du premier mouroir fondé par Mère Teresa. Sur le chemin, nous allons en traînant les pieds, le ventre noué d'appréhension. Comment la mort se manifeste-t-elle ici ?

Nous n'avons pas le temps de nous poser plus de questions. On nous passe un tablier, on se lave les mains et le service commence. D'autres volontaires ou des sœurs plus expérimentées nous conseillent et nous dirigent vers certains mourants. En cinq minutes, nous sommes dans le bain. Notre timidité, nos peurs, nos égoïsmes sont écrasés par la masse de travail qu'il y a à fournir. Les hommes et les femmes sont dans deux pièces différentes mais communicantes. Sur des lits de camp tous sont couchés, une centaine de mourants, formes humaines décharnées.

Accroupi au pied d'un lit, je donne à manger à un homme qui n'a pas la force d'ouvrir les paupières. Les mouches butinent sur ses lèvres. Par petites bouchées, il avale une demi-banane. Je soutiens sa tête, il lape du thé chaud. Puis vient l'heure de la toilette. Nous portons les corps nus, les savonnons, les rinçons, les habillons. Certains s'amusent et nous éclaboussent. Nous communiquons par gestes et par sourires. Tout est gaieté. À l'heure des pansements, nous découvrons des blessures gangrenées, verminées. Un volontaire en désinfecte une sur un crâne. La plaie prend la moitié de la tête. La peau n'y est plus, la chair non plus d'ailleurs. On voit l'os sur une surface grande comme ma main. Pas de plainte, tout est joie.

Autour d'un homme, quelques sœurs et volontaires chantent et soulagent un agonisant. L'ambiance est sereine. Un climat de paix pour ce mourant entouré. À Mère Teresa, une femme avait confié avant d'expirer : « Mère, j'ai vécu comme un chien dans la rue toute ma vie et grâce à vous je meurs comme un ange. »

La première journée passée, nous ressortons bouleversés. Nous avions pris rendez-vous avec la mort, et c'est l'amour qui a débarqué. Le célèbre poète Rabindranath Tagore, originaire du Bengale mais qui résida à Calcutta, résume en une phrase ce que pourraient être ces mouroirs : « La leçon la plus importante que l'homme puisse apprendre dans sa vie n'est pas que la douleur existe dans le monde, mais qu'il dépend de nous d'en tirer profit, qu'il nous est loisible de la transmuer en joie. »

Nous retournons encore quelques jours, comme happés par une force qui se dégage. Il se passe quelque chose d'énigmatique. Sans ce mystère, le mouroir serait un cimetière.

Ici, chaque volontaire est bienvenu pour deux heures ou plus. Comme cet Allemand passé par hasard il y a douze ans et qui est resté depuis. Japonais, Sud-Coréens, Européens, Américains, Canadiens, Australiens se retrouvent pour aider les pauvres, sans forcément avoir de convictions religieuses.

À la pause des volontaires, je remarque un Christ en croix que Mère Teresa avait fait placer là. En grosses lettres il est écrit : « *I'm thirst* », « J'ai soif ».

J'ai un flash, une intuition. Comme une flèche qui vous atteint. Un transport de joie dont la source est inconnue. C'est donc ça, le secret de Mère Teresa. La capacité à étancher la soif d'amour du Christ par de petits gestes.

Je comprends ce qu'est la goutte d'eau d'amour qui manque à l'océan. Cela découlait d'une rencontre, toute simple. Une croix devant mes yeux, un Dieu qui prend la nature humaine. Un visage qui pouvait prendre tous les visages d'êtres humains, les beaux, les tordus, les déformés par la maladie ou le handicap, leur redonnant leur dignité. Un amour qui se moquait des castes et des races. Une religion qui n'est plus un effort de l'Homme pour venir à Dieu mais un Dieu qui vient à l'Homme.

Était-ce ça, la foi ? Cette sensation de se sentir aimés à l'infini, au-delà de nos misères. La vie prend tout son sens. Le fait que l'Amour soit la finalité de l'Homme satisferait-il Cendrars, qui demandait sans cesse : « Qu'est-ce qu'on fout ici ? »

Je comprenais maintenant les paroles de Mère Teresa : « De nos jours, la plus terrible des maladies en Occident n'est pas la tuberculose ou la lèpre, c'est de se sentir indésirable, pas aimé et abandonné. Nous savions soigner les maladies du corps par la médecine, mais le seul remède à la solitude, au désarroi et au désespoir, c'est l'amour. La pauvreté en Occident est une autre forme de pauvreté : ce n'est pas seulement une pauvreté de solitude, mais aussi de spiritualité. Il existe une faim d'amour comme il existe une faim de Dieu. »

Dans notre découverte de l'Orient, je discerne que l'Occident a encore beaucoup à apprendre. L'Asie ne doit plus taire ses expériences, ses besoins et ses vertus salvatrices.

Cette rencontre impliquait pour moi des changements. J'étais parti avec de bons sentiments, avec l'idée de voir le monde et de comprendre comment on pourrait le changer, comment faire pour atténuer la souffrance. Je me retrouve face à moi-même.

Un jour, un journaliste demanda à Mère Teresa :

— Qu'est-ce qui ne va pas dans le monde ?

— Vous et moi, monsieur ! répondit-elle.

Pour changer le monde, il fallait d'abord que je change mon cœur. La misère, la souffrance, l'injustice provoquent en moi une révolte. Les seules révolutions qui changent quelque chose sont intérieures, celles qui favorisent l'amour plutôt que la levée des armes. « Je combattrai pour l'Homme, écrit Saint-Exupéry, contre ses ennemis. Et d'abord contre moi-même. »

À Calcutta, j'ai été retourné. Nicolas Bouvier avait raison de dire qu'« un voyage se passe de motifs. Il ne tarde pas à prouver qu'il se suffit à lui-même. On croit que l'on va faire un voyage mais bientôt c'est le voyage qui vous fait ou défait ». Je m'attendais à tout sauf à l'idée de trouver plus exaltant que notre Paris-Saigon. Le voyage avait porté ses fruits en cet instant unique. Il fallait encore cheminer, se poser des questions, bien au-delà de Saigon.

Une semaine plus tard, les pièces de l'embrayage sont arrivées. Nous remontons tout en une journée. Le soir même, un type cherche absolument à nous rencontrer. David est garagiste dans l'ancien comptoir français, Pondichéry. Il a fait tout le trajet jusqu'à Calcutta pour savoir si nous avions besoin d'un coup de main. Il a appris par le téléphone arabe indien qu'une 2CV se trouvait ici en panne. Il arrive trop tard mais son geste nous touche.

Nous apprécions, une fois de plus, cette communauté des possesseurs de 2CV. Partout dans le monde, l'esprit de cette voiture est répandu. « L'esprit deuchiste » : la simplicité, l'entraide et la convivialité. Il y a des 2CV dans plus de quarante pays rassemblant plus de cinquante mille personnes dans deux cent cinquante clubs[1]. C'est une formidable tribu, une chaîne de solidarité mécanique toujours prête pour un coup de manivelle.

1. Jacques Wolgensinger, *La 2CV : nous nous sommes tant aimés*, *op. cit.*

5e PARTIE

Bengale, Thaïlande

Jean-Baptiste

À Tapan, ancien chasseur de miel dans les mangroves bengali, qui nous a passé les clefs de sa maison…

11

De Calcutta à Bangkok,

À TRAVERS LE DELTA DU BENGALE, JUSQU'AUX PLAGES THAÏLANDAISES

À la Salvation Army, Sinead, une jeune Irlandaise, nous explique son métier particulier entre deux airs de guitare. Elle est responsable d'une ONG, Tiger Widows, chargée de venir en aide aux familles des victimes qui ont été mangées par les tigres dans le Bengale. Elle connaît particulièrement bien la région et nous vante ses charmes. Nous nous laissons séduire et projetons de tester notre embrayage neuf au cœur de la réserve naturelle du Sunderban park, dans le golfe du Bengale. Au sud de Calcutta, ce parc est un des rares endroits où subsiste un grand nombre d'animaux sauvages, comme le fameux tigre du Bengale. Une fin d'après-midi, nous partons vers la réserve, après avoir longuement étudié les cartes détaillées de l'Irlandaise. La région est réputée difficile en voiture, parce que constamment inondée par la multitude de canaux qui forment le delta pour se déverser dans l'océan Indien. L'exploit de Larigaudie et Drapier fut de relier Paris à Saigon uniquement par voie terrestre. Ainsi, ils eurent à traverser le golfe du Bengale, à hauteur de l'actuel Bengladesh. Avec beaucoup de débrouillardise, ils ont confectionné des radeaux, des ponts, utilisé des buffles, des éléphants... afin de franchir cette fameuse région alors impénétrable. Loin de vouloir renouveler l'exploit, nous souhaitons simplement prendre conscience de ce qu'a pu être leur expédition et sommes bluffés par l'impraticabilité de la région.

Au bord de la route, des palmiers jettent leurs racines dans l'eau saumâtre environnante, souvent camouflée par de hautes herbes jaunies au soleil. La route a été construite sur un monticule et émerge telle une sorte d'iceberg allongé au milieu de l'océan. La nuit tombe rapidement et nous trouvons refuge dans une sorte de cabane très étroite en bord de chaussée. Construite en bambou et sur pilotis, elle a le mérite de nous protéger de l'humidité. Quelques Indiens curieux nous entourent. Ils n'ont visiblement pas l'habitude de voir des touristes et semblent assez pauvres.

Au petit matin, nous voulons redémarrer, mais sans succès. Finalement, un simple grattage des bougies au couteau permet de renouveler le miracle quotidien du démarrage. Nous quittons le bitume pour rouler sur une piste en terre très étroite. Ici, les voitures ne passent pas et nous rentrons dans une région reculée. Quelques maisons de terre battue forment un village. Notre surprise est grande lorsque, à peine arrivés en son centre, la moitié des villageois nous entourent. Chaleureux, ils rient à pleines dents. Leur type est particulier, et ils ressemblent plus à des Africains qu'à des Indiens. Souvent, au cours du voyage, on nous pose la question du prix de la voiture. Ici encore, nous n'échappons pas à l'interrogation. Pour ces habitants du bout du monde, notre engin fait l'effet d'une Rolls. Un thé nous est offert avant la reprise de la progression. Une multitude d'enfants colorés nous suit longtemps après le village, criant, riant et s'accrochant au véhicule.

Nous débouchons soudain en bout de terre dans un autre village. C'est le terminus pour les véhicules à moteur et, si nous voulons poursuivre, il est obligatoire d'emprunter une navette fluviale. Alors nous abandonnons Bucéphale quelques jours à un vendeur local chargé de la garder pour quelques roupies.

L'embarcation qui nous permet de poursuivre ressemble à une grande barque à fond plat. Un moteur permet de se déplacer et une rame fait office de gouvernail. À l'avant, un Indien, le torse nu, armé d'une longue perche, évite les collisions de quelques coups agiles. Nous ne prenons qu'un simple petit sac à dos chacun ; il est agréable de se déplacer à pied, sans contraintes mécaniques. Nous grimpons dans la barque, cherchant un endroit pour s'asseoir et profiter de la vue. Sans raison évidente, celui qui dirige met le cap en plein milieu de la rivière. Nous attendons. Quoi ? Allez savoir. Parfois, il vaut mieux ne pas chercher à comprendre. Ainsi, nous cuisons lentement au soleil pendant presque trois quarts d'heure, attendant on ne sait quel signe de départ. Enfin, nous finissons de traverser la rivière pour faire monter d'autres passagers. Ils sont une dizaine à attendre sur la rive opposée, visiblement lourdement chargés de sacs volumineux. Je me propose donc simplement de les aider à embarquer. Ainsi, une dame âgée grimpe dans l'embarcation avec peine, puis quelques enfants et des hommes. L'un d'entre eux est plus chargé que la moyenne et je lui propose de prendre l'un de ses sacs. Il est le dernier à monter. Il me remercie, nous engageons la conversation. Il se prénomme Tapan et se rend au même village que nous. Je sympathise avec lui. Il doit avoir la trentaine, très mince et les yeux cerclés de lunettes ovales tombant sur un nez droit et fin. Très loquace, Tapan parle bien l'anglais et me raconte sa vie. Au bout de dix minutes de conversation, il me tend un trousseau de clefs, celles de sa maison. Quelle hospitalité ! Nous discutons ainsi pendant toute la traversée. Aussitôt arrivés, Tapan nous prie d'ouvrir sa maison avec ses propres clefs. Elle est entourée d'un minuscule jardin. Sur un étage, sa maison se compose d'une unique pièce sombre. Un grand lit coiffé d'une moustiquaire, une petite table et un siège sont les seuls meubles visibles. À notre grande surprise, les deux fenêtres sont serties de barreaux identiques à ceux des prisons ou des cages de fauves. Devinant notre interrogation, Tapan nous explique que c'est le seul moyen de dormir en sécurité, sans crainte d'être dévoré par un tigre. Toutes les maisons du village sont identiquement protégées. Notre curiosité est grande et nous demandons à Tapan de nous indiquer où nous pourrions voir des tigres. Il nous explique que la réserve est proche et nous conduit à un taxi, simple pousse-pousse. Tapan indique au conducteur notre destination et nous voilà partis pour la réserve. La promenade est agréable, paysages splendides et peu communs. Une végétation luxuriante faite de palmiers, de mangroves, d'herbes folles… qui se développent facilement sur une terre inondée. Nous croisons quelques femmes, lourdement chargées de bottes d'herbes longues, sorte de foin. Elles en font un ballot qui est retenu par une lanière sur leur front, la charge placée dans leur dos. D'autres femmes portent de lourdes cruches en terre cuite, faisant reposer le récipient sur une hanche. Enfin, nous croisons des fillettes en uniforme d'école. Elles portent de longues robes rouges et un chemisier blanc, à l'image de certaines écoles anglaises. Pour accéder à la réserve, nous devons traverser un fleuve. Avisant une barque de pêcheurs, nous trouvons le propriétaire et traversons un bras de rivière. Sur le cours d'eau, le propriétaire de la barque nous explique que, pour éviter de se faire dévorer, les pêcheurs mettent des masques d'homme sur l'arrière de leur tête. Un tigre n'attaque jamais s'il se sait regardé. Précieuse information. Nous y sommes enfin. Par un sentier balisé, il est aisé de repérer l'entrée de la réserve. Mais notre déception est grande, car cela ressemble à un zoo pour touristes. Des habitations en béton, un mirador pour observer les animaux, une buvette… le tout ceinturé d'un haut et robuste grillage impressionnant. Sans trop réfléchir, nous franchissons ce dernier pour nous retrouver dans la réserve. Dans les herbes hautes, je suis peu rassuré et suis Édouard de près, qui semble plus téméraire. Soudain, nous nous retrouvons nez à nez avec… un crocodile ! Il doit bien faire deux mètres de long et ne nous a pas vus. J'observe cette puissance majestueuse, la force tranquille du prédateur. Mais il décèle notre présence et disparaît dans les broussailles. Mon cœur bat la chamade. Je me retourne sans arrêt pour bien montrer au seigneur tigre que je ne l'ai pas oublié et que je le regarde. Mais notre aventure s'arrête là pour aujourd'hui. Des Indiens nous ont repérés et nous supplient de faire demi-tour.

— *Please come back, it's very dangerous, please…*

Édouard les ignore et veut continuer. Je refuse, n'ayant pas envie de servir de dîner aux fauves. L'expérience était intéressante mais suffisante. La peur et la raison m'ordonnent de rebrousser chemin. Édouard ronge son frein et fait une concession. Des dizaines d'Indiens nous attendent de l'autre côté du grillage que nous franchissons. Le chef de la réserve est furieux et nous demande comment nous sommes passés. Nous faisons les idiots, indiquant une direction dans un mauvais anglais. Il nous ordonne de quitter les lieux sur-le-champ par le premier bateau, et nous nous exécutons comme de mauvais garnements.

Des pêcheurs nous ramènent sur l'autre rive. Notre pousse-pousse ne nous a pas attendus et nous rentrons à pied, longeant la rivière. Nous demandons notre chemin, une famille de pêcheurs nous guide. La mère nous explique son histoire. Elle est veuve depuis dix ans, son mari ayant été mangé par un tigre lors d'une battue. Pauvre femme. Je comprend mieux les motivations de l'Irlandaise de Calcutta pour son association. Finalement, un pousse-pousse nous ramène au village de Tapan. Ce dernier possède un bateau et est en train de préparer un repas en notre honneur sur l'embarcation. Sa spontanéité me touche profondément. Il ne nous demande rien en échange. Ce service rendu gratuitement est la base de l'esprit de Larigaudie. Ce dernier avait compris que l'amour passe par de petites actions. Il prenait cela comme un devoir quotidien et faisait simplement une bonne action.

Le repas est très épicé, comme de coutume. Nous avons pris l'habitude des épices, ce qui ne nous empêche pas ce soir de partir dans un fou rire lorsque j'avale un gros piment caché dans mes lentilles qui me fait pleurer et virer au rouge tomate. Tapan alimente la conversation, comme à son habitude. C'est un homme important au village puisque, parlant bien l'anglais, il a eu l'honneur de recevoir le commandant Cousteau et son équipe de scientifiques pour leur servir d'interprète et de guide. Les chercheurs s'intéressaient visiblement à une espèce rare de petits requins vivant dans la région. La nuit est tombée et nous nous aspergeons d'antimoustique. La danse des insectes commence, celle de Tapan va suivre.

Il nous conduit chez lui, refusant que nous dormions sur le bateau pour nous céder la place d'honneur. Allumant quelques chandelles, Tapan commence son cinéma improvisé. Nous sommes installés sur le lit et il se tient debout, face à nous. Il débute le show par deux chansons de son pays. Sa voix monte prodigieusement dans les aigus et nous l'écoutons religieusement. Puis il nous conte une histoire vraie, joignant la parole aux gestes, dans un numéro fait de mimiques impressionnantes. C'est l'histoire de deux chasseurs de miel qui sont en chasse, dans la réserve naturelle. Ces derniers mettent le feu à une longue perche pour éloigner les insectes de l'arbre et en récupérer le miel. Tout cela est mimé à l'aide d'un balai au bout duquel Tapan a enroulé une étoffe rose. Comme en situation, il se baisse, se relève agilement, joue de tout son corps pour éloigner les abeilles fictives juchées au sommet de la moustiquaire. Il passe d'un personnage à l'autre rapidement, redoublant d'énergie pour éviter les piqûres douloureuses. Ils parviennent à éloigner peu à peu les abeilles quand, soudain, surgit un tigre féroce. Paralysés par la peur, les deux chasseurs ne savent que faire. Le tigre est visiblement affamé et ne cesse de rugir en tournant autour des chasseurs. Au bout d'un moment, l'animal fait un bond prodigieux sur un des hommes qui s'écroule sous le poids du fauve. Le second est terrorisé. Il pleure, son frère est mort sous ses yeux et il n'a rien pu faire. Il ne cesse de fixer le tigre du regard pour éviter de se faire manger. Alors, après un ultime rugissement de victoire, le tigre emporte sa proie au plus profond de la forêt. « L'histoire est triste, nous dit Tapan, s'arrêtant d'un coup. Mais je peux vous consoler. Le second chasseur est finalement retourné au même endroit et en a récupéré le miel, un nectar unique et divin. » Tapan se glisse alors sous le lit pour chercher quelque chose. Il en ressort avec une grosse bouteille remplie de miel liquide. « Buvez, mes amis, en l'honneur de ce chasseur de miel perdu à jamais. »

Alors nous goûtons de ce miel succulent, pensant à ce pauvre chasseur au triste sort. Tapan nous fait la joie de rechanter une chanson. Puis il explique comment border la moustiquaire et s'en retourne au bateau après nous avoir souhaité une bonne nuit.

Quel homme ! C'est lui le second chasseur, le survivant d'une simple chasse au miel.

Le lendemain matin, je me réveille de bonne heure, laisse Édouard dormir et vais à la rencontre de Tapan. Je le trouve affairé sur le bateau à lover un cordage. Il me propose d'aller au village d'en face pour y faire le marché. Nous prenons donc une petite embarcation qui attend à quai, sorte de taxi local. De nombreuses personnes grimpent à leur tour et je me demande si la barque à fond plat ne va pas couler sous le poids. Mais les Indiens ne s'inquiètent pas.

Sortant de la brume, un soleil orangé vient teinter les eaux. Au loin, quelques habitations de terre cuite au toit de paille indiquent la présence d'un village. Dans la barque, les femmes sont très belles et portent des saris toujours très colorés. Quant aux hommes, ils sont en pantalon et bras de chemise, un style plus occidental. Nous débarquons dans un petit village charmant construit tout en longueur, face au delta. Tapan fait ses courses et je le suis. Il achète des crevettes, des lentilles, du poisson, du riz et de nombreuses épices. Il ne semble pas qu'il lui soit utile de marchander, puisque tout va très vite. Puis nous prenons une deuxième embarcation qui nous ramène chez lui. Il n'est que neuf heures et le soleil tape déjà fort. Édouard n'est pas à la maison lorsque nous revenons. Nous le retrouvons plus loin en train de faire quelques clichés. Nous prenons un petit déjeuner composé de beignets sucrés et de lait de coco, puis demandons à Tapan s'il est possible de retourner dans la réserve, mais plus discrètement, en bateau et avec des pêcheurs, par exemple. L'idée lui plaît mais cela semble délicat. La rivière est surveillée par la police fluviale, et se faire prendre signifie la prison. Plusieurs barques ne veulent pas faire le tour, mais un pêcheur accepte, moyennant quelques pièces supplémentaires. Il est accompagné de sa femme. Nous grimpons donc tous les trois sur la barque. Cette croisière m'amuse. Je demande au pêcheur de prendre la barre, simple rame qui sert de gouvernail. Je savoure ces instants exotiques pendant lesquels je suis en communion avec la nature ; et je pense à mes parents, ma famille, mes amis restés en France, au décalage entre ce que j'aurais pu faire au pays et ce que je vis aujourd'hui. N'aurais-je pas mieux fait de construire une vie plus conforme ? Non, c'est clair, je n'ai que 24 ans, je suis jeune et j'aurai bien le temps de me poser plus tard… Le voyage permet beaucoup de choses : la réalisation des rêves d'adolescent, la découverte culturelle de nombreuses civilisations, l'appréhension de l'homme et de ses richesses, un autre regard sur le monde. En retour, c'est soi-même que l'on découvre au quotidien, ses convictions, ses faiblesses, sa sensibilité, c'est une école de vie.

La rivière s'élargit et nous arrivons à proximité de la réserve. Le pêcheur nous fait signe de nous coucher dans le bateau pour ne pas être repéré en notre présence. Il pourrait justifier plus facilement de sa présence ici aux autorités s'il le faut. Un cours d'eau plus étroit remonte dans la réserve, et nous apercevons le même grillage que la veille, qui doit faire le tour de la réserve. Curieusement, ce dernier ne traverse pas la rivière. Or les tigres sont de très bons nageurs, ce qui leur permet de s'échapper de la réserve. En effet, le tigre royal adore l'eau et peut même traverser des bras de mer pour atteindre une île au large. Prudent, il entre toujours dans l'eau à reculons. Sa puissance lui permet de chasser ses proies dans l'eau et de les transporter dans sa gueule jusqu'au rivage.

Moteur éteint, la barque remonte le cours d'eau. Nous observons cette nature sauvage faite de lianes, de grands arbres et d'herbes folles, puis rebroussons chemin après avoir aperçu quelques oiseaux craintifs et criards s'envoler.

Nous faisons escale au retour dans un village pour visiter une école dans laquelle la fille de Tapan étudie. Le directeur et quelques enseignants nous reçoivent dans une pièce qui doit être la salle des professeurs, dont la porte est marquée d'un : « *Staff only* ». Puis visite de l'école. Les salles de classe ressemblent à celles du monde entier, petits bureaux de bois alignés et tableau noir. Je passe un moment à jouer avec les élèves pendant qu'Édouard prend des photos. Faisant mine d'avoir peur, je cours dans les couloirs, poursuivi par une meute de gamins excités. Quelle pagaille ! Puis il faut repartir. Je m'excuse auprès du directeur pour le désordre causé, et rejoins Édouard, le pêcheur et sa femme dans la barque. Sur la rive, quelques élèves font un signe de la main.

De retour chez Tapan, il faut se quitter. Les adieux sont émouvants. Je n'oublierai jamais cet homme au grand cœur. Si un jour je retourne à Calcutta, j'irai rendre visite au chasseur de miel des Sunderban.

Un bateau nous mène au village où nous avions laissé notre Bucéphale. Elle est intacte, mais l'on nous a dérobé une batterie. Édouard se met alors dans une colère noire et le gardien effectue des recherches qui permettent de retrouver notre bien. Puis c'est le retour sur Calcutta et l'embarquement de la voiture pour la Thaïlande.

On nous demande des sommes astronomiques pour le transport en cargo. Nous vidons ce qui reste sur nos comptes, sans même avoir la garantie que la voiture arrivera à Bangkok. Dans le port de Calcutta, la 2CV est chargée dans un conteneur indien, ce qui en dit long sur les chances de traversée du golfe du Bengale. Sur la plupart des contrats d'embarquement des douanes, figure une petite note en bas de la page : « La compagnie de transport ne peut être responsable de tout retard ou de toute perte dus à une catastrophe naturelle, un conflit ou tout acte voulu des dieux... » Nous voilà prévenus !

Mardi 2 décembre.

À 5 heures du matin, nous prenons le premier et unique bus en partance pour Dhaka. Atteint d'un violent mal de crâne, Édouard n'est pas bien du tout. Courbatures, fièvre, nausées... Tel un pantin, il a l'air mal en point et son moral prend la même tournure. Sans argent, nous prenons une succession de bus qui roulent vers Dhaka à travers la végétation humide du golfe du Bengale. De culture musulmane, le Bangladesh, encore appelé Pakistan oriental avant l'indépendance, est un pays surprenant. Sa grande pauvreté se remarque dans l'organisation chaotique des transports en commun. Il nous faut cinq bus, un bateau et plus de dix-huit heures pour faire les 300 kilomètres qui séparent Calcutta de Dhaka. Le bateau en question permet de traverser un fleuve large de deux cents mètres. Curieusement, les bateaux bangladeshi sont équipés de klaxons. Le départ est donné par un coup retentissant. Le prochain devrait être l'arrivée mais, faisant machine arrière toute, le pauvre rafiot ne peut éviter un autre bateau croisant notre route. Brutal, le choc ne semble pas déstabiliser le capitaine qui insulte son homologue et poursuit sa route ! Comateux, Édouard tente de se reposer en s'asseyant. Accoudé au bastingage, mes pensées se noient dans le fleuve boueux quand un jeune homme m'aborde :

— *Where do you come from ?*

— *I come from France, and you ?*

— *Dhaka, but I know Jacques Chirac, he is a good president !*

— *How come ?*

— *The French army didn't go in Irak and it's a good thing for muslim people.*

— *I see…*

— *I'm a student in Dhaka…*

La renommée de la France est internationale et cette conversation permet d'en prendre conscience.

Un nouveau coup de klaxon termine le dialogue. La nuit tombe lorsque nous débarquons pour reprendre un bus qui nous mènera à la capitale. Dans un cafouillage inimaginable, des bus arrivent et repartent pour des destinations inconnues. Nous attendons bien deux heures avant de prendre place, sur les conseils d'un autochtonc, dans un bus bondé. La faim se fait sentir, nous n'avons rien mangé depuis vingt-quatre heures. En banlieue, c'est le terminus. Nous reprenons un autre véhicule, sorte de minibus, pour le centre-ville. Par chance, une banque accepte enfin ma carte bleue et nous prenons un petit hôtel bon marché pour la nuit. Toujours mal en point, Édouard refuse d'avaler quoi que ce soit, et je déambule dans les ruelles vides à la recherche de nourriture. Instinct primaire qui me mène dans un petit boui-boui. Je sympathise avec le patron, qui me demande de l'accompagner le lendemain à l'ambassade de France pour lui procurer un visa. Nombreux sont les étrangers qui perçoivent la France comme une terre d'accueil et de liberté et qui nous demandent de les aider à s'y rendre. Cette situation délicate m'embarrasse car je n'ai pas de pouvoir particulier pour l'aider. Édouard est couché lorsque je rentre. Il fait chaud et humide, nous sommes bien contents de dormir dans un lit et ça nous suffit.

Le réveil est difficile pour tous les deux ; je commence à percevoir les prémices de la maladie : fièvre et courbatures qui ralentissent les pensées. Nous cherchons à nous procurer deux billets d'avion pour Bangkok et nous nous rendons en rickshaw dans une agence de voyages. L'un des problèmes de Dhaka est le nombre impressionnant de rickshaws qui y circulent chaque jour : environ deux cent mille. Des hommes, mais aussi des marchandises de toute sorte, sont ainsi transportés chaque jour par les rickshawalas, les conducteurs de rickshaws. Le métier est difficile parce que très éprouvant, mais simple, et de nombreux Bengalis se lancent dans la profession, faute de trouver un travail plus exaltant. Le trafic indescriptible et le nombre de rickshaws font de Dhaka une ville en perpétuel embouteillage. Nous savons qu'elle est aussi la ville la plus polluée du monde. En effet, un épais brouillard enveloppe la cité dès le matin, conséquence de l'émission de nombreux gaz d'échappement. Les moteurs à essence dégagent du plomb que les habitants respirent à pleins poumons. Selon une étude de l'Organisation mondiale de la santé, le taux de plomb des enfants de Dhaka serait six fois supérieur à la normale !

Nous arrivons en catastrophe à l'aéroport pour attraper l'avion de 13 heures. Dans la précipitation, j'ai oublié d'enlever le couteau que je porte en permanence à la ceinture. Édouard me le rappelle et je m'exécute, mais trop tard : le douanier me surprend. Le couteau est consigné en soute jusqu'à Bangkok avec une petite amende en prime.

Adieu le continent indien, bienvenue en Asie du Sud-Est ! Cette perspective m'excite, malgré un voyage qui tourne au cauchemar, car je suis à mon tour victime de la maladie.

Vendredi 5 décembre.

Je récupère le couteau à l'arrivée sans même payer l'amende. Un train nous conduit à un petit hôtel calme. Ici, les rues sont propres. Bienvenue au pays du sourire ! Nous apprenons que c'est aujourd'hui l'anniversaire du roi et nous rendons à la grande fête prévue à cette occasion. En effet, c'est un événement. Nous sommes le 5 décembre, et Sa Majesté le roi Rama IX fête son anniversaire. Toute la nation, derrière son roi bien-aimé, bénéficie d'un jour férié pour participer aux rejouissances de cette fête nationale. Le neuvième monarque de la dynastie Chakri a eu le privilège de monter sur le trône à 19 ans, en 1946. Son règne est le plus long du monde. Son écoute attentive du peuple, ses actions pour venir en aide aux plus démunis et sa façon d'être et d'agir pour son royaume ont fait de lui un roi adulé par tous ses sujets. De nombreuses réjouissances sont préparées pour l'occasion dans tout le pays et à Bangkok. Quelques semaines auparavant, les artères principales et tous les lieux clefs de la cité ont été ornés de riches décorations. La grande pelouse qui s'étend devant le palais royal est bondée. Une immense estrade a été montée sur l'un des côtés. En son centre trône un immense portrait du roi éclairé. Des défilés, concerts, spectacles, feux d'artifice sont prévus toute la nuit. Un premier défilé d'écoliers et de scouts précédé de danses ouvre la cérémonie. Puis c'est le défilé de la garde royale accompagné de musique militaire. Spectacle d'ombres chinoises, concerts de rock, chants traditionnels, tout est bon pour s'amuser et fêter le roi. Les Asiatiques me fascinent depuis longtemps et je suis aux anges, impressionné par leurs sourires et leur spontanéité. Nous nous attardons devant le remarquable spectacle d'ombres chinoises, accompagné de bruitages sauvages.

Longue vie à Sa Majesté le roi !

Malades à crever, on se décide à partir quelques jours en convalescence dans le sud du pays, à la plage. Un petit train nous conduit en fin d'après-midi à Hua Hin, notre destination finale. À peine arrivés, nous nous dirigeons vers la plage. La ville que nous traversons ressemble à toutes les stations balnéaires du monde, avec des attrape-touristes à tous les coins de rue. Le contraste est impressionnant avec le Bangladesh, que nous venons de quitter. La plage est splendide, du sable blanc et fin, des palmiers. Située à environ 185 kilomètres au sud-ouest de Bangkok, côté soleil levant du golfe de Thaïlande, Hua Hin est en passe de devenir la première station balnéaire de Thaïlande. À l'origine, un village de pêcheurs dont le promontoire rocheux a donné son nom, Hua Hin, la « Tête rocheuse ». En 1926, le roi Rama II fonda un palais près de la plage, appelé “Klai Kangwon”, ce qui signifie « loin des soucis ». La famille royale thaïlandaise a l'habitude de toujours y passer les mois les plus chauds de l'année, généralement mars et avril.

Lorsque nous arrivons sur la plage, un groupe de jeunes Thaïs chantent. Nous approchons, ils nous font signe de nous asseoir parmi eux. Nous découvrons que ce sont en réalité des prostituées qui ont déjà bien bu. Elles sont très jeunes et font pitié. Nous partons nous coucher sur cette même plage un peu à l'écart, bercés par le clapotis des vagues. Mais la maladie fait rage.

Qu'avons-nous pu manger à Calcutta ? Quel virus avons-nous attrapé pour être dans un état pareil ? Les moustiques n'arrangent pas la situation pénible d'une nuit enfiévrée.

Samedi 6 décembre.

Pour vaincre mes insomnies, je décide de marcher afin d'être bien fatigué. Longeant la côte, je me suis fixé comme objectif un petit monticule se jetant dans la mer à quelques kilomètres de là. Des enfants jouent avec les vagues et je prends quelques minutes pour les observer. Leurs rires expriment toute l'insouciance de ceux qui vivent au jour le jour. Une vague plus puissante vient me lécher les chevilles et je m'enfonce dans le sable fin. Plusieurs bateaux militaires mouillent au large et un homme me renseigne sur la raison de leur présence : le roi réside actuellement dans son palais côtier.

Le soleil tape fort et je poursuis mon chemin vers la colline de Khao Takiap. Un sentier mène au promontoire où les temples bouddhistes s'accrochent les uns aux autres en une impressionnante falaise. Au sommet, un temple est dominé par une statue de Bouddha peinte d'or et de rouge. Dans une pièce avoisinante, des moines psalmodient en silence et je me recueille quelques secondes en leur compagnie. À la sortie, des singes attendent pour une nourriture que je n'ai pas. Redescendant la colline, je m'aperçois que le retour va être long et décide de me baigner dans une petite crique en guise de rafraîchissement. Nu comme un ver, je laisse mes affaires sur un rocher. Je sens la fin du voyage arriver et suis un peu préoccupé par la rentrée de début janvier. L'ambiance est particulière, j'avais laissé mes soucis de côté et je les retrouve à l'approche du but. Ce n'est plus le voyage découverte comme au début d'une aventure. On pense ressentir la même chose en France. L'excitation n'est pas la même lorsque l'on part en week-end et lorsque l'on en revient. Le retour nous oblige à penser à la suite, à nos soucis quotidiens. Quelques heures plus tard, je rejoins mon compagnon, épuisé. Objectif atteint, je m'écroule sur le sable. Pendant ce temps, Édouard s'est lié d'amitié avec un petit Thaï, Chuan qui lui a proposé chaise longue et parasol pour la journée. Il fait partie d'une équipe qui gère quelques transats au bord de l'eau. Les touristes qui s'y installent se font servir des boissons, des fruits, des plats cuisinés... Gentiment, Chuan m'apporte de l'eau et des ananas coupés en tranches.

Puis nous dînons dans un restaurant de type Buffalo Grill. Le patron s'appelle Warren, un Anglais de Londres. Il est apitoyé par les deux jeunes Français mal en point qui ne mangent presque pas. Warren nous raconte qu'il est allé au Vietnam à l'occasion d'un voyage. Il y a attrapé une dysenterie puissante et aucun médicament n'a pu le guérir. Un seul a fait son effet, et il en garde toujours une boîte au cas où. Warren nous donne à chacun une tablette pour notre guérison et nous souhaite bon courage.

Nous retournons à la plage où l'on retrouve Chuan qui nous propose gentiment deux transats pour la nuit. Nous acceptons. Cet homme s'occupe de nous comme une mère, il est aux petits soins. Il ramène un parasol entre nos deux transats pour le coiffer d'une grande moustiquaire qu'un peu de sable rendra hermétique.

Au petit matin, quelques pêcheurs longent la plage par deux en tirant un filet. C'est l'heure où les touristes ne sont pas encore arrivés. Il fait bon et le soleil se lève sur l'océan Pacifique. Plus tard, de nombreux Européens souvent obèses viendront se dorer au soleil. De petites Thaïes masseront leur dos huileux pendant des heures. Cette ambiance nous dégoûte et nous reprenons un train pour Bangkok, souhaitant faire une incursion vers le nord. Nous devons également récupérer nos visas pour le Cambodge et le Vietnam et prendre des nouvelles de notre chère Bucéphale.

12

De Chiang Maï à Mae Hong Son,

DANS L'UNIVERS DE LA JUNGLE ET DES PAGODES D'OR

Mardi 9 décembre.

Un coup de fil à Calcutta ne nous laisse que peu d'espoir de retrouver Bucéphale. Personne ne peut nous renseigner sur le bateau et la traversée. Impossible de savoir si la voiture est bien partie. Nous verrons bien et prévoyons une excursion afin de ne pas perdre notre temps. Nous souhaitons voir la jungle au nord du pays thaï et décidons de prendre un train pour Chiang Maï, la capitale culturelle du pays. À la gare de Bangkok, Édouard se trouve de nouveau mal en point et préfère se reposer en gare plutôt que de se promener. Ayant deux heures à passer, je décide d'aller flâner alentour. Pour dix bhats, j'achète un ananas frais coupé en lamelles, servi dans un sac plastique. Sucré et très parfumé, le fruit est délicieux. Je déambule dans un quartier proche de la gare. De curieux magasins exposent des cercueils en bois assez massifs qui ressemblent quelque peu aux nôtres, mis à part leur forme de losange. Plus loin, des pharmacies affichent toutes sortes de plantes bizarres et odorantes à l'étalage. De nombreux petits restaurants sont accessibles et ouverts en permanence. Ce sont des restaurants ordinaires où les Thaïs ont l'habitude d'aller à midi. Le quartier que je traverse est plein de vie. Les gens sont dans la rue, font des courses, vendent des babioles et se promènent. Captivé par tant de curiosités, je ne me suis pas rendu compte de l'heure qui tourne et prends mes jambes à mon cou pour ne pas rater le départ. Nous embarquons dans le train de nuit à destination de Chiang Maï et partons avec cinq minutes de retard. Pour cause, vers 18 heures, l'hymne national a retenti dans la gare et toute activité s'est arrêtée. Comme un seul homme, les Thaïs se sont levés au garde-à-vous. Ici, c'est courant, le nationalisme est marqué par de petits gestes simples. Il paraît que l'hymne est aussi chanté avant les séances de cinéma. Ce patriotisme naturel n'a rien de choquant. C'est une grande force que d'aimer son pays. Même si tout ne va pas pour le mieux chez soi, il est important de prendre conscience que son pays possède un passé, une culture, une géographie, et que le citoyen en est l'héritier direct. Pour un étranger, cela fait plaisir à voir. Économiquement, c'est aussi important. Un pays qui n'a pas d'unité nationale pourrait-il s'en sortir ? C'est aussi en sortant de ses propres frontières que l'homme prend conscience de la valeur de son pays, de son identité, de ses racines.

Le train dans lequel nous prenons place est ultramoderne et surprenant d'ingéniosité. Édouard est malheureusement installé dans un autre compartiment. Je partage le mien avec quelques autochtones particulièrement calmes, à mon grand plaisir. Vers 20 heures, un agent remonte le compartiment pour faire passer les sièges de la position assise à la position couchette.

En cinq minutes, il fait les lits et nous souhaite une bonne nuit. Pas de perte de temps, c'est efficace et le principe me plaît. Je suis irrésistiblement attiré par un lit confortable et ne manque pas de m'y endormir rapidement, bercé par le tic-tac continu des roues sur les rails. Réveillé à l'aube, je tire les rideaux et observe le soleil se lever lentement sur la jungle : grandiose ! Des collines très vertes s'étendent à perte de vue. Au-dessus de l'horizon, un gros disque rouge semble sortir la forêt de sa torpeur. L'on imagine alors les oiseaux s'envoler, les serpents sortir de leurs trous, les éléphants se laver et la nature entière se réveiller. Je pense aussi immanquablement aux combats des différentes guerres qui n'ont pas dû être faciles dans cette végétation hostile. Le train traverse de charmantes petites gares fleuries avec soin. Arrivés à Chiang Maï, nous découvrons la ville. Chiang Maï, la « Nouvelle Cité », est la capitale du nord de la Thaïlande, souvent appelée la « Rose du Nord ». Elle a été fondée par le roi Mengrai en 1296. Plusieurs jolis temples captivent notre attention. La ville compte plus de quatre cents temples bouddhistes, appelés « watts ». De nombreux petits toits viennent coiffer une structure en forme de maison avec une entrée latérale. La façade est richement ornée de dorures et quelques marches permettent d'accéder à la porte principale. Des statues de déesses ou de dragons trônent à l'entrée, devant lesquelles brûlent quelques bâtonnets d'encens. Une attention particulière est portée au pourtour du temple, souvent un jardin spécialement fleuri. Le style est impressionnant mais trop chargé à mon goût, comme certaines églises baroques d'Europe. Passant devant une librairie internationale, nous franchissons le seuil. Depuis maintenant quatre mois, nous ne lisons que des guides de voyage à l'exception des quelques livres de poche emportés et vite dévorés. Alors nous nous procurons quelques livres en français : *Vol de nuit* de Saint-Exupéry, *Moi, Antoine de Tounens, roi de Patagonie* de Raspail et *Sud lointain* d'Erwan Bergot. Ce dernier livre m'intéresse particulièrement puisqu'il est le premier d'une série de trois et que j'avais déjà eu l'occasion de lire les deux suivants. C'est un roman qui nous plonge dans l'histoire d'une famille indochinoise dans la région de Saigon juste avant l'arrivée du communisme. Erwan Bergot dépeint remarquablement bien la culture, les sentiments et la région dans lesquels évoluent les personnages.

Un bus surchargé nous mène toujours plus au nord vers la frontière birmane et nous décidons de le laisser filer vers Paï pour faire escale à Pang Hang, lieu-dit sur la route. Il est impensable de traverser cette jungle sans la fouler réellement, comme ces personnes qui vont à Chamonix et grimpent en quinze minutes au sommet de l'aiguille du Midi, à 3 800 mètres d'altitude pour prendre quelques photos et redescendre aussi sec. Non, je veux fouler cette terre, respirer cet air parfumé et humide, entendre les cris des bestioles et voir cette nature en furie, sentir la jungle sous mes pieds et au plus profond de mon être. Nous entrons dans un parc national réputé pour sa forêt vierge tropicale. Un sentier en fond de talweg mène à une cascade. D'une vingtaine de mètres de haut, elle est splendide. Un filet d'eau étroit mais puissant s'échappe entre deux rochers pour venir creuser en contrebas une baignoire naturelle d'une dizaine de mètres de diamètre. Partout autour, la jungle se déchaîne dans un entrelacs de lianes tombant d'arbres gigantesques. Sautant de rochers en rochers, nous remontons la rivière jusqu'à la fameuse baignoire. Édouard aperçoit un grand serpent vert et blanc qui se glisse entre deux roches et disparaît dans l'eau. Nous profitons du moment pour nous baigner et faire une petite toilette. L'eau est presque chaude et nous savourons ce bain salvateur. Nos habits, lavés, sécheront sur la peau. Nous avons pris l'habitude de profiter de tout point d'eau pour faire notre toilette quotidienne, et laver notre linge.

Pour l'excursion, nous n'avons pris que le strict minimum, afin d'être plus légers et libres de nos mouvements. Deux hamacs, de l'eau, un couteau, une polaire, quelques sous-vêtements, une trousse de toilette pour deux, une lampe de poche, un chèche, de l'antimoustique, les passeports, un appareil photo, la carte et la boussole. Édouard a de surcroît emporté son sac de couchage. Il est environ 14 heures et nous décidons de passer la nuit en jungle. À notre départ, nous souhaitions traverser la Birmanie et donc traverser la forêt en 2CV. Ne connaissant pas le milieu, j'avais demandé à ma sœur en poste à Kourou de me rapporter deux petits hamacs militaires avec moustiquaire intégrée. Nous souhaitons aujourd'hui tester le matériel, et marchons une partie de l'après-midi dans ce milieu inhabituel : enchevêtrement de lianes, arbres gigantesques et majestueux, herbes folles, arbustes en tout genre. Le terrain est loin d'être plat et, lorsque l'on se trouve sur une hauteur, on a l'impression d'être sur la crête d'une vague au milieu d'un océan de verdure déchaîné. L'atmosphère est moite et nous transpirons à grosses gouttes. Passant dans un ruisseau, j'aperçois un objet original, abandonné entre deux rochers. Je le ramasse et découvre une sorte de sarbacane rudimentaire qui doit servir à pêcher. Une tige métallique pointue est insérée dans un tube. Accrochée à un élastique, elle est propulsée très vivement par ce dernier, ce qui doit permettre d'atteindre le poisson puis de le récupérer sans peine. L'objet me plaît et je l'accroche au sac. À flanc de colline et surplombant une petite rivière, une cabane en bois nous servira de refuge pour la nuit. Les hamacs sont rapidement tendus entre deux poutres. Aussitôt couchés, la saga des moustiques commence. Si la moustiquaire est un rempart efficace contre les piqûres, elle ne l'est pas du point de vue auditif. Les bruits de la forêt sont aussi impressionnants et nous sommes les spectateurs privilégiés d'un véritable concert de crapauds-buffles. Viennent s'y mêler les cris d'animaux inconnus, peut-être des singes. La nuit est belle et l'absence de toit permet d'observer un ciel particulièrement étoilé. C'est heureux car l'amplitude thermique étant importante, j'ai très froid cette nuit, faute d'avoir pris un sac de couchage, et je peux donc observer les étoiles à loisir. Réveillé bien avant Édouard, je suis heureux de me retrouver en pleine nature. Il fait beau, j'en profite pour aller me promener. Suivant un sentier pentu, je suis en extase devant cette végétation luxuriante. Des palétuviers, bananiers, fleurs tropicales aux couleurs vives poussent à loisir sur cette terre fertile. Le soleil se lève rapidement et je capte les premiers rayons qui viennent réchauffer le corps. Ce soleil qui ne nous a pas quittés depuis la France m'est très important. En plus d'être une boussole fiable, il permet de garder le moral lors des difficultés de la piste ou des ennuis mécaniques. Coupant court à une méditation stérile sur l'astre de lumière, je rejoins Édouard. La faim fait sortir le loup du bois et nous revenons à la route goudronnée pour y trouver quelque nourriture. Je pensais bien essayer d'attraper du poisson à l'aide de la sarbacane, mais une auberge en bord de route me pousse à croire que les chances d'avaler une soupe de nouilles sont les plus grandes. Une femme est affairée, dans le jardin, à étendre du linge. Nous la saluons en thaï puis imitons le geste des Asiatiques mangeant avec des baguettes pour lui faire comprendre que nous avons faim. Affichant un large sourire, elle nous indique une table à l'extérieur puis nous propose de choisir un plat sur une carte indéchiffrable. Finalement, nous arrivons à nous faire comprendre et obtenons une soupe de nouilles aux champignons fort bien cuisinée. Puis nous reprenons la marche en bord de route. Un homme conduisant un pick-up rutilant s'arrête spontanément à notre hauteur pour nous proposer de grimper. La Thaïlande est connue pour l'honnêteté et la générosité de ses habitants, et ce geste spontané confirme une fois de plus ces dires. Après plusieurs kilomètres, l'homme bifurque sur une route secondaire, ce qui ne nous dérange pas spécialement. Nous avançons au gré des rencontres et opportunités, ce qui fait l'intérêt du voyage itinérant, en gardant une certaine souplesse. Puis notre chauffeur s'arrête au bord de la forêt et nous explique qu'il vient couper des bambous pour construire une clôture. Nous poursuivons à pied. Perdu en pleine jungle, un geyser crache ses jets de vapeur au milieu d'un bouillon d'écume. La colonne d'eau mesure presque un mètre de haut et l'eau éjectée est à 90 °C. Nous observons attentivement ce phénomène volcanique lorsque plusieurs femmes munies de paniers s'approchent de la rivière en contrebas pour s'y accroupir et faire tremper des ustensiles. Intrigués, nous nous approchons et découvrons que les paniers contiennent des œufs. En effet, il est bientôt 12 h 30 et grand temps de préparer le déjeuner. Laissant les cuisinières à leur tâche, nous nous enfonçons dans la jungle avoisinante pour une large boucle. La Thaïlande dispose de quelques-uns des animaux les plus spectaculaires du monde, incluant le rhinocéros, le tigre, le léopard, le gaur, le buffle d'eau et le gibbon. Une attention particulière doit être prise en zone forestière par les aventuriers : plusieurs variétés des cinquante espèces de serpents sont venimeuses, et les crocodiles nombreux dans les marais. Redoublant de prudence, nous prenons des bâtons et foulons bruyamment le sol pour éloigner les reptiles. Ce sont ces derniers que nous redoutons le plus, n'ayant d'autres chaussures que des petites sandales ouvertes. Mais nous ne croiserons ni éléphants, ni tigres, ni même de serpents sur ce tronçon. Puis nous attrapons au vol le bus bondé qui va à Paï, charmante petite ville du Nord. Nous trouvons refuge dans un bungalow de bois et sommes ravis de notre installation dans un village paisible et à taille humaine : la vie s'organise autour des deux artères principales qui se croisent perpendiculairement en son centre. Les rues sont propres, les maisons et jardins fleuris. Quel contraste avec le Bangladesh presque limitrophe !

Vendredi 12 décembre.

Après une nuit calme, nous prenons un copieux petit déjeuner avant de louer deux petites motos 125 cm^3 à vitesses. L'idée est de pousser plus au nord, vers la frontière du Myanmar afin d'approcher certaines tribus vivant dans des endroits reculés. Quel plaisir de circuler sur deux roues, sans casque et au soleil ! Partout, des arbres et des bouquets de bambous s'élancent vers le ciel. La nature nous tend les bras et l'on rêve de s'y plonger. Il nous faut nous familiariser avec les engins avant d'attaquer la piste, qui peut être mauvaise. Notre carte est peu précise et nous demandons notre chemin à une femme au volant d'un vieux 4 × 4. Elle nous précède jusque chez elle, en pleine montagne, 20 kilomètres plus au nord. Elle habite une superbe maison de bois avec sa mère, ses deux frères et sa sœur. Le père a été tué d'une balle dans le ventre quelques années auparavant. Toujours très souriante, la famille nous fait bon accueil. Je laisse Édouard sympathiser avec elle et pousse plus au nord encore jusqu'au village de Muang Noi. Les habitations de bambou donnent un caractère particulier à ce village reculé. La nature est très belle, terre rouge se détachant sur une végétation toujours très verte. Lorsque je retourne au premier village, l'apéritif est déjà bien entamé. On me sert de la bière locale un peu amère. Édouard s'est renseigné sur l'origine des habitants. Ce sont des Lisus, une tribu originaire du sud de la Chine installée dans le nord de la Thaïlande depuis soixante ans. Ils vivent à une altitude de 1 000 mètres en cultivant le riz, le maïs et l'opium, et en élevant du bétail sur des terrains non fixés. Ils sont animistes mais également influencés par la culture chinoise : ils en fêtent le Nouvel An. Le frère me tend une sorte de cigare du Myanmar assez authentique ! L'ambiance est chaleureuse. En fin d'après-midi, nous prenons congé des Lisus pour rejoindre Paï. La soirée est consacrée à l'envoi de nouvelles fraîches à nos familles et amis restés en France. Nous gardons aussi contact avec ceux rencontrés sur la route, Tobi, le Suisse de Calcutta, Rodrigo et Juan, les Espagnols de la frontière indo-pakistanaise, Jean-Baptiste, le médecin de Calcutta, les Australiens, et tant d'autres…

Le lendemain, un minibus nous mène plus à l'ouest, dans le charmant village de Mae Hong Son, à quelques kilomètres de la frontière birmane d'où nous espérons partir en excursion pour rencontrer les fameuses femmes girafes, qui portent autour du cou et parfois autour des jambes de grands anneaux en laiton, anciennement en or. Au fil des années, des anneaux sont rajoutés. Les cous des femmes peuvent atteindre jusqu'à 30 centimètres, d'où leur nom. Entouré de montagnes boisées de teck, le village de Mae Hong

Son est le point de départ d'excursions à la rencontre des tribus : Karen, Lahu, Lisu, Méo...

Nous grimpons sur une colline alentour, au sommet de laquelle se trouve le temple Wat Phra That Doi Kong Mu (hum !) qui offre un splendide point de vue sur le bourg. Entouré de montagnes très vertes, il semble s'être naturellement développé dans une cuvette. Il est amusant de repérer les rues principales au premier plan, puis l'aéroport et les temples, enfin les collines boisées. Des moines méditent en silence dans le temple. Ces derniers semblent être toujours de bonne humeur et souriants. Ils vivent en communauté et il n'est pas rare d'en croiser en ville, tôt le matin, en partance pour la tournée quotidienne d'aumône. La plupart des gens leur font un don en s'agenouillant et joignant leurs mains. En échange, le moine récite une prière à leur intention.

Le 15 décembre, nous quittons la ville par le minibus local. Nous avons rendez-vous avec Bucéphale et ne manquerons pas de l'accueillir comme il se doit si elle pointe le bout de son nez dans le port de Bangkok. Après six heures de route, nous faisons un arrêt à Chiang Maï. Un deuxième bus nous transporte jusqu'à la capitale thaïlandaise. Nous sommes tous deux captivés par la lecture des livres achetés plus tôt et le trajet passe vite.

« Je croyais être en lutte avec l'espace, mais c'est le temps qui est mon plus rude adversaire ; le temps qu'une étoile monte au ciel. » Nous aurions pu terminer la citation de Philippe Diolé par « le temps qu'une voiture arrive à Bangkok ». C'est moins poétique, mais cela illustre bien l'état d'esprit dans lequel nous sommes actuellement. De retour dans la capitale, notre appréhension est grande. Bucéphale est-elle bien arrivée ? Ne s'est-elle pas perdue dans quelque conteneur ? Allons-nous la revoir un jour ? L'absence de nouvelles est terrible pour le moral. Nous avons encore besoin de ses services. Nous voulons croire que le transporteur indien ne nous a pas laissé tomber. Condamnés à une patience forcée, il ne nous reste plus qu'à prendre la chose avec philosophie et humour.

6e PARTIE

Cambodge, Vietnam

Édouard

Aux bonzes bouddhistes qui nous ont accueillis et ont couvert la 2CV dans sa clandestinité.

À Kim Phuc et à Phan Thanh, son frère, semeurs d'espérance.

13

De Bangkok à Phnom Penh,

CLANDESTINITÉ ET ACCIDENT AU CAMBODGE

« C'est le propre des hommes libres que de se fixer un objectif et de ne s'en laisser détourner par aucun obstacle. »

Jacques André

Jeudi 18 décembre.

La compagnie de cargo nous apprend que Bucéphale n'arrivera pas avant le 24 décembre. Nous n'en pouvons plus d'attendre. Nous bouillons à l'idée d'avoir à nouveau un volant entre les mains et d'abattre les derniers kilomètres.

Nous ne serons pas à Saigon, comme prévu, pour Noël. La patience et le changement de programme sont le lot quotidien de notre voyage. Encore et toujours, réapprendre à vivre l'instant, en abandonnant son passé et son futur. Vivre à fond, en plénitude, le temps présent.

Nous visitons Bangkok de long en large et faisons établir nos visas pour le Cambodge et le Vietnam. La « Venise de l'Orient » se révèle agréable. Nous trouvons fort pratique de prendre les bateaux-bus ou les autos-rickshaws baptisés ici « tuc-tuc ». En quelques minutes, nous sommes trimbalés des pagodes royales, avec les stûpas d'or, aux marchés flottants colorés où les bateliers viennent négocier les fruits de leurs récoltes. Ce pays transmet continuellement une ambiance de fête et d'enthousiasme. Un cercle de jeunes gens joue au jeu du *takraw*. Une petite balle d'osier tressé qu'il faut, du pied, toujours conserver en l'air en la passant à une autre personne du cercle. Les joueurs redoublent d'habileté et d'acrobatie pour que jamais le *takraw* ne touche le sol.

Des étals proposent des spécialités asiatiques, fraîches et appétissantes : des soupes, des nouilles, des beignets de crabe et autres que nous découvrons parfois avec grimace tant nos goûts diffèrent des leurs.

Tout est lumière, sur les canaux de la ville. Le luxe des immeubles et des grandes surfaces cache une profonde misère poussée au banc de la ville. Avec l'association Point Cœur, nous arpentons Klong Toey, le plus grand bidonville de Bangkok. *Klong* signifie « canal » ou « égout » ; les égouts coulent à ciel ouvert dans les rues. Les maisons de tôle couvrent des surfaces marécageuses que l'on joint par des passerelles en bois. Quelques femmes volontaires au Point Cœur sont installées ici, immergées dans la population du bidonville. Leur quotidien est fait de compassion, de consolation auprès des enfants, des hommes et des femmes les plus rejetés de la ville. Il y a des sujets difficiles à aborder dans ce bidonville. Des femmes et des enfants sont vendus pour alimenter les réseaux de prostitution. À Bangkok, l'esclavage existe aux yeux de tous. Beaucoup de touristes viennent profiter dramatiquement de la situation pour quelques euros. Une idée répandue parmi les voyageurs est que, les Thaïlandais ayant des mœurs sexuelles plus libres que les nôtres, cela ne les gêne en rien. Il est facile de tomber dans le piège. Ici, le commerce du sexe est une banalité. Les rabatteurs, les chauffeurs de taxi, les conducteurs de « tuc-tuc » proposent constamment. On estime qu'il y a huit cent mille enfants et deux millions de femmes prostitués rien que pour la Thaïlande. Le tourisme sexuel provoque ici des souffrances incalculables. Nous ne comptons plus le nombre de Hollandais, de Suédois, de Français que nous voyons au bras de fillettes, achetées pour quinze jours, un mois ou plus.

Dans la Kao-San-Road, la « Mecque du routard », nous retrouvons notre étrange ethnie. Ce quartier est un doux mélange de sensualité et de bonnes combines pour globe-trotters. On y trouve, pêle-mêle, des tatoueurs, des coiffeurs pour dreadlocks, des cybercafés, des masseuses thaïes, des faux permis de conduire, des vêtements à la mode… L'ethnie des *backpakers* impose son style et ses coutumes. Ici, on ne rencontre que ses semblables et des agences de tourisme qui ne désemplissent pas. Tous les guides de voyage rabattent aux mêmes lieux… hors des sentiers battus.

Notre Noël thaïlandais est simple. Dans une rustique chambre d'hôtel, nous échangeons les traditionnels cadeaux. Sur le livre illustré offert par Jean-Baptiste, il est dédicacé « Dix années d'amitié, que de chemins d'aventures parcourus ensemble… »

Au bout de quelques jours passés à Bangkok, nous avons tissé des liens avec plusieurs expatriés français membres d'ONG. Le soir de Noël, nous en retrouvons certains. Éloïse et Fred, Camille, Margot, Ève et d'autres nous invitent dans la maison des Bambous, la base asiatique d'Enfants du Mékong. Les « Bambous », c'est le nom des volontaires de cette association. Ils ont, comme exemple pour leurs missions de bénévolat, les caractéristiques du végétal : « Le bambou, éternellement vert, plie mais ne rompt pas. » Notre increvable 2CV mérite la comparaison.

Les bambous volontaires nous expliquent le travail de leur association. Pour éviter l'enfer des rues, de la prostitution, du travail forcé, le parrainage scolaire des enfants est l'une des meilleures solutions. Des parrains français s'engagent à soutenir un ou plusieurs enfants asiatiques. Enfants du Mékong aide ainsi quarante mille enfants dans toute l'Asie du Sud-Est. Nos amis, eux, sont venus donner un an ou plus de leur vie. Ils ont pour charge la coordination et le soutien des responsables locaux. Ils contrôlent la bonne gestion des programmes de parrainages et la réalisation des projets de développement.

Pour cette nativité exotique, les breuvages thaïlandais et chinois s'enchaînent. Nous rions et jouons, noyant notre attente de la deuche dans les flots de bière Singha et Chang. Nous dansons sur des airs thaïlandais à la dernière mode[1].

Ultime cadeau, après un mois d'attente, la 2CV arrive à bon port. Nous passons notre 25 décembre dans les démêlés administratifs. Il nous faut ensuite déballer Bucéphale du conteneur où elle a été solidement empaquetée.

Demain, nous prendrons la route. Plus que deux pays, le Cambodge et le Vietnam, et nous atteindrons la ville tant rêvée. La nuit est encore blanche. La bière

1. Loso : « *Fon tok tee na-tang…* »

coule à nouveau à flots... Il faut fêter nos retrouvailles avec Bucéphale.

Vendredi 26 décembre. 14 717 kilomètres. Vers la frontière cambodgienne.

Notre séduisante « deuche » a eu un effet dévastateur sur nos amies volontaires. En quelques secondes, elle charme toutes ces demoiselles. Ce n'est pas pour nous déplaire ; car si bien conquises par Bucéphale, au petit matin, certaines embarquent. Camille, Margot et Éloïse grimpent sur les malles arrière pour atteindre avec nous la frontière cambodgienne.

Quelle douceur que ces femmes dans notre voiture, et quelle ambiance ! Elles chantent à tue-tête, encourageant la 2CV dans les virages ou dans les faux plats. À haute voix, elles expriment des encouragements à Bucéphale. Elles tapotent affectueusement la tôle des portières, applaudissant quand nous dépassons un deux-roues. Elles s'étonnent de sa tenue de route et rigolent de ses rebondissements. La 2CV plaît parce qu'elle est amusante.

Nous regrettons de n'avoir pas eu, durant ces longs mois de nomadisme, la légèreté d'une présence féminine. Ces femmes dont Guy de Larigaudie appréciait plus que tout la compagnie : « La chanson d'une eau vive entraîne loin du marais. La présence des jeunes filles écarte grossièretés et lourdeurs. Certaines d'entres elles, rencontrées aux heures mauvaises, vous clarifient littéralement l'âme. [...] Leur grâce nous allège et rétablit l'équilibre. [...] Leur présence est un apaisement. Elles sont un sourire et une douceur dans notre cercle de luttes. »

La 2CV exerce un pouvoir de séduction à nous rendre jaloux. Cette voiture a un charisme certain. Après des milliers de kilomètres parcourus ensemble, nous avons enfin découvert son arme secrète. Elle crée de la bonne humeur. « Que vous soyez seul ou à deux, en famille ou en bande, elle est la compagne idéale. Elle a bon caractère », annonce un commentaire d'une photo publicitaire. La 2CV dégage ce sentiment de joie de vivre qui fait que la route devient une vaste plaisanterie. C'est certainement grâce à ça que les conducteurs de 2CV, toutes générations confondues, continuent d'avoir 20 ans à son volant.

Nous tombons en panne. Les filles pensent que nous l'avons fait exprès et en rigolent. Si c'était si simple… Mais jamais au cours de ce voyage nous n'avons commandé nos pannes. Nos amies rigolent déjà moins, à présent qu'elles nous aident à pousser Bucéphale sur l'asphalte.

Nous arrivons tant bien que mal à la frontière cambodgienne, où nous nous séparons. Il nous reste encore 800 kilomètres avant Saigon, que nous comptons parcourir rapidement.

Poipet ressemble à toutes les frontières, avec son lot de marchands et de trafiquants en tout genre. Des petits enfants en guenilles se glissent entre les barbelés pour servir de passeurs. Ils transportent des cartouches de cigarettes. Sans doute quelques marques locales : des « Paris » ou des « Alain Delon » en paquets de 25. Des femmes, sous leurs cône de paille pointu, marchandent des fruits et des légumes. Telles des balances, avec leurs deux plateaux équilibrés par un bâton sur l'épaule, elles trimbalent leur marché.

Un vieux Cambodgien à la face mangée par le soleil et les années s'arrête et dévisage la 2CV.

— *Tchom reap sour*, nous salue-t-il en khmer. Puis, dans un français impeccable il continue : « C'est une voiture épatante. J'en conduisais quand les Français étaient encore là. »

Il vient me serrer la main chaleureusement. Il a la larme à l'œil. La 2CV lui a fait remonter des souvenirs pénibles ou agréables du protectorat français qui dura près d'un siècle. Je lis dans ses yeux une certaine nostalgie du temps passé. Sans doute a-t-il perdu comme tous ici un frère, un père, une femme, dans le génocide programmé des Khmers rouges.

Une fois de plus, nous nous heurtons à la rigidité des douaniers. Une voiture française au Cambodge, ils n'en n'ont pas vu depuis au moins quinze ans. Le carnet de passage en douane n'est pas en vigueur. Leur procédure est différente mais simple. L'accès nous est autorisé si l'ambassade de France à Phnom Penh envoie un fac-similé aux douanes confirmant nos identités et celle de la voiture.

Nous téléphonons à notre ambassade. Un diplomate nous répond qu'il va bientôt partir en week-end, il s'occupera de ça lundi après son repos. Il raccroche.

Jean-Baptiste est excédé. Durant deux jours, nous poireautons sur le tarmac de la frontière. Le béton du sol nous assure des nuits difficiles. Heureusement, les douaniers nous ont accordé une place dans leur garage, où nous sommes en sécurité. Pour expliquer notre démarche de voyageurs, nous avons envoyé un mail à l'ambassade de France en joignant toutes les informations nécessaires.

Depuis les élections législatives de juillet dernier, le Cambodge n'a plus de gouvernement, les différents partis politiques n'ayant pas trouvé d'accord. Dans ce contexte troublé, les procédures administratives se font un peu à la tête du client. Le pays se trouve donc en fonctionnement limité et la corruption gangrène l'ensemble de la société.

Après le repos forcé dominical, nous reprenons contact avec notre diplomate par téléphone. Jean-Baptiste explique à nouveau que nous sommes avec une 2CV à la frontière du Cambodge et que nous arrivons de Paris. Bien sûr, par téléphone, c'est difficile à croire. Notre interlocuteur pense peut-être à un canular téléphonique. On s'entend répondre :

— J'ai bien eu votre mail, mais une voiture française en territoire cambodgien, c'est pas possible. Il n'existe pas d'assurances, les pistes sont trop dangereuses, etc.

Nous n'osons lui expliquer que nous circulons depuis la Turquie sans assurance et qu'évidemment aucun assureur ne s'engage sur un véhicule qui traverse l'Afghanistan ou l'Inde. 10 000 kilomètres de route sans garantie en cas d'accident responsabilisent plus que n'importe quel contrat.

En continuant la conversation, on s'entend dire : « Je ne vous connais pas, je ne ferai rien pour vous. » Il raccroche, nous laissant stupides au bout de la ligne.

Nous prenons les choses en main. Notre secours ne viendra pas de cette ambassade. La 2CV reste un bien meilleur diplomate. Peut-être cet homme ne savait-il pas que, le 21 août 1995, les militants antinucléaires norvégiens, manifestant contre la reprise des essais atomiques français, avaient fait sauter une 2CV devant l'ambassade de France à Oslo ? La 2CV se glissait aussi dans la politique. Le 10 mai 1995, un journaliste demande à Jacques Chirac : « Si vous deviez choisir une voiture qui vous ressemble, laquelle serait-ce ? ».

Le président de la République répond : « Sans doute une 2CV, en souvenir de ma première voiture[1]. »

La France peut ajouter à ces symboles républicains le Tout Petit Véhicule, passeport bien plus efficace que certaines mondanités bureaucratiques. C'est son patrimoine, un jour peut-être sur la liste des « monuments historiques ».

Depuis quarante-huit heures que nous sommes là à attendre, les douaniers cambodgiens ont peu à peu relâché leur surveillance à notre égard. Profitant de leur pause déjeuner, nous poussons Bucéphale, sans faire de bruit et sans la démarrer, hors du garage. Éloignés de quelques centaines de mètres du poste, nous démarrons en trombe et entrons au Cambodge avec une voiture clandestine.

Notre démarche est la suivante. Tout clandestin étant appelé à être expulsé, il faudra bien qu'on nous fasse ressortir un jour. Espérons que ce soit vers le Vietnam. Nous comptons profiter de la désorganisation actuelle du pays pour le traverser à toute vitesse. Nous devons parcourir le Cambodge sans être contrôlés.

Une grande colère bout en nous. Nous avions été si bien reçus par l'ambassadeur de France en Afghanistan et par le consul au Pakistan...

Depuis la frontière, le goudron s'est arrêté. La piste de terre rouge encadrée de rizières soulève à chaque passage de véhicule des nuages de fumée. Dans des pick-up lancés à toute vitesse, des dizaines de personnes s'entassent et s'accrochent les unes aux autres. Coiffés

1. Jacques Wolgensinger, *La 2CV : nous nous sommes tant aimés*, *op. cit.*

du *krama*, le traditionnel foulard à petits carreaux, chacun se protège pour ne pas avaler les poussières de la piste. Nos cheveux longs de plus de cinq mois s'emmêlent et deviennent rêches. Nous coiffons comme en Afghanistan nos chèches sur la tête.

Sur le bord des routes cabossées, les enfants juchés sur des vélos d'adulte pédalent en danseuse, en direction de l'école. En chapelet, des maisons faites de bois, de chaume ou de larges feuilles tressées s'alignent le long de la piste qui rejoint la capitale. De temps à autre, parsemant les rizières, se dégagent des pagodes aux toits relevés en point d'interrogation. C'est l'héritage de la haute civilisation khmère et des racines bouddhistes du pays.

La vie principalement rurale des Cambodgiens est rythmée par les crues du lac Tonlé Sap et du fleuve Mékong. Des millions d'hommes doivent leur subsistance à la pêche. Maniant de grands filets, immenses épuisettes à levier, ils piègent les poissons partout où les bras d'eau se forment dans la vaste plaine.

Le rouge de la piste, le bleu du ciel, le vert des rizières et de la végétation donnent des couleurs contrastées au pays. À regret, nous passons le Cambodge à fond de train.

Les cheveux dans le vent de la vitesse, le volant bien tenu pour habilement éviter les trous, nous avançons, le pied à fond sur l'accélérateur pour ne pas nous faire rattraper par d'éventuels douaniers à notre recherche. Nous jouons à l'agent 007. James Bond avait, dans l'un de ses films, *Rien que pour vos yeux*, utilisé la furtive deuche pour échapper à des poursuivants. La 2CV jaune mimosa eut tellement de succès que Citroën en fit une série limitée. Chaque véhicule était livré avec une pochette contenant des impacts de balles et le sigle 007 à coller sur la carrosserie. Le célèbre agent secret Langelot, quant à lui, utilise une 2CV grise lestée, au moteur trafiqué[1].

Nous calculons le temps dont nous disposons avant que les douanes réalisent notre fuite. Il s'écoulera au moins une à deux heures. Le temps qu'ils préviennent, il faudra deux à trois heures de plus. Sans doute attendront-ils un peu, de peur de se faire taper sur les doigts par leurs supérieurs. Deux hommes et une 2CV qui s'enfuient sous leur nez, ça n'est pas à leur honneur et en dit long sur leur efficacité. Ensuite, il faut que l'information remonte sur toutes les provinces : deux à trois heures encore. Puis l'information doit redescendre aux polices locales : deux à trois heures... Bref, nous comptons douze heures d'avance avant qu'on nous repère éventuellement.

Pour une fois, les lourdeurs et les pertes de temps administratives jouent en notre faveur. Nous imaginons déjà les barrages qui vont se dresser ensuite sur la route. Douze heures, cela nous laisse tout de même le temps d'atteindre Phnom Penh en fin de journée et ensuite de conduire la nuit.

Il y a, dans ce type de situation, une exaltation qui se dégage. Nous bravons notre dernier obstacle. La clandestinité de Bucéphale nous donne les ailes de l'aventure : ce risque d'être rattrapé, ce danger qui s'embûche à tous les coins de rue.

L'Homme a besoin d'avoir peur. Il cherche l'effroi dans les livres, au cinéma, ou même dans les jeux vidéo. Comme si la vie n'offrait pas assez de frayeurs. Ce besoin d'imprévu et de risque est aussi une conséquence

1. Vladimir Volkoff, alias Lieutenant X, *Langelot*, Hachette, coll. « Bibliothèque verte »/Éditions du Triomphe.

de notre intelligence, qui aspire à connaître, à découvrir. Le nier, croire au « risque zéro », c'est au détriment de notre liberté. Nos sociétés occidentales encadrent par des lois, étiquettent par des décrets, arrêtés et circulaires. La négation du risque oblige à ne plus prendre de responsabilités, encourage l'inaction et le désengagement de la vie sociale, culturelle ou politique.

Pourquoi blâmer l'amour du risque ? Évidemment, aimer le risque lui-même, c'est stupide et hasardeux. Mais aimer le risque des petites ou des grandes actions à cause de l'élan qu'elles dégagent et de l'ivresse qu'elles impriment, n'est-ce pas une forme supérieure de prudence ? Comme recommandait la sagesse de Kipling, « toujours prendre le maximum de risques avec le maximum de précautions… » Face à un monde « d'assurances tous risques », il nous faut aujourd'hui retrouver l'audace personnelle. L'essayer rien qu'une fois donne bien plus confiance en soi et dans les autres.

Les pistes ne sont pas bonnes. La 2CV bondit dans le *fech-fech* rougeâtre. Le plat du pays favorise heureusement la progression. Quand nous atteignons Phnom Penh, la nuit est déjà tombée. Nous nous arrêtons discrètement dans la capitale cambodgienne pour dîner. Depuis huit heures, nous n'avons rien avalé et notre concentration sur les pistes nous a ouvert l'appétit.

Toujours à la lueur des feux de détresse, nous reprenons la route. La fatigue est au rendez-vous. Dans la banlieue de la capitale, brutalement, un choc : un soulèvement dans les airs, un éclair à la tête, des étoiles dans les yeux, un bruit de tôle. Plus rien. Silence moteur.

— Ça va, JB ? dis-je, haletant.

— Ça va, me répond-il calmement. Et toi ?

— C'est bon.

— Et merde ! C'était vraiment pas le moment pour un accident.

Nous venons de prendre de plein fouet une bouche de canalisation. Nous n'avons rien compris, tout s'est passé en une fraction de seconde.

Après s'être assurés qu'aucun de nous n'était gravement blessé, encore sous le choc de la collision, nous descendons de voiture. Le bruit de la tôle froissée a alerté les badauds. La voiture est perchée sur un bloc de béton de trente centimètres de hauteur. L'aile avant droite est broyée. Nous constatons avec stupeur que la direction, habituellement une barre de fer droite, forme désormais une demi-lune. Le bras de direction a encaissé le choc et son tube de dix centimètres de diamètre s'est replié sur lui-même.

Nous soulevons Bucéphale par le pare-chocs et la retirons du bloc de béton. Entre-temps, la police a été prévenue. Pris de peur à l'idée de nous faire arrêter, nous nous activons et regardons si la conduite est encore possible. Jean-Baptiste tourne la clef du contact. Le moteur repart impeccable. Je donne quelques violents coups de pied dans l'aile pour redresser la carrosserie. Ainsi, elle ne frotte plus contre la roue.

Nous fuyons sans même dire un mot aux policiers qui arrivent. Sans réfléchir, nous prenons la première rue devant nous. Notre voiture ressemble à un canard boiteux. À chaque tour de roue, c'est un vacarme et un sursaut dans l'agonie. Dans la pénombre, nous avançons de quelques kilomètres. Jean-Baptiste se frotte le front, il a pris le pare-brise et le rétroviseur en plein visage. Le rétroviseur s'est arraché et le pare-brise s'est fissuré, formant une large étoile.

— Heureusement qu'on n'était qu'à trente à l'heure !

— Tu saignes, me dit-il.

Dans la projection de l'accident, je me suis éraflé le haut du crâne sur un montant coupant du pare-brise.

La voiture est en plus mauvais état que nous. Nous décidons de nous arrêter. Dans l'épaisse végétation, nous prenons un chemin sur la gauche, un portail ouvert accède à une habitation. Nous stoppons dans la cour et nous couchons comme d'habitude sur le sol à côté de Bucéphale. Nous ne prenons pas le soin de nous annoncer, vu notre situation précaire.

Des chiens hurlent à la mort, n'aimant pas notre arrivée à l'improviste. Les moustiques, eux, nous apprécient bruyamment. Il doit être 1 heure du matin. Dans la maison, les lumières s'allument et des voix nous parviennent. Apparemment, ils ont peur et n'osent s'approcher. Nous ne bougeons pas. Un homme s'avance et, avec une lampe de poche, nous éclaire en plein visage. En une minute, il en arrive de toutes parts ; deux, trois puis dix personnes. Nous sommes tombés en plein milieu d'un monastère bouddhiste. Une quinzaine de bonzes en tenue orange et jaune nous observent ahuris. Nous expliquons en quelques gestes notre accident. Ils répondent aussi en gesticulant et ils nous invitent à dormir dans leur temple. Nous nous retrouvons dans d'épaisses couvertures au pied d'une colonne du *vat* d'où coule une ample moustiquaire. On nous laisse tranquilles sans même que nous ayons à fournir plus d'explications.

Au centre de la pagode, sur l'autel, une immense statue de Bouddha veille. Des bâtonnets d'encens se consument sans bruit. Un bouquet de fleurs est déposé en offrande. D'après l'enseignement du « Grand Véhicule », le Bouddha a la possibilité d'apporter sa grâce aux croyants. Une aide providentielle pour notre petit véhicule.

À l'aube, nous suivons les activités comme deux jeunes bonzes entrés en religion. Cela nous arrange bien. À la faveur de la communauté et du nombre, la police n'a pas été prévenue. Le monastère nous met à l'abri de la ville et couvre notre fuite. Nos anges gardiens sont bien inspirés. Avec les moines, nous faisons notre toilette à grands coups de seau d'eau froide. Les bonzes portent une robe jaune ou orange, ont la tête, le menton et les sourcils rasés. Au Cambodge, la personne des moines est quasi sacrée et donc très respectée dans ce pays à majorité bouddhiste. Le moine ne dépend d'aucune autre autorité que celle de son supérieur et ne reçoit d'ordres que de lui. Ce n'est pas un citoyen ordinaire : il est exempt d'impôts, de service militaire, ne peut témoigner en justice, n'a pas le droit de faire de la politique. De plus, un bonze fait vœu de chasteté et de pauvreté : chaque jour, il va quêter sa nourriture, et sa vie entière est faite de prières, de bonnes œuvres, d'études, d'ascétisme au sein de son monastère.

Les jeunes novices qui étudient le khmer sont excités par notre passage inattendu. Tous veulent en savoir plus sur notre véhicule. Devant leurs yeux, nous démontons l'aile et constatons les dégâts. Rien à faire, il nous faut des pièces de rechange. Nous pouvons au mieux redresser la direction. Mais le bras de suspension doit être changé. Comment ? Il est impossible de se faire envoyer une pièce au Cambodge. Non seulement cela pèse trop lourd mais, en plus, pour une voiture clandestine, cela compromettrait nos chances de réussite.

L'axe de la roue s'est si bien tordu que le pneu touche le sol sur la tranche intérieure. La roue avant droite est quinze centimètres en arrière par rapport à l'autre. Par miracle, un certain parallélisme est conservé. Tant pis, nous ne pouvons plus tourner à gauche ; nous nous débrouillerons bien. Saigon, c'est tout droit à l'est.

Nous chargeons l'aile dans le coffre, remercions nos sauveurs, unissons les mains à leur manière en signe d'au revoir et partons. « On ne joint bien les mains que lorsqu'elles sont vides. » Nos bonzes viennent de nous donner une leçon de gentillesse illustrant cette maxime bouddhiste. Pour prier et accéder à la sagesse, il faut savoir d'abord donner ce que l'on possède.

Nous tenons le volant à deux mains tant la roue tordue tire la 2CV vers la droite. Nous devons équilibrer à l'aide de la direction, compensant par la force de nos bras. L'étoile dans le pare-brise nous offre une visibilité limitée et il faut parfois se pencher sur le côté pour mieux observer les méandres de la piste.

Nous touchons au but. Saigon, peut-être dans quarante-huit heures.

Depuis plusieurs jours, nous sommes déjà un peu rentrés en France dans nos têtes. Nous imaginons les mois qui vont suivre notre retour. Bientôt, nous retrouverons la famille et les amis, le travail ou les études. Durant les heures de conduite, nous avons régulièrement discuté de nos projets professionnels ou de nos prochaines expéditions.

Jean-Baptiste rêve de partir traverser le détroit de Béring à skis et avec des chiens, tandis que je me vois déjà chevauchant, tel Orélie-Antoine Ier, dans les étendues patagonnes à la poursuite du royaume d'Araucanie. Nos rêves sont immenses. Jamais nous ne pourrons les réaliser tous. Faut-il pour autant se résigner et n'en réaliser aucun ? « Faire ce dont les autres rêvent », annonce la Guilde européenne du Raid, experte en la matière et qui soutient des centaines de projets par des Bourses de l'Aventure. Notre capacité à rêver nous pousse à agir et à espérer. Un rêve à réaliser implique de s'engager dans sa passion, non pour suivre instinctivement ses désirs, mais pour trouver la force de mener à bien sa vie.

Larigaudie, qui réalise nombre de ses projets, a assez de recul sur la destinée de l'être humain : « Des rêves trop grands pour notre carrure pèsent parfois sur nos épaules, rêves de conquérant, de saint ou de découvreur de monde, rêves qui furent ceux réalisés d'un Mermoz, d'un Gengis Khan ou d'un François d'Assise. Il ne faut pas se désoler d'être seulement ce que nous sommes. [...] Notre désir de bonheur est trop démesuré pour qu'il puisse jamais être rassasié ailleurs que dans l'au-delà. Même corporellement, nous ne sommes ici-bas que des insatisfaits. Aucun cheval ne peut galoper avec le monde pour piste, aucune planche de surf, aucune vague ne peut nous entraîner d'un bord à l'autre d'océans plus vastes que ceux que nous connaissons, aucun tremplin de ski ne peut nous lancer dans les espaces interplanétaires, aucune immensité ne peut contenter la soif d'infini de notre regard. Nous sommes bridés de toute part, alors que nous sommes faits pour l'illimité. »

Une parabole soufie raconte qu'un monarque rencontre un jour un mendiant.

— Que veux-tu ? demande le puissant.

— Tu me poses cette question comme si tu étais en mesure de me satisfaire, réplique le mendiant.

Blessé dans son amour-propre, le roi répond :

— Évidemment, je peux combler tous tes désirs. Que veux-tu ?

Le mendiant demande alors qu'on remplisse son bol. Tous les vizirs et les pages commencent à remplir le bol d'aumône de pièces d'or, mais à leur surprise leurs pièces disparaissent en tombant dans le récipient.

On y verse tout l'or du royaume, les joyaux et les plus grands trésors, mais jamais le bol ne se remplit. Après plusieurs jours, le roi s'avoue vaincu et s'incline devant le mendiant.

— Tu as gagné. Dis-moi de quoi est fait ce bol.

— C'est un crâne humain, répond le mendiant, il est fait de pensées et de désirs insatiables, c'est pourquoi il est toujours vide.

Jamais nous ne réaliserons tous nos rêves, jamais nous n'aurons une pleine connaissance des choses. Tout être humain porte en lui le désir de liberté. Mais le bonheur de l'Homme passe par l'acceptation de ses limites.

Ne pouvant plus tourner à gauche, la conduite est folklorique. Sur les ronds-points, nous bloquons la circulation pour amorcer plusieurs manœuvres en marche avant et arrière. Comme un créneau, nous choisissons la direction. Quand la situation est vraiment impossible, nous descendons de voiture et empoignons le pare-chocs arrière. À grands coups de hanche, arc-boutés pour soulever la 2CV, nous déplaçons le véhicule selon le bon angle.

Le Mékong, enfin. Ses riverains le surnomment la « Mère des eaux ». Toute la prospérité de la péninsule indochinoise est due au grand fleuve. La rivière des parfums tant désirée qui charrie dans ses flots les senteurs de l'Extrême-Orient. Pendant les longues heures de conduite, nous chuchotions son nom comme le « sésame » de notre destination.

Le terrible génocide, organisé il y a trente ans par Pol Pot et ses milices de Khmers rouges, extermina en quatre ans presque un quart de la population. Tout, en conscience, fut programmé pour détruire les écoles, les musées, les pagodes et les hôpitaux. Ils exécutèrent méthodiquement médecins, enseignants, commerçants, fonctionnaires. Assassinats, tortures, déportations, délation permanente, la vie de famille fut abolie, les enfants séparés de leurs parents. Dans l'idée du bourreau Pol Pot, il fallait passer au communisme brutalement et couper l'homme de ses racines, de son histoire pour le libérer malgré lui.

À la couleur de leurs idées, le fleuve Mékong coula de sang et il déverse encore les larmes et les séquelles de la population. C'est un des pays les plus minés où plus de trois mille personnes sautent chaque année sur ces sentinelles invisibles. Le Cambodge reste fragile.

Mais, peu à peu, le royaume khmer renaît de ses cendres et les signes d'espérance sont nombreux. C'est le charme du fleuve Mékong qui toujours dans ses flots apporte l'eau nouvelle de la source.

Larigaudie et Drapier, pour abréger les souffrances de la jungle impénétrable, s'abandonnent aux joies de la navigation : « Nous nous procurons à Xien-Sien une embarcation pour la descente du Mékong. Nous choisissons une pirogue d'une douzaine de mètres et la faisons farguer à droite et à gauche de deux gros rouleaux de bambou qui l'élargiront et en assureront la stabilité. L'ensemble est recouvert d'une plate-forme sur laquelle Jeannette est placée en long. [...] Le Mékong roule entre deux pans de montagne qu'escalade une jungle bleue à force de profondeur. [...] Sous la violence des tourbillons, la coque vibre, l'eau gicle à travers les bambous. Les cordes d'attache de la voiture se tendent. [...] Lorsque la vitesse du courant est suffisante, nous nous laissons descendre, couchés, sommeillant au soleil sur la plate-forme de la pirogue, dans le silence que ne rompt même plus le bruit des rames inutiles. » En une semaine de descente, ils vont atteindre Luang-Prabang, ultime étape avant Saigon.

Nous embarquons la 2CV sur une barge pour une traversée du Mékong bien plus courte. Dans le bac, des petits enfants grimpent sur Bucéphale et cherchent à nous vendre le *Cambodia Times* ou quelques objets d'artisanat.

Agrippés à la roue arrière ou juchés sur le pare-chocs, pendus au rétroviseur ou assis sur une malle, les enfants sont tout au long du voyage de fidèles boute-en-train. D'autres s'amusent à nous tirer les poils, comme les Bengalis ou les Tibétains, imberbes, étonnés et riant de notre drôle de pelage. Tous plaisantent volontiers avec nous mais plus encore avec Bucéphale, qu'ils prennent pour un de leurs jouets. Ils nous ouvrent souvent la porte des maisons, relâchant la méfiance des parents.

Dans l'émission « Incroyable mais vrai », animée par Jacques Martin, quarante-cinq enfants s'étaient entassés dans une 2CV fourgonnette, prouvant que la deuche n'est pas si petite qu'elle en a l'air. Jacques Martin était lié à la 2CV mais aussi à Guy de Larigaudie. Durant toute sa carrière et dans plusieurs autres de ses émissions comme « Dimanche Martin », il fit souvent référence à *Étoile au grand large*. La plume de Larigaudie l'avait marqué et il gardait le best-seller à son chevet.

À la descente du bac, des hommes regardent notre roue tordue et nous font des signes interrogateurs du menton. Comment une telle voiture peut-elle encore rouler ?

Arrivés à la frontière du Vietnam, nous sommes ahuris de n'avoir subi aucun contrôle. Le pays a été traversé d'une traite malgré l'accident. Les douaniers cambodgiens ne comprennent pas comment notre voiture a pu entrer dans le pays. Nous jouons les innocents, prétextant la mauvaise organisation du poste par où nous sommes entrés. Ils n'ont même pas été avertis de notre fuite. Nous négocions notre passage. Le chef du poste nous annonce :

— Pour sortir, j'ai besoin de l'accord de votre ambassade. Un coup de téléphone de leur part à la direction des douanes et nous vous délivrerons les documents de sortie.

— Pas de problème, lui rétorquons-nous. Ce sera vite fait, nous allons contacter notre ambassade.

Une idée nous trotte dans la tête. Nous notons le numéro de la direction des douanes qu'il nous indique. Nous partons, leur laissant penser que nous allons contacter à nouveau les diplomates français de Phnom Penh.

14

Saigon,

LE DELTA DU MÉKONG, AU-DELÀ DE NOS RÊVES

> « Tu t'étonnes d'avoir voyagé si loin, d'avoir tant varié les itinéraires, sans avoir dissipé la tristesse et la douleur de ton cœur : c'est l'âme qu'il te faut changer, non pas le climat. »
>
> Sénèque

> «… et le monde n'est qu'une escale ».
>
> Guy de Larigaudie

Nous allons ruser et tenter d'assurer notre sortie comme nous avons réalisé notre entrée. Dans le petit village qui jouxte le poste de douane, un homme nous prête son téléphone pour quelques riels. Nous sommes dans la cour de sa ferme. Des cochons, des poules traînent dans la basse-cour. Sans hésiter, nous composons le numéro noté.

— Bonjour, je suis bien à la direction des douanes ? demande Jean-Baptiste.

— Oui, lui répond une secrétaire.

— J'aimerais parler au responsable en chef des douanes, s'il vous plaît.

— Qui dois-je annoncer ?

— Monsieur Dupont, diplomate de l'ambassade de France, répond Jean-Baptiste d'une voix assurée.

On lui passe le responsable. Dans la cour, j'essaie d'éloigner un cochon qui s'est mis à grogner. Un coq chante.

— Bonjour monsieur, je vous serais reconnaissant de bien vouloir faire sortir deux jeunes citoyens français qui sont avec leur véhicule à la frontière de Moc Bay.

S'ensuivent quelques indications d'identité et d'immatriculation. Le directeur des douanes a mordu à l'hameçon, il prend en note. Jean-Baptiste raccroche. Nous explosons de rire. Ça va marcher.

Nous attendons que les ordres se répercutent de bureau en bureau. Le chef de province est prévenu, il téléphone aux postes de frontière et, en moins de trois heures, nous avons le document de sortie de véhicule. Nous nous mordons les lèvres pour ne pas sourire quand les tampons s'amassent sur le document.

La nuit commence. Il est trop tard pour passer ce soir du côté vietnamien. Le chef de douane nous invite à bivouaquer dans son jardin. Nous choisissons chacun deux arbres et installons nos hamacs et moustiquaires pour la nuit. Tout est simple ici quand on prend les choses en main.

31 décembre.

Les Vietnamiens ne nous laisseront pas passer. Nous avons tout essayé : les supplications, les bakchichs, les lettres de recommandation. Le régime encore très communiste, administré à la ligne près, ne nous permet pas de faire le même coup qu'à la frontière cambodgienne.

Dans cinq jours, Jean-Baptiste rentre en cours. Il débute une formation en logistique à Paris. Nous voilà bloqués. 16 000 kilomètres parcourus pour échouer si proches, à 80 kilomètres de Saigon. Nous passons notre nouvel an dans le no man's land. Un Vietnamien qui vit entre les deux frontières nous accueille sous son toit. À 9 heures, nous nous couchons, sans même penser que nous changeons d'année.

1er janvier 2004.

Le lendemain, nous décidons de laisser Bucéphale dans le no man's land et d'atteindre Saigon en bus. Jean-Baptiste pourra ainsi prendre un avion et être à l'heure pour débuter ses cours dès l'atterrissage en France. Quant à moi, j'essayerai de faire passer la 2CV les jours suivants.

Comme Angkor, Phnom Penh ou Vientiane, Saigon est née du grand fleuve. Logée au cœur du delta du Mékong, la ville de sept millions d'habitants reste la capitale économique du Vietnam. En 1975, quand les viet-congs envahirent le Sud, ils rebaptisèrent la ville, humiliation absolue, du nom de leur Ho Chi Minh, dit « le lumineux ». Mais ici, quand les langues se délient, on n'hésite pas à dire que la lumière n'est pas venue.

Les Saigonnais s'amusent avec le nom de leur ville : « la perle de l'Orient ». Elle fut même surnommée « le Paris de l'Asie », en raison de l'architecture et de la manière de vivre longuement influencées par la présence des Français. La France, en créant la Cochinchine, fit de Saigon la base de la péninsule indochinoise. La ville porte sur son visage les traits de son histoire et la majorité des bâtiments importants ont été construits par les Français. Ainsi, on y découvre la poste centrale construite par Eiffel, la cathédrale Notre-Dame de style néo-roman, le théâtre municipal, les messageries maritimes ou encore l'hôtel Continental où séjournèrent de célèbres journalistes comme Lucien Bodard ou André Malraux. La ville a conservé de nombreuses habitudes alimentaires comme la baguette, les croissants ou encore la méthode de brassage de la bière.

Il règne dans les grandes avenues une frénésie indescriptible, et la ville fourmille de milliers de personnes acharnées au travail.

Nous assistons dans les rues à un véritable ballet de motos, de vélos ou de cyclo-pousse. La proportion de voitures est infime comparée au nombre de deux-roues, moyen de transport possédé ici par tout Vietnamien. Au départ, traverser une rue peut être déconcertant. Il faut s'élancer sans peur dans la masse des motos en marche. Celles-ci adaptent leur vitesse à notre traversée, nous frôlent mais jamais ne nous renversent. Comme un navire fendant les flots bouillonnants, on arrive à bon trottoir.

Des familles entières se perchent sur ces deux-roues. Nous voyons régulièrement deux ou trois enfants accompagnés de leurs parents. On y transporte de la volaille, des carreaux du vitrier, des cochons, des meubles… Tout est accroché à l'arrière ; cela défie les lois de l'équilibre. Les femmes portent la tenue traditionnelle, l'*ao-dai*, sorte de longue robe, souvent blanche, sur laquelle vient s'ajouter une tunique dont les pans flottent comme un scapulaire. Soucieuses de leur élégance, les Vietnamiennes ont une allure magnifique, qu'accentue la finesse de leurs lignes. Au Vietnam, le canon de beauté est à la blancheur éclatante. Pour se protéger du soleil, les femmes portent de longs gants de soie qui leur couvrent les bras. Les traditionnels chapeaux coniques ou des voiles couvrent le visage.

Des hommes ou des femmes, tentant de subsister, vendent, assis sur les trottoirs, des jouets, des cigarettes, des beignets, de l'encens, des fleurs, toutes sortes de nécessités de la vie quotidienne asiatique. Des réparateurs de vélos ou de motos se trouvent à tous les coins de rue. Pour quelques dôngs, ils restaurent les chambres à air, à l'endroit où on crève.

Le choc des civilisations a déjà eu lieu. Les coutumes traditionnelles et les idéologies sans lendemain sont poussées par une jeunesse avide de la culture et des modes occidentales.

Saigon, marquée par son passé colonial, a conservé une ouverture sur l'Occident par son port. L'un des plus grands de l'Asie du Sud-Est, où de nombreux cargos et pétroliers accostent chaque jour, venant du monde entier. D'une économie planifiée, le Vietnam et en particulier Saigon passent à une économie de marché sous le contrôle de l'unique parti au pouvoir. Nous ressentons l'influence grandissante du Vietnam et sa place affirmée parmi les nouveaux dragons économiques de l'Asie.

Dans un bar proche du port, où il y a encore quelques années on commerçait l'opium légalement, nous savourons une chope de Tiger locale et enchaînons sur une bière Saigon. Nous trinquons à notre odyssée et à notre amitié, à nos prochaines virées. Jean-Baptiste, entre deux gorgées, me glisse en plaisantant :

— C'était bien, ton voyage ? Raconte-moi un peu ce que tu as vécu.

Il a raison. Nous avons vécu les choses de manière bien différente. Les fruits d'un voyage ne sont pas toujours identiques et s'offrent à chacun selon ses recherches et ses attentes.

Si nous avons eu le même but, Saigon, nous n'avons pas cheminé de la même manière. Le voyage est une formidable analogie de la vie. Alors que certains veulent réussir dans la vie, nous, nous voulons réussir nos vies. Cela apporte une sacrée différence. Réussir sa vie implique une finalité. Pourquoi réussir nos vies ? Et comment ?

Nous avons le même but, mais pas la même manière de l'atteindre.

Il est plus facile d'avancer sur un chemin avec une carte, une boussole et surtout une direction à suivre. « Il n'y pas de vent favorable à celui qui ne sait pas où il va », énonce Sénèque. Une vie est plus libre quand on lui donne un sens. La route n'est que le moyen d'atteindre un objectif. À chacun de prendre l'azimut qui lui convient. Géographiquement, il n'existe qu'un seul Nord, celui qu'indique la boussole, ou l'étoile Polaire.

Et puis soudainement, l'heure vient pour Jean-Baptiste de grimper dans l'avion. Il faut en un instant se séparer. Pour une dernière fois sur le sol d'Orient, nous nous regardons les yeux dans les yeux. Nous échangeons un sourire et une poignée de mains. Ce sourire résume nos mercis. En un regard, nous redonnons vie aux feux allumés ensemble, à la 2CV poussée ensemble, au châssis restauré ensemble, aux efforts contre montagnes, rivières et pistes réalisés ensemble, aux joies et aux rencontres vécues ensemble. Nous avons dans le cœur une pointe d'on ne sait trop quoi, qui donne le tournis et une soudaine peur de se quitter. Cette appréhension de laisser le magnifique travail forgé dans le fer de la fraternité. Face à une société souvent anonyme, nous avions réussi à vaincre nos différences pour une amitié féconde. C'était l'un des fruits partagés de ce voyage. Nous pouvions compter l'un sur l'autre.

— Adieu ! aurait dit le renard dans *Le Petit Prince*. Voici mon secret. Il est très simple : on ne voit bien qu'avec le cœur. L'essentiel est invisible pour les yeux...

Rapidement, nous nous tournons le dos pour cacher nos émotions.

Je me sens bien seul à présent. En France, ma famille et mes amis ont du mal à comprendre pourquoi nous nous entêtons tant pour cette voiture. Par goût du défi, nous nous étions promis avec Jean-Baptiste de mener Bucéphale jusqu'au cœur de Saigon. Une promesse faite avant même que nous commencions les premiers kilomètres. Nous aurions pu, en trichant un peu, considérer que la frontière où nous l'avions laissée, à 80 kilomètres de Saigon, était suffisante pour valider notre contrat moral. Mais il faut, pour réaliser un rêve, qu'il soit accompli en entier, pour la grande joie qu'il y a de tenir une parole.

Au consulat général de France, la réponse est la même qu'à Phnom Penh. Toujours cette même frilosité bureaucratique. Un diplomate fort aimable ne tient pas, lui non plus, à engager une 2CV sur le sol vietnamien. D'ailleurs, il me confirme l'impossibilité d'une telle démarche.

Elle est loin, la belle époque où Larigaudie et Drapier avaient été reçus à bras ouverts par l'administration. Ici, tout le monde se fiche bien de deux vagabonds et d'une vieille 2CV. Les routards ne sont jamais vraiment bienvenus dans le monde confiné des habitudes.

Durant quinze jours, je vais me débattre dans la mortelle administration « soviético-viet ». Je remue ciel et terre. J'invoque tous les dieux généreux, les génies grimaçants des rizières alentour. Je dépose des cierges, des fleurs, de l'encens, déclenche des neuvaines au cœur compatissant. Je parcours les labyrinthes administratifs et affronte chaque bureau, chaque fonctionnaire qui veut bien écouter ma requête. Sous le portrait d'Ho Chi Minh, c'est toujours le même sourire, toujours la même casquette copiée sur l'armée rouge, toujours un « oui, sans doute ». Jamais de « non », pour ne pas perdre la face.

Un Franco-Vietnamien, revenu de son exil en France, tient une petite agence de voyages. Il me conseille efficacement. Un de ses guides interprètes, monsieur Tuach, est prêt à m'épauler, moyennant quelques dôngs. Avec lui, nous faisons toutes les douanes de la ville et de la province. Monsieur Tuach est futé. Originaire du Sud, il se fait passer pour un Vietnamien du Nord en prenant l'accent d'Hanoi, et amadoue ainsi les gens du parti unique en poste dans les administrations. Il connaît toutes les subtilités. Il salue les chefs de claquants « camarade », faisant croire qu'il appartient lui aussi au parti communiste.

Le temps employé à ces longues démarches me permet de découvrir un peu les Vietnamiens et de parcourir la région du delta du Mékong. Le fleuve ici éclate en neuf branches, surnommées les neuf dragons. Nous sommes dans le grenier à riz du Vietnam, la troisième production mondiale derrière les États-Unis et la Thaïlande. C'est dans ces multitudes de rizières que je vais faire de belles rencontres.

Au premier abord, les Vietnamiens sont assez froids. Ils ont cette pudeur asiatique qui fait qu'au début les contacts ne sont pas toujours très chaleureux. On se doit de garder une certaine distance qui équivaut peut-être au vouvoiement chez nous ; comme une marque de respect.

À 65 kilomètres au nord-est de Saigon, je rencontre le frère de Kim Phuc. Kim Phuc, c'est la petite Vietnamienne tristement célèbre pour une photo prise par un photographe d'Associated Press. Une photo qui changea l'histoire du pays et provoqua un électrochoc dans l'opinion américaine pendant la guerre du Vietnam.

En 1972, Kim, entièrement nue, les bras en croix, court sur une route, brûlée au troisième degré par une bombe au napalm lancée depuis un bombardier de l'US Air Force. Les quatre bombes au napalm lâchées tuent deux des sept enfants de la famille Phuc. L'essence gélifiée s'enflamme, brûlant une autre partie des frères et sœurs, en particulier Kim. Elle subira dix-sept interventions chirurgicales afin d'être sauvée et, quarante ans après, continue de soigner ses plaies qui, jusqu'à la fin de sa vie, continueront de la brûler.

Sa famille habite toujours la même maison dans le village de Trang Bang. C'est son frère Phan Thanh qui m'accueille gentiment. Il tient sur place un petit boui-boui à deux cents mètres de l'endroit où ils ont été bombardés. Il me montre la photo en noir et blanc.

— Tu vois le petit garçon sur le côté gauche au premier plan, c'est moi. Regarde la terreur qu'on lit sur mon visage en pleurs. J'ai la bouche ouverte, incurvée vers le bas comme une demi-lune.

Il a conscience que cette photo a marqué les esprits en faisant le tour du monde. Passée dans tous les journaux, elle est devenue le symbole de l'horreur de la guerre. Trois ans plus tard, ce fut la débâcle américaine.

On lit désormais sur le visage de Phan Thanh un vaste sourire toujours éclatant qu'il oppose au masque d'effroi de la photo. Sa sœur Kim a été nommée, en 1997, par l'Unesco, ambassadrice de bonne volonté. Vivant aujourd'hui au Canada, elle a créé une fondation destinée à promouvoir la paix et à protéger les enfants victimes de la guerre.

Le 11 novembre 1996, devant deux mille GI, elle déclare :

— Si je me trouvais face au pilote de l'avion qui a lancé la bombe, je lui dirais : « On ne peut changer le cours de l'histoire, mais on peut essayer ensemble de promouvoir la paix. »

Tremblant, un homme s'avance, un ex-capitaine, John Plummer ; c'est lui qui a ordonné le bombardement. Kim lui accorde son pardon, mûri peu à peu dans son cœur.

Pour Phan Thanh, cette photo a changé sa vie mais pas ses conditions de vie. Il vit humblement avec sa famille et ses enfants. Leur foyer rayonne de bonheur. Face à l'horreur de la guerre, il démontre par son exemple que toutes joies peuvent sortir même de l'adversité.

Sa famille m'a adopté pour quelques jours. Je passe de bonnes soirées à parler moitié en anglais moitié par gestes. Ils me font goûter une de leurs spécialités, qu'ils préparent ici soigneusement : la liqueur de cobra, la *rou rang*. Ils puisent avec un verre dans le bocal où mijotent depuis de longs mois le reptile ainsi que des plantes… Je m'exécute et avale une gorgée. Ça ne pique pas, ça brûle. Toute la famille rigole de me voir rouge après une gorgée. Je finis cul sec. Par cette vie familiale, j'enrichis un peu mon lexique de mots vietnamiens.

Ce type de rencontres est de celles qui illuminent un voyage. Une parabole orientale illustre bien les attitudes lors des rencontres et la manière de voyager :

Un jeune homme arrive dans un village et demande :

— Comment sont les gens ici ?

Un vieillard assis à la porte du village lui dit alors :

— Et comment étaient-ils au pays d'où tu viens ?

Le jeune répond :

— Ils étaient méchants, froids, cruels, parlant toujours mal de leur prochain. C'est pour cela que je suis parti.

— Ah ! dit le vieillard. Ici aussi, tu sais, ils sont méchants, froids et cruels et répandent la calomnie.

À quelques jours de là, vient un autre jeune qui interroge, lui aussi :

— Comment sont les gens dans ce village ?

Et le vieillard reprend :

— Comment étaient-ils chez toi ?

— Ils étaient tous bons, accueillants, généreux... je vais beaucoup les regretter.

— Mon fils, dit le vieillard, tu es heureux. Ici tu vas rencontrer des gens si bons, si accueillants, si généreux...

Un voisin qui a assisté aux deux conversations s'en prend au vieillard :

— Enfin, qu'est-ce qui t'arrive ? Commences-tu à être malade de la tête ? Tu deviens trop vieux !

— Non, lui répond le vieillard, les gens sont avec nous selon ce que nous sommes envers eux. Celui qui n'a pas su les apprécier là-bas ne les reconnaîtra pas ici. Celui qui a su voir la générosité de ses semblables là-bas saura la reconnaître ici.

Notre route est comme ensoleillée par ces rencontres d'hommes et de femmes qui nous accueillent et nous donnent généreusement. Nous voyant de passage, les personnes qui nous reçoivent savent que la relation sera éphémère. L'instant est de courte durée – une heure, un repas, une nuit, quelques jours... pas plus – mais il est unique. Peut-être est-ce pour cela que ces instants partagés prennent encore plus de force ? J'ai souvent ressenti au cours de dîners ou de veillées, chez des gens dont je ne comprenais que quelques mots, un sentiment de plénitude. Voyageurs sans recommandation, nous somme accueillis, souvent fatigués et sales, couverts de poussière des chemins. Sans savoir d'où nous venons, sans demander le moindre paiement, on nous reçoit.

Cette sensation de ne pas être jugés aux apparences d'Occidentaux, censés ne manquer de rien, me fascine. Ce sont là une simplicité et une richesse de cœur qui valent bien plus que toutes les possessions. Cela n'a d'ailleurs aucun lien avec le niveau de vie des personnes rencontrées. Alors que nous ne demandons rien, on nous offre un repas ou un matelas pour dormir. Mais c'est souvent parce qu'ils ont peu et qu'ils ont les mains vides qu'ils donnent avec plus de cœur.

Nous avons ainsi approché des cultures, des civilisations, des ethnies qui nous ouvrent à la voie du dialogue. Nos différences de codes, de gestes, de pensées créent une sympathie et favorisent la découverte. Nous élargissons nos horizons, nous ouvrons nos esprits.

Nous sommes loin d'avoir compris tous les pays que nous avons traversés. Le monde et ses enjeux nous échappent. En voyageur, nous ne faisons que glaner des sentiments, qui de temps à autre se recoupent avec la réalité de la vie sur place. À travers nos rencontres, nous avons saisi des touches de couleurs. C'est celles-là que nous essayons de traduire avec le maximum d'exactitude. « Ceux qui ne savent rien écrivent, dit Larigaudie[1]. Leur excuse est peut-être d'avoir compris avec leur cœur la pensée profonde de ceux qui justement ne parlaient pas. »

1. Guy de Larigaudie, *Par trois routes américaines*, Plon.

Pendant quelques jours, jc vais courir la province avec un des fils de Phan Thanh. Il a mon âge et rêve de devenir médecin comme sa tante Kim. À cheval sur son petit scooter, nous slalomons dans les rizières, visitant la région. Je crois que le « mal jaune » me saisit. Jean-Baptiste, lui, l'avait déjà contracté en Thaïlande. Ce mal qui fait que tout à coup l'Asie fascine. L'Extrême-Orient laisse en nous une nostalgie par ses mystères, sa simplicité et ses douceurs.

Les plants de riz viennent d'être repiqués. La vie dans le delta est rythmée par ces plantations. Tous les quatre mois, le riz est récolté. Dans les parcelles irriguées, des ouvrières ou des hommes, placés par groupes, travaillent dès l'aube, les pieds dans l'eau. Des femmes jettent à la volée quelques graines d'engrais, d'autres passent avec des pulvérisateurs à main des insecticides. Au milieu des rizières jaillissent des tombes blanches, parsemées dans l'immense étendue du vert vif éternel. Le pays, à majorité bouddhiste, n'a pas pour coutume d'incinérer ses morts.

Nous poussons jusqu'à la bourgade Tay Ninh, où vit une étrange communauté : les cao daï. Fondée au début du XXe siècle, cette communauté moitié secte, moitié religion compte plus de deux millions de fidèles. Le caodaïsme, d'inspiration bouddhiste, est un syncrétisme entre diverses doctrines orientales et occidentales. Le clergé et les médiums y invoquent les esprits et on y adore dans un même élan Bouddha, Lénine, Victor Hugo, Jeanne d'Arc ou Winston Churchill. Préférant ne pas se tromper de chemin, ils les empruntent tous. L'architecture est à l'image de leur doctrine : baroque. Leur sanctuaire principal est une sorte de pagode-église mélangée avec un décor de Walt Disney des plus folkloriques !

13 janvier. 16 020 kilomètres. Saigon.

Avec mon guide, monsieur Tuach, nous trouvons une faille dans la législation. Une voiture étrangère est autorisée à entrer sur le territoire vietnamien pour une durée de quatre jours, uniquement dans la province frontalière. Après plusieurs jours de papiers et d'autorisations, nous parvenons à sortir la 2CV du no man's land. Il a fallu la réimmatriculer avec une plaque vietnamienne. C'est l'internationale de l'automobile : une 2CV française, cabriolet roumain, châssis afghan et plaques vietnamiennes.

Les gardes de la frontière m'expliquent que je n'ai pas le droit de sortir du département frontalier. Saigon ne fait pas partie de ce département. Pour appuyer leurs explications, ils m'annoncent que toutes les polices ont été averties de mon entrée. M. Tuach, malin, a bien compris que je profiterais de la nuit pour atteindre Saigon en secret. Je lui dis désormais de m'oublier et de partir. En cas d'arrestation, je préfère qu'il n'ait pas d'ennuis.

J'entre donc dans le département frontalier. Le département Ho Chi Minh est à 30 kilomètres. Il me faut donc faire à peu près 50 kilomètres sans autorisation. Sur la carte de la région, j'ai repéré en parallèle de la grande route qui mène à Saigon une piste qui s'enfonce dans les rizières. À la tombée de la nuit, je m'y engage et fonce. En moins d'une heure trente, avec toujours ce handicap de ne pouvoir tourner à gauche, j'atteins la ville tant désirée. Étonnés devant une telle voiture, plusieurs Saigonnais et même un Américain me suivent en deux-roues jusqu'à la cathédrale, le cœur de la ville. L'Américain n'en revient pas, il accepte de faire une photo souvenir. Juste le temps d'un instantané et je fais demi-tour en direction de la frontière. À un poste de police, on me fait signe de m'arrêter, je ralentis, fais l'idiot en faisant semblant de ne pas comprendre et file. Je crois qu'ils voulaient que j'allume mes phares…

De retour au petit matin à la frontière, les douaniers ne comprennent pas pourquoi j'ai fait entrer la voiture juste pour vingt heures de « tourisme ». Je sors Bucéphale du Vietnam et la remets dans le no man's land. Administrativement, tout est en règle. L'aventure est achevée, Saigon atteint en 2CV depuis Paris.

« Il est peu de joie aussi pure qu'un beau rêve réalisé », écrit Larigaudie pour clôturer son livre. Au Vietnam et en France, lui et Drapier sont célébrés en héros pour cette première liaison automobile et entièrement terrestre entre l'Europe et l'Asie. L'empereur Bao Daï les reçoit. La société Ford leur offre une voiture neuve et embauche Roger Drapier pour une bonne situation au sein de leur succursale de Saigon.

Le livre est à la hauteur de leur route et devint un succès. *La route aux aventures* sort en France en 1939, quelques mois après leur retour, mais, hélas ! quelques mois aussi avant le début de la guerre. Entre son retour de Paris-Saigon et le début du conflit, Larigaudie planifie ses prochaines aventures. Fort de ses expéditions précédentes, il prépare activement un premier tour du monde en avion à bord d'un Potez 63 de 1 400 CV, bi-moteur : « Une boucle d'azur autour de la planète. » Il vivra comme pour ses autres voyages grâce aux reportages envoyés à différents journaux.

Mais les voyages ne sont pour lui qu'un moyen. Ensuite, il compte disparaître de la vie médiatique où il a été projeté. À l'image de ces volontaires d'ONG que nous avons croisés, il veut consacrer sa vie entièrement au service de ceux qui souffrent et qui sont abandonnés. L'amour qui l'anime le pousse à se donner tout entier. Il planifie[1] donc de repartir au Vietnam, après son tour du monde en avion, et de s'installer à Quin Hoa. Il a déjà visité là-bas une léproserie[2] qui aurait besoin de son soutien. C'est au service des lépreux qu'il projette de prolonger sa vie. À l'époque, la lèpre fait des ravages considérables (on recense environ quinze millions de lépreux dans le monde en 1950). « Il n'y a vraiment pas de doute, et il me semble que ce sera là l'aboutissement logique de cette route que j'ai mis si longtemps à comprendre. »

En septembre 1939, la France et l'Angleterre déclarent la guerre à l'Allemagne, Larigaudie est mobilisé, ses projets annulés. Embarqué dans la « drôle de guerre », il se languit de ne pas pouvoir lutter pour son pays. Avec un ami, il monte une mission spéciale, soutenue en particulier par le général Gouraud : aller faire sauter le transsibérien en s'infiltrant par Vladivostok.

C'est en effet au nom du honteux pacte germano-soviétique du 23 août 1939 qu'une part importante du ravitaillement, indispensable pour le fonctionnement du IIIe Reich, passe par le transsibérien. Tout un approvisionnement, fourni par leur allié du Japon, transite par l'URSS vers l'Europe.

Détruire une partie de la ligne et l'interrompre même momentanément pouvait avoir des résultats importants sur le plan matériel comme sur le plan moral de l'ennemi. Les détails et le sérieux de l'étude

1. *Source* : Charles Bygodt/Famille Larigaudie.

2. Bien que l'on connaisse aujourd'hui tous les remèdes pour soigner la lèpre, l'épidémie continue de faire des milliers de victimes au Vietnam dans l'indifférence de beaucoup. Cette léproserie située près de la ville de Qui Nhon existe toujours, avec plus de deux cents lépreux. La léproserie cherche un appui durable et un soutien auprès du gouvernement vietnamien. Ils manquent de tout.

de Larigaudie pour cette mission retiennent toute l'attention des services spéciaux français. Mais le verdict ministériel tombe : « Tentative impossible, la France n'étant pas en guerre avec l'URSS. »

Toujours pas d'offensive. Le 10 mai 1940, les Allemands envahissent la Belgique et le Luxembourg. Le roi des Belges demande un soutien aux troupes françaises. Sur sa demande, Larigaudie est affecté à un groupe de reconnaissance... à cheval. La 25e GRCA prend position sur la ligne de front. Le 12 mai 1940, dans le petit bois de Musson, à la frontière franco-belge, il fait face aux Allemands. Que peut-il avec son peloton contre les divisions allemandes suréquipées ? Avant la nuit, un ordre de repli ne leur parvient pas car ils sont déjà encerclés. Le lieutenant du peloton est blessé, Larigaudie prend le commandement. Dans la nuit noire, en plein bois, ils se battent au corps à corps. Ils vont lutter jusqu'au bout. Guy de Larigaudie meurt dans cet ultime combat à l'âge de 33 ans. Pendant plus d'un an, il est porté disparu.

Peu avant la déclaration de guerre, sur les conseils d'un de ses plus proches amis, il a écrit un recueil de pensées inspirées de sa vie d'action et de globe-trotter. C'est dans *Étoile au grand large* qu'on découvre un peu de son mystère. Se dessine le portrait d'un mystique original, conjuguant à merveille sa foi et le bonheur de vivre. Homme de plein air, sportif, il écrit son chant au monde et à la nature qu'il admire tant.

Semeur d'espérance, coureur d'aventures, épris de liberté, il n'est pas épargné par les doutes, les désirs violents et la souffrance. « Oui, nous souffrons tous ! Mais nous souffrons du chemin, et non pas de la vie. La vie est paix, joie, plénitude. » Sa force de caractère lui fait garder le moral, le sourire. Il tombe, manque de confiance en lui, mais toujours se relève. C'est là qu'on perçoit son message et sa grandeur d'âme. Il conclut : « Je me suis promené à travers le monde comme dans un jardin clos de murs. J'ai mené l'aventure d'un bord à l'autre des cinq continents et j'ai réalisé les uns après les autres tous les rêves de mon enfance. Le parc de la vieille demeure périgourdine où je fis mes premiers pas s'est élargi aux limites de la terre et j'ai joué sur la mappemonde le beau jeu de ma vie. Pourtant les murs du jardin n'ont fait que reculer et je suis toujours en cage. Mais un jour viendra où je pourrai chanter mon chant d'amour et de joie. Toutes les barrières se briseront. Et je posséderai l'infini. »

Le manuscrit d'*Étoile au grand large* est publié en pleine guerre (en 1943) par les éditions du Seuil qui réussissent à trouver du papier. *Étoile au grand large* va avoir un succès considérable parmi les millions de lecteurs français, amplifié par la mort précoce du héros de Paris-Saigon. Passé de main en main, il devient le livre de chevet de toute une partie de la génération d'après-guerre. Il est pour beaucoup une véritable révélation. Le petit livre est toujours un best-seller. Constamment réédité, il existe dans des éditions anglaise, allemande, italienne, espagnole, hollandaise, arabe et slovaque.

L'aura de Guy de Larigaudie ne va cesser de s'agrandir jusqu'à nos jours. À son image, son rayonnement est discret mais considérable. Son tempérament d'action, son talent d'écrivain-voyageur illuminent encore des milliers de personnes. Il avait ouvert son esprit aux dimensions du monde et trouvé son équilibre dans un dynamisme qui le poussait à se dépasser sans cesse.

On ne compte plus le nombre de clubs d'aventuriers ou d'explorateurs, de mouvements de jeunes, de groupes de musique qui ont choisi son nom pour hommage. La Société des explorateurs français avait monté par exemple un « groupe Larigaudie-Liotard ». Une association des amis de Guy de Larigaudie perpétue sa mémoire. On recense plus de six cents sites Internet qui le mentionnent à travers le monde. Chaque année, des centaines de personnes se retrouvent pour l'anniversaire de sa mort sur la tombe familiale où son corps à été transféré, à Saint-Martin-de-Ribérac, en Dordogne. Hergé, Jacques Martin, l'abbé Pierre, Dominique Lapierre, on ne compte plus les personnalités qui l'ont pris comme modèle ou comme inspirateur.

Le rayonnement de Larigaudie et de la 2CV a suivi les même méandres de l'histoire. Tout comme la Seconde Guerre mondiale coupe les projets de Larigaudie, elle arrête aussi le travail des ingénieurs sur la « Toute Petite Voiture ». Le 3 juin 1940, l'ennemi bombarde les usines Citroën, quai de Javel. Les plans de la 2CV s'éparpillent. Mais, en secret, on continue les études en prenant garde qu'elles ne tombent aux mains de l'ennemi. Deux cent cinquante exemplaires de 2CV sont cachés puis détruits. Ce n'est qu'en 1948 que la 2CV fait sa première apparition publique au Salon de l'automobile. Objet de rêve inaccessible avant la guerre, avec l'apparition de la 2CV, la voiture se démocratise. On connaît ensuite le succès et le rayonnement gigantesque qu'elle a eus en France et dans le monde entier. De juillet 1949 à juillet 1990 seront produits 6 990 880 2CV et modèles dérivés. La 2CV est un pan d'histoire, plus qu'un demi-siècle de performance. C'est la seule voiture capable de mettre sous le même capot trois générations et capable de mettre d'accord tous les milieux sociaux.

Il me reste à remplir notre dernière promesse : porter l'argent que nous devions acheminer depuis

Kaboul pour une communauté chrétienne. Des religieux me reçoivent chaleureusement et sont ravis de voir arriver de quoi subsister pour quelques semaines :

En partant, un moine me remercie pour l'argent :

— Nous n'étions que des postiers.

— Vous avez eu raison, me dit-il, de faire ce long périple, un proverbe vietnamien dit que l'« on apprend plus en un jour de voyage qu'en mille jours d'études ». Vous avez parcouru une sacrée bibliothèque !

« La terre nous en apprend plus long sur nous que tous les livres, écrit Saint-Exupéry. Parce qu'elle nous résiste. L'Homme se découvre quand il se mesure avec l'obstacle. Mais, pour l'atteindre, il lui faut un outil. Il lui faut un rabot, ou une charrue. Le paysan, dans son labour, arrache peu à peu quelques secrets à la nature, et la vérité qu'il dégage est universelle. De même l'avion, l'outil des lignes aériennes mêle l'homme à tous les vieux problèmes[1]. »

De même, la 2CV nous a fait parcourir le monde à la recherche de tous les vieux problèmes qui font le sens de la vie. Larigaudie l'avait saisi : « L'aventure la plus prodigieuse est notre propre vie et celle-là est à notre taille. Aventure brève : trente, cinquante, quatre-vingts ans peut-être, qu'il faut franchir durement, gréé comme un voilier cinglant vers cette étoile au grand large qui est notre unique repère et notre unique espérance. Qu'importent coups de chien, tempêtes ou calme plat, puisqu'il y a cette étoile. Sans elle, il n'y a plus qu'à cracher son âme et à se détruire de désespérance. Mais sa lumière est là et sa recherche et sa poursuite font d'une vie humaine une aventure plus merveilleuse que la conquête d'un monde ou la course

---

1. *Terre des hommes.*

d'une nébuleuse. Cette aventure-là ne dépasse pas notre carrure. Il nous faut marcher vers notre Dieu pour être à la taille de l'infini et cela légitime tous nos rêves. »

« Le voyage le plus long est celui que l'on doit faire pour aller de la tête à son cœur », poursuit un adage français. La distance n'est pas grande, mais cela prend du temps pour que notre raison rejoigne en vérité les aspirations de notre cœur, de notre âme. L'itinéraire est plus ardu et difficile que toutes les pistes du monde. L'aventure est d'abord intérieure.

La marche d'une vie à l'étoile est fabuleuse. Boussole et carte en main pour lui rester fidèle, on comprend rapidement pourquoi « une étoile nous a choisi pour regarder le monde par nos yeux ».

Nos 16 000 kilomètres ne valent plus rien sur ce parcours. Ils n'ont été qu'un entraînement aux choses de la vie. Nous ne nous sommes rien épargné, ni joie ni peine. Nous avons constaté la souffrance et l'amour, l'ombre et la lumière qui font la réalité du monde.

Un voyage nous apprend qu'il y a des raisons de vivre. Il n'est pas nécessaire d'aller aussi loin. L'occasion d'espérer est au bout de sa rue, au coin de sa maison. Nous désirons de l'imprévu, de l'aventure, de l'exotisme ? Renouvelons notre regard sur les choses et tout sera nouveau. Non pas un émerveillement naïf, mais celui qui, constatant un problème, saura discerner les initiatives positives et les gestes efficaces qui peuvent apporter une solution. Regarder, comprendre le monde avec un spectre d'espérance nous fait retrouver le goût de l'avenir et nous promet un futur passionnant.

Bucéphale, notre fière 2CV, a parcouru mètre par mètre le sol de l'Asie, suivant le tracé de nos rêves. Comme à la belle époque « routard », elle nous a prouvé une fois de plus ses capacités à réaliser un exploit. C'est elle, véritable lien social, qui nous a ouvert les portes des maisons pour, le soir, avoir un peu plus de chaleur qu'un feu de bivouac ou qu'une chambre d'hôtel. Par sa bonne humeur constante, elle nous a contaminés. Plus qu'une voiture, la 2CV est un état d'âme, un art de vivre. Elle roule dans nos cœurs comme dans le souvenir de tous ceux qui l'ont essayée.

Avec cette 2CV, mieux que d'avoir conquis l'Orient, l'Orient nous avait conquis. Au jour de notre arrivée à Saigon, je revois Jean-Baptiste qui, en hochant la tête, me dit :

— Quand la route est faite, elle te manque…

Partir encore pour une fortune vagabonde, toujours en chemin pour comprendre le monde. Stable mais jamais installé, il n'y a plus qu'à songer à la prochaine aventure.

Épilogue

Durant la conquête de l'Ouest, un romancier anglais raconte qu'un prospecteur, arrivé au point le plus éloigné qu'un homme blanc ait jamais atteint en Amérique, et sentant la mort le gagner, édifia un *cairn* de pierres sèches et logea sous cet amas de cailloux un morceau de parchemin sur lequel il avait écrit, avec la pointe d'un charbon, ces mots :

« *Salute to adventurers !* », « Salut aux coureurs d'aventure ! »

Si tu ouvres un atlas et que, par hasard, tu tombes au bout de l'Asie, sache que non loin de Saigon se trouve une 2CV qu'il faudra bien un jour rapatrier en France.

Saigon-Paris, plein ouest. « *Salute to adventurers !* »

Dans une boîte nouristani, souvenir d'Afghanistan, nous conservons les clefs de Bucéphale. Elle sont à qui voudra bien la récupérer. À moins qu'elle ne finisse coulée dans du béton vietnamien pour les fondations d'un mur…

Si ce livre traduit en pages imparfaites notre voyage, il est aussi le moyen d'échanger au-delà des lignes. Dans la continuité du travail journalistique entrepris, nous recueillons tous types de témoignages relatifs :

aux voyages en 2CV, et en particulier à tous ceux entrepris dans les années 1960 et 1970, ainsi qu'aux histoires autour de la 2CV (portraits de « deuchistes », personnes fortement attachées, anecdotes) ;

à Guy de Larigaudie, sa vie et son œuvre littéraire, ses voyages, son rayonnement et à tous ceux qui ont été ou sont inspirés par son exemple de vie ;

aux initiatives positives dans tous types de domaines (économie, science, santé, environnement, social, culturel, humanitaire), qui apportent une solution concrète à un problème de notre époque. Cette solution doit être reproductible et est susceptible d'être médiatisée.

Pour nous contacter : jbflichy@enchemin.org ou edouardcortes@enchemin.org

Pour plus d'informations, plus de photos, les dates de conférences ou d'expositions : www.enchemin.org

Bibliographie

Guy de Larigaudie

Récits de voyages :

Vingt Scouts autour du monde, Desclée de Brouwer/Elor.
Par trois routes américaines, Desclée de Brouwer/Elor.
Résonances du Sud, Plon, 1938 ; Elor.
La route aux aventures, Plon, 1939 ; Elor, 1999.

Pensées et lettres :

Étoile au grand large, Seuil, 1949.
Le beau jeu de ma vie, Seuil ; Elor, 1998.

Romans :

Yug, Éditions de Gigord/Alsatia/SDP 1, 1975 ; SDPF, 1994.
Yug en Terre Inconnue, Éditions de Gigord/SDP 1, 1975 ; SDPF, 1994.
Raa la Buse, Éditions de Gigord/SDP 117, 1981 ; JDA 34, 1995.
L'îlot du Grand Étang, Éditions de Gigord.

Harka le Barzoï, Éditions de Gigord.
Le Tigre et sa Panthère, Alsatia/SDP 2, 1937 ; SDPJ 1/ NSDP 88, 1979.
La Frégate aventurière, Éditions Scouts de France, 1979.
La Légende du ski, Delagrave.

Ouvrages biographiques :

Jean Vaulon, *Guy de Larigaudie, routier de légende*, La Hutte, 1945.
Pierre Croidys, *Guy de Larigaudie*, Plon, 1947.
Jean Peyrade, *Guy de Larigaudie, l'aventure intérieure*, Casterman, 1963.

Bande dessinée :

Louis-Bernard Kock, *Avec Guy de Larigaudie, sur les chemins de l'aventure*, Éditions du Triomphe, 1999.

Nous tenons à remercier…

Dominique et Dominique Lapierre pour leur soutien renouvelé au cours du voyage et durant la rédaction de ce livre.

Charles Bygodt, pour ses encouragements constants et sa patience au cours de nombreux entretiens qui, nous l'espérons, nous ont fait découvrir encore mieux l'esprit de son grand-oncle Guy de Larigaudie.

Olivier Weber, grand reporter et écrivain.

Sylvain Tesson, écrivain voyageur, acrobate des cimes et des mots.

Jacques Séguéla, publiciste, pour son exemple du premier tour du monde en 2CV.

Jacques Wolgensinger, initiateur des grands raids Citroën en 2CV, ouvreur de pistes.

Michel Menu, pour l'idéal placé dans nos cœurs.

Christian de Boisredon, passeur d'espoir, pour son soutien et ses conseils.

Nos partenaires :

Canon. Dupon, laboratoires photographiques professionnels. La Maison de la Chine et la Maison de l'Indochine. La Guilde européenne du raid. E-Sat.

a360.org. Lonely Planet. Le garage Pierre. Altai Consulting. Voyage. Fuji Film. Lestra Sport. L'Institut géographique national. Le Zango et les Cafés de l'Aventure.

Pour leur soutien concret ou moral :

Nos familles et en particulier nos frères et sœurs, neveux et nièces. Sylvain et Charlotte Poisson, appuis fidèles. Inès d'Antin pour les illustrations. Marine Garnier, tourbillon de vie, embarquée par mails dans la 2CV. Delphine Téqui, dont l'appartement fut la base de notre départ. Le docteur Desprat qui nous a vendu la 2CV. Jérôme Veyret, Stéphanie Chrissement, Raphaële Huard pour leur relecture et leurs conseils d'écriture. Isabelle Vayron. Sibylle d'Orgeval. Mathilde Blondel. Samuel Douette. Fabien Beckers. Emmanuel de Maistre. Thomas Goisque. Le père Guillaume Seguin. Michaelle Gagnet. Cloé Fontaine. Carine Poidatz. Arnaud Contreras. Christophe Barreyre. Bernard Guire. Monique Branthomme. Bertrand et Isabelle Chérouvrier. Jacqueline Lauzur. Pascal Riou. Hamed et Barmak Akram. Les Compères. Jean-Yves et Jordane Robin. Le Centre de formation ACC. Marion Nachet, Ghislain d'Alençon des Conversations Essentielles. Les élèves de l'ECM. Michel Le Bris, fondateur d'Étonnants Voyageurs. Bernard Dupaigne, ethnologue. Reza, photographe. Jean Peytoureau, Laure Bonnet de l'Association des amis de Guy de Larigaudie. Michel Gurnaud des Éditions Elor. Romain Allain-Dupré, les amis de la gare du Nord, des Semeurs d'Espérance. Pierre Tabone et son accolyte « Monsieur Guy », infatigables garagistes des 2CV. Brigitte Rivere et l'équipe des Portières d'Arcueil. Hubert de Chevigny, Patrick et Chantal Edel, Cléo Poussier-Cottel, Sabine de Soyres et toute l'équipe de la Guilde européenne du raid. Le professeur Claude Colin Delavaud, Roza Olmos, Olivier Archambeau de la Société des Explorateurs français. Alain Bonard, Aurélie Taupin et toute l'équipe d'Aventure au bout du monde. Jean-François Camp des laboratoires Dupon. Guy Bourreau, Jean-Claude Hebet de Canon. Zelamï Haquani, ambassadeur d'Afghanistan en France. Mehrabuddine Masstan, diplomate afghan. Guy Devinoy et Florence Le Got d'E-Sat. Didier Regnier de France 2. Anne Sarrazin de l'IGN. Christophe Corbel de Lonely Planet. Patricia Tartour, Jonathan et Colette Vaquier de la Maison de la Chine. Les membres de l'Expédition Paris-Kaboul. Alain Noël, Séverine Courtaud, Adrienne de Sigy et toute l'équipe des Presses de la Renaissance pour leur patience et leurs encouragements.

Tous ceux qui nous ont accueillis ou aidés en chemin :

Abdulhah. Ismaïl Khan, gouverneur de la province d'Herat. Jean-Pierre Guinhut, ambassadeur de France à Kaboul. Christian Mahnart et l'équipe de l'UNESCO à Kaboul. Rodolphe Baudeau, Emmanuel de Dinechin, Anne-Valerie Triboulot, Éric Davin, d'Altai Consulting. Florent Milesi. Cyril Papillard. Cyrille Moleux. Jacques de Champchesnel. Thomas Cressaty. Marie Bourreau. Amandine Roche. Karim de Chiken Street. Hakim, garagiste de l'ambassade de France à Kaboul. Marie de Bourbon et Marie d'Arenbert de l'association NOOR. L'ISAF France à Kaboul. Haji Zaher, commandant des frontières de l'Est afghan. Amoukhan et sa famille. Muhammad. Jean Demange, consul de France au Pakistan. Les gendarmes de l'ambassade de France au Pakistan. Les sadhous sur la route de Dharamsala. Dsantzé. Alexandre Tsuk et son chien

Boby. Pierre Prakash. Sinead Fox, de Tiger Widows. Francis, joueur de football nigérien moscovite. Amit Ghose. Tobi Hueberli. Les Sœurs de la Charité à Calcutta. Jean-Baptiste, médecin volontaire pour les enfants des rues de Calcutta. Benoît Vachette. Élodie Chabanne. Antoinette Idrac. Chauvachata Thatree, consul de Thaïlande à Calcutta. Tapan. William Eve. Éloise et Frédérick Fabry, Ève Audebert, Marguerite-Marie Couillaud, Camille Boulard et toute l'équipe d'Enfants du Mékong. Les amis des enfants du Point-Cœur à Bangkok. Les bonzes bouddhistes de la banlieue de Phnom Penh. Phan Thanh. Thierry de Saigon. Tuach.

Et tous ceux dont nous ne savons pas ou avons oublié les noms.

Table

Un autre regard sur le monde

Trois étudiants, las du fatalisme ambiant, partent pour un tour du monde en voiture. Leur objectif : aller à la rencontre de ceux qui, malgré la pauvreté, la famine ou la guerre, prennent la vie à bras-le-corps. Ils témoignent de la dignité des oubliés du monde.

« Un tour du monde à travers mille cités de la joie. »
Dominique LAPIERRE

« Des rencontres originales et percutantes. »
FRANCE-INFO

La moitié des droits d'auteur est reversée aux associations rencontrées.

Reporters d'Espoirs

www.reportersdespoirs.org

Reporters d'Espoirs est une association loi 1901, à but non lucratif, non confessionnelle et apolitique, créée en 2003 par quatre fondateurs rapidement rejoints par des professionnels des médias, des journalistes et des porteurs d'initiatives partageant la même vision.

Nous vivons souvent les problèmes soulevés par l'actualité avec un sentiment d'impuissance. Or les réponses à apporter existent déjà en germe, un peu partout dans le monde.

Certains journalistes savent détecter ces solutions, ces sources d'espoir, ces initiatives. Leurs articles et leurs reportages nous incitent à devenir acteurs à notre tour.

C'est cette volonté et le talent de ces journalistes que Reporters d'Espoirs souhaite valoriser. C'est de ce constat qu'est né le Prix Reporters d'Espoirs, organisé avec la Fondation de France en partenariat avec BearingPoint, MMA et StoraEnso.

Ce prix récompense les journalistes qui médiatisent les réponses concrètes face aux enjeux actuels.

Une partie des droits d'auteur est reversée à l'association.

Composé par Nord Compo
à Villeneuve-d'Ascq

Achevé d'imprimer sur les presses de

BUSSIÈRE

GROUPE CPI

à Saint-Amand-Montrond (Cher)
en juin 2006
pour les Éditions Presses de la Renaissance
12, avenue d'Italie
75013 Paris

N° d'édition : 080/09. — N° d'impression : 062249/1.
Dépôt légal : novembre 2005.
Suite du 1er tirage.

Imprimé en France